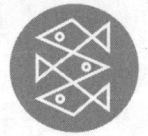

W0072812

Gerhard Roth ist ein Autor, der sich den Erfahrungen vieler und vielfältiger Reisen aussetzt, bevor er seine Romanfiguren auf ihre eigenen Reisen schickt: heraus aus dem Alltag und hinein in ein neues Leben. Auch Zeitreisen in die Vergangenheit und Reisen zu den Toten gehören zu Roths literarischen Fortbewegungsmöglichkeiten. Klaus Dermutz' Buch ist nicht nur ein Wegweiser durch den gewaltigen Kontinent Roth, sondern zugleich eine Einladung, sich selbst auf den Weg zu machen, nach Japan, New York, Venedig oder Ägypten, zum griechischen Berg Athos oder in die nahe Ferne der Steiermark. Interviews und zahlreiche Abbildungen ergänzen den Band.

Klaus Dermutz, geb. 1960 in Judenburg (Österreich), 1992 Promotion in Graz in Theologie mit einer Arbeit über den polnischen Theaterregisseur Tadeusz Kantor. Von 2001 bis 2009 mit Burgtheater-Direktor Klaus Bachler Herausgeber der Buchreihe ›Edition Burgtheater‹. Buchveröffentlichungen über die Theaterarbeit von Christoph Marthaler, Peter Zadek, Gert Voss, Andrea Breth, Klaus Michael Grüber sowie ›Das Burgtheater 1955–2005‹. Weitere Publikationen waren der Anselm-Kiefer-Gesprächsband ›Die Kunst geht knapp nicht unter‹ und der Debütroman ›Sepsis‹. Klaus Dermutz lebt in Berlin.

Weitere Informationen finden Sie auf www.fischerverlage.de

Klaus Dermutz

Die Reisen des Gerhard Roth

Erkundungen eines
literarischen Kontinents

FISCHER Taschenbuch

Gefördert durch die Kulturabteilung der Stadt Wien,
Wissenschafts- und Forschungsförderung

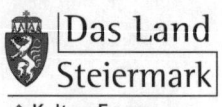

→ Kultur, Europa,
Außenbeziehungen

MIX
Papier aus verantwor-
tungsvollen Quellen
FSC® C083411
www.fsc.org

Originalausgabe

Erschienen bei FISCHER Taschenbuch
Frankfurt am Main, September 2017

© 2017 S. Fischer Verlag GmbH, Hedderichstr. 114,
D-60596 Frankfurt am Main

Satz: Dörlemann Satz, Lemförde
Druck und Bindung: CPI books GmbH, Leck
Printed in Germany
ISBN 978-3-596-29736-8

Georgia und Gerhard Dermutz
in Dankbarkeit
gewidmet

Do not fight,
But help one another
On your way –
Dear migratory birds.

Issa

Aus dem Japanischen
von Nobuyuki Yuasa

»Ich reise –
Wind der Qualen«
Welimir Chlebnikow

Aus dem Russischen
von Peter Urban

»Tired from travel,
I'm falling asleep under
    A tree of Yoshino
While a spring breeze gathers
And pulls over me a quilt of petals.«

Saigyō

Aus dem Japanischen
von William R. LaFleur

»Reisende und ihre Grade. – Unter den Reisenden unterscheide man nach fünf Graden: die des ersten niedrigsten Grades sind solche, welche reisen und dabei gesehen werden, – sie werden eigentlich gereist und sind gleichsam blind; die nächsten sehen wirklich selber in die Welt; die dritten erleben Etwas infolge des Sehens; die vierten leben das Erlebte in sich hinein und tragen es mit sich fort; endlich giebt es einige Menschen der höchsten Kraft, welche alles Gesehene, nachdem es erlebt und eingelebt worden ist, endlich auch notwendig wieder aus sich herausleben müssen, in Handlungen und Werken, sobald sie nach Hause zurückgekehrt sind. – Diesen fünf Gattungen von Reisenden gleich gehen überhaupt alle Menschen durch die ganze Wanderschaft des Lebens, die niedrigsten als reine Passiva, die höchsten als die Handelnden und Auslebenden ohne allen Rest zurückbleibender innerer Vorgänge.«

Friedrich Nietzsche, Menschliches, Allzumenschliches

Inhalt

Vorwort

Reisen und ihre Reflexion in der Literatur gehören zu den ältesten Werken und Zeugnissen der menschlichen Existenz – ganz im Sinne des Gedichts »Urians Reise um die Welt« von Matthias Claudius, das mit den Versen beginnt: »Wenn jemand eine Reise tut, / So kann er was erzählen; / Drum nahm ich meinen Stock und Hut, / Und tät das Reisen wählen.« Gerhard Roth hat des Öfteren betont, dass die beiden Zyklen »Die Archive des Schweigens« und »Orkus« vor allem wegen der auf einer Reise oder einer Irrfahrt gemachten Erfahrungen auf Homers »Odyssee« und »Ilias« Bezug nehmen.

Für den Germanisten Gerhard Melzer »oszilliert die Reiseliteratur (...) vielfältig zwischen ›Dichtung‹ und ›Wahrheit‹. Diese Eigenschaft ist es auch, die die auffällige Präferenz der Gattung für das Thema Utopie begründet: ›Um eine Utopie zu entdecken, muss man hinaus aus dem Vertrauten. Wer Utopien schreibt, lässt seine Helden reisen‹.« Roths Helden sind immer auf der Suche nach einer Utopie, am Ende ihrer Reisen müssen sie sich eingestehen, der Hoffnung des Aufbruchs ist keine Erfüllung beschieden.

Roths Reiseromanen sind negative Utopien eingeschrieben. Die Protagonisten von Roths Werk sind Außenseiter, gefährliche und gefährdete Menschen. In welcher Weise die Außenseiter mit der Utopie des Absoluten verbunden sind, wird nach einer Darstellung von Roths allererster Reise am Ende des Zweiten Weltkriegs zu Beginn der Monographie dargelegt. Metaphysische Fragestellungen und die »unterbrechende Andersheit« werden im Kapitel über die Jenseitsreisen erörtert.

Dieses Werk-Porträt versteht Roth als einen modernen Wanderdichter. Roths Œuvre wird in dreifacher Weise untersucht: Erstens durch Analysen seiner Romane und Essays, zweitens durch Journale, die in Wien, Venedig und in der Südsteiermark entstanden sind, und drittens durch Gespräche über Roths Reisen nach Amerika, Ägypten, Japan, zum Berg Athos und in die Welt der Bücher. In den einzelnen Kapiteln werden neben der literaturwissenschaftlichen Interpretation auch Bezüge zur bildenden Kunst, Soziologie, Philosophie und Theologie hergestellt und Roths literarisches Schaffen gedeutet.

Roth hat zu Weihnachten 1975 Tennessee Williams für den ORF interviewt. Der amerikanische Dichter sagte dem jungen österreichischen Kollegen, das Leben sei eine permanente Krise, die Krise gehöre zur Arbeit eines Schriftstellers, es sei notwendig, Vergangenes hinter sich zu lassen und zu neuen Ufern aufzubrechen, *on the move* zu sein. Roth hat sich den Erfahrungen von Aus- und Aufbruch immer wieder ausgesetzt, Wanderungen und Reisen haben ihn erst in jene produktive Situation versetzt, neue Energien aufzunehmen und sie in seine vom »traumatisierten Raum« (Judith Kasper) geprägte Literatur zu transformieren.

Berlin, März 2017

Die erste Reise:
Schock und Schrecken

Ein Jahr vor Gerhard Roths Geburt am 24.6.1942 begann mit dem »Unternehmen Barbarossa« (22.6.1941) der Deutsch-Sowjetische Krieg. Anfang 1943 wurde die 6. Armee in der Schlacht um Stalingrad vernichtend geschlagen. Der Rückzug begann, doch die Nazis gaben den Krieg nicht auf. Die Historiker Ian Kershaw und Nicholas Stargardt weisen in ihren Büchern »Das Ende. Kampf bis in den Untergang, NS-Deutschland 1944/45«[1] (2011) und »Der deutsche Krieg 1939–1945«[2] (2015) darauf hin, dass die Nazis nach der Stalingrad-Niederlage bis zum Ende weitergekämpft haben.

Roths Vater Emil arbeitet – so Gerhard Roths Darstellung in seiner Autobiographie »Das Alphabet der Zeit« (2007) – nach einem Einsatz in Afrika gegen Ende des Krieges als Stabsarzt in einem Lazarett in der Nähe von Würzburg. Mitte Januar 1945 bricht Roths Mutter Erna mit ihren drei Kindern Paul, Gerhard und Helmut von der Südsteiermark über Graz und Mautern zu ihrem Mann auf. Vater Emil wird 1912 in Siebenbürgen geboren, Mutter Erna kommt 1917 in der Steiermark zur Welt, in Graz lernen sie sich kennen. Der Vater strebt eine Ausbildung als Chirurg an, die Mutter lässt sich im Alter von 22 Jahren zur Krankenschwester ausbilden. Möglicherweise wird sie durch die 1938 erschienene Broschüre »Der Deutsche Schwesterndienst« auf die Arbeit im NS-Reich eingeschworen. Das Motto der von der Reichsverwaltung der NS-Volkswohlfahrt herausgegebenen Publikation lautet: »Wir glauben, dass die mütterlichen Kräfte, die in unserer weiblichen Jugend lebendig sind, den Zustrom zum Schwesternberuf steigern werden. Der Beruf der Schwester ist die beste Vorbereitung für die Ehe und zugleich der höchste und schönste Dienst an der Volksgemeinschaft.«[3] Im Frühjahr 1939 werden der Arzt und die Krankenschwesternschülerin ein Paar, ein Jahr später heiraten sie.

Gerhard Roths erste Reise beginnt mit einer kriegsbedingten Verzögerung. Nach Roths Darstellung war Graz, kurz nachdem Mutter Erna mit ihren drei Kindern von der etwa viertausend Einwohner zählenden steirischen Marktgemeinde Schwanberg in die Stadt gekommen war, am 19. Januar 1945 bombardiert worden. Es war ein folgenschwerer Luftangriff, in der von der Innenstadt zum Bahnhof führenden Annenstraße brannten die Häuser. Die Eisenbahnschienen mussten noch in der Nacht repariert werden, erst am nächsten Morgen konnte der Zug über die Obersteiermark nach Deutschland bestiegen werden. Emil Roth hatte seine Frau aufgefordert, nach Würzburg zu reisen: »Sein Vater«, so erzählt es Roth in der Autobiographie »Das Alphabet der Zeit«, »hatte ihm seine Mutter kurz vor ihrem Tod noch in einem Brief geschrieben, sei in einem Lazarett im unterfränkischen Mainbernheim als Stabsarzt stationiert gewesen und habe sie, da die Russen nach Österreich vorstießen, gedrängt, von Graz zu ihm nach Deutschland zu kommen, wo die Amerikaner erwartet wurden. Seine Besorgnis habe er mit dem schlechten Ruf der russischen Soldaten als Vergewaltiger begründet, und mit seiner und ihrer Mitgliedschaft bei der NSDAP, für die er bei den Amerikanern mehr Gnade erhoffte.«[4]

Der Prolog von Roths Autobiographie beginnt mit der Überschrift: *Die Reise*. Darunter: *1945*.[5] Danach folgt die knappe Erläuterung: »Die Fahrt nach Würzburg im Alter von zweieinhalb Jahren war seine erste Erinnerung und auch seine wahre Geburt.«[6] Diese »wahre Geburt« wird drei Jahrzehnte später dazu beitragen, dass Roth sich entscheidet, eine Existenz als Schriftsteller zu führen. Nach der Darstellung der ersten Erinnerung betont Roth im nächsten Absatz, dass er diese Geschichte »so oft gehört (hatte), dass er nicht mehr wusste, was er sich selbst gemerkt und was er zu den Erzählungen dazufantasiert hatte.«[7] Kurz nach der Abreise traf eine Bombe in Graz, Geidorfgürtel 16, das Haus, in dem die Roths eine Wohnung hatten. Durch den Bombenangriff wurden mehrere Personen getötet.

Nach den Ergebnissen neuerer Studien des Landesarchivs Steiermark zum »Luftschutz und Luftkrieg in der Steiermark« von 2010 und dem seit 5.4.2016 online gestellten Bildarchiv mit ca. 1100 Fotos von den Luftangriffen in der Steiermark liegt der Schluss nahe, dass die Roth-Familie nicht am 19. Januar, sondern einen Monat später von der Weststeiermark nach Graz gekommen ist und nach dem Bombenangriff auf die Stadt, so die Darstellung der Mutter, nach Bruck an der Mur gefahren ist, dort am Bahnhof die Nacht verbracht hat und in Mautern im Zug aus der Luft angegriffen wurde.[8] Die erste Reise wäre beinahe eine in den Tod geworden.

Nach Roths Darstellung erfolgte der Angriff am 20. Januar 1945.[9] In der Studie »Luftschutz und Luftkrieg in der Steiermark 1941–1945« wird berichtet, dass es in der Zeit von Januar bis April 1945 in Mautern, Gemeinde Leoben, diverse Luftangriffe gab, die Sprengbomben haben jedoch keine nennenswerten Flurschäden angerichtet.[10] Ein Luftangriff auf Mautern, bei dem Bomben auf die Lokomotive eines Zuges abgeworfen werden, ist am 20. Februar 1945 verzeichnet: »Um 03.35 Uhr greifen vier aus Richtung Bruck anfliegende amerikanische Jagdbomber den Bahnhof Thalheim (Bez. Judenburg) mit Bordwaffen an; zwei Personen werden schwer und eine leicht verletzt. Die zwei geworfenen Bomben beschädigen die Bahnanlage und eine Lokomotive. Auch der Bahnhof Neumarkt in der Steiermark wird mit Bordwaffen beschossen. Vermutlich dieselben Flugzeuge beschießen um 08.38 Uhr den Bahnhof Mautern; dabei wird eine Personenzuglokomotive total und ein Personenwaggon durch 84 Treffer leicht beschädigt. Der Wehrmachtsangehörige Uffz. Josef Tuider findet den Tod, fünf Personen werden schwer und eine leicht verletzt.«[11] Der Schluss liegt nahe, dass Roths Mutter Erna sich bei der Datierung des Luftangriffs um einen Monat vertan hat, zumal auch die erwähnte Bombardierung der Franziskaner-Kirche in Graz, die Roths Mutter in ihren Aufzeichnungen erwähnt, am 19. Februar 1945 erfolgt ist. Nur von diesem Tag gibt es im Landesarchiv Steiermark Fotos aus der Sammlung Rudolf Weissmann.[12]

Roth erinnert sich, im Zugabteil die Mutter und die Soldaten angeblickt zu haben, ihre Gesichter seien »augenblicklich verändert«[13] worden: »Der Wandel ist so unmittelbar, dass ich die Bedrohung spüre, die aus dem Nirgendwo auf uns zukommt. Nicht der Explosionslärm ist es, der mich plötzlich mit Angst erfüllt, (…) sondern das Mienenspiel der Soldaten mit ihren verbundenen Köpfen und Gliedmaßen, das Anspannung, Schrecken und Verstörung ausdrückt. Bevor ich zu weinen beginne, bremst der Zug, und die Fahrgäste und Gepäckstücke beginnen ein Eigenleben, fliegen durch die Luft, und auch wir fallen auf den Fußboden, werden hochgerissen, verlieren das Gleichgewicht und tauschen es gegen eine Hundertstel Sekunde der Schwerelosigkeit ein, um schließlich irgendwohin geschleudert zu werden. Das alles sehe ich in Form von Schwarz-Weiß-Aufnahmen vor mir: Koffer, Säcke, menschliche Körper, die für ewig fliegen, ein in allen Phasen wie in den Fotografien von Muybridge festgehaltenes Chaos, ein Durcheinanderwirbeln, Fallen und Aufschlagen, ohne jedoch selbst einen Schmerz zu verspüren, so als sei ich ebenfalls nur ein Gegenstand.«[14]

Die Mutter flüchtet mit den Kindern über ein Feld, wirft sich drei Mal auf den Stoppelacker. Roth blickt in den Himmel, Bruder Paul zeigt auf ein näher kommendes Flugzeug, »und ich höre seinen Schreckenslaut, der in meiner Erinnerung nachhallt. (…) Es ist nahe genug, dass ich das Emblem auf den Flügeln erkennen kann (von dem ich später erfahren werde, dass es das ›Pfauenauge‹ der englischen Luftwaffe gewesen ist) und Einzelheiten der Maschine, eine ›Spitfire‹. Wie ein mechanischer Raubvogel nähert es sich uns im Tiefflug und feuert einen Hagel von Geschossen auf uns ab. Zuvor sehe ich aber (in meiner Erinnerung zu einem Standbild gefroren) die Kanzel des Flugzeugs, darin jemand, der einen Lederhelm trägt, eine starre Pilotenfigur in einem Riesenspielzeug, als

16

betrachtete ich in einem dunklen Raum ein auf die Leinwand projiziertes Dia, und wie das strahlend helle Lichtbild ist auch meine Erinnerung etwas Immaterielles, nicht Greifbares, nur ein Phantom.«[15]

Zwischen dem lebensbedrohlichen Luftangriff und der Niederschrift dieser Passage liegen sechzig Jahre. Roth führt in der Reflexion des schutzlosen Ausgesetztseins an, dass er immer »das Standbild des Piloten im Glaskörper seiner Kanzel«[16] sehe, wenn er an dieses Ereignis denke: »Er trägt eine Fliegerbrille und hat das Aussehen eines Insektenwesens, etwas Kaltes und Tödliches geht von dieser Kopffotografie aus (…). In Zeitlupe schwenkt mein Blick jetzt zu einer Gestalt, die auf dem Boden liegt, ein Blutfaden rinnt aus dem Mundwinkel, die Lider sind halb geschlossen und die Augäpfel verdreht, dass man das Weiß sieht. Es ist der erste Tote, den ich zu Gesicht bekomme, ohne zu wissen, was ein Toter ist und was der Tod bedeutet.«[17]

Der zweieinhalbjährige Knabe sieht Soldaten verstreut auf dem Feld liegen, die Roths laufen weiter und finden in einem Bauernhaus Zuflucht. Roth setzt dieses traumatisierende Ereignis in Klammern: »(Ich habe keine Erinnerung an Wörter, nur an Bilder.)«[18] Als könnten die Klammern das Trauma einschließen und versiegeln, vom Autor das Grauen und die äußerste Bedrohung durch den Tod wegrücken, einen Moment der Distanzierung schaffen. Nach Sigmund Freud gehören zum »Unheimlichen« all jene Erfahrungen, die mit der Bedrohung des Lebens zu tun haben: »Im allerhöchsten Grade unheimlich erscheint vielen Menschen, was mit dem Tod, mit Leichen und mit der Wiederkehr von Toten, mit Geistern und Gespenstern, zusammenhängt.«[19]

Der Bahnhof Mautern liegt in der Obersteiermark in einer Höhe von knapp siebenhundert Metern und ist ein Verkehrsknoten über den 849 Meter hohen Schoberpass nach Linz oder Salzburg. Der Ortsname leitet sich, wie Schulrat Sepp Orasche in der Publikation »Mautern in der Steiermark. Chronik Mautern. Ein obersteirischer Markt im Wandel der Zeit« (2005) erläutert, von Mutaren ab. Im Mittelhochdeutschen bedeutet das Wort »mutaere« Zöllner, so kann der Ortsname etymologisch mit den Mauteinhebern in Verbindung gebracht werden.[20] Im Juli 1865 wurde mit dem Bau der »Kronprinz-Rudolf-Bahn« (KRB) begonnen, um die Handelsbeziehungen zwischen dem Norden und Süden zu intensivieren. Nach dem Ende der österreich-ungarischen Monarchie war das Eisenbahnnetz in einem desolaten Zustand, 1924 kam es zur Verstaatlichung der Südbahn, 1938 wurde die Bundesbahn von der Deutschen Reichsbahn übernommen: »Die Deutsche Reichsbahn plante den zweigleisigen Ausbau der gesamten Strecke über den Schoberpass als leistungsfähige Verbindungsstrecke. Der Krieg, den die Bahnanlagen von Mautern übrigens relativ gut überstanden haben, verhinderte den Ausbau.«[21]

Nach Hitlers Selbstmord am 30. April 1945 im Bunker unter der Reichskanzlei wurden an die Bevölkerung der Steiermark weiter Durchhalteparolen ausgegeben. Die Grazer »Kleine Zeitung« veröffentlichte folgenden Bericht über Hitlers Tod: »Berlin: Am 1. Mai wird aus dem Führerhauptquartier gemeldet, dass unser Führer Adolf Hitler heute Nachmittag auf seinem Befehlsstand in der Reichskanzlei, bis zum letzten Atemzug gegen den Bolschewismus kämpfend, für Deutschland gefallen ist.«[22] Zu dieser Meldung wurde der Funkspruch von Sigfried Uiberreither, Gauleiter der Steiermark, wiedergegeben: »Herr Großadmiral! Der Gau Steiermark steht in unbedingter Gefolgschaftstreue hinter Ihnen als dem vom Führer ernannten Nachfolger: Heil Hitler!«[23] Gauleiter Uiberreither hatte Hitlers Gunst erworben. Mit der Steiermark wollte Hitler einen Mustergau an der Südostgrenze des Deutschen Reichs schaffen, dafür brauchte er einen »starken Grenzgauleiter«. Uiberreither ordnete, so berichtet es Robert Engele, noch in den letzten Kriegstagen Massenerschießungen an und befahl Graz bis »zum letzten Mann« und im Kampf Haus um Haus gegen die Rote Armee zu verteidigen.[24]

Uiberreither schloss sich Ende der 1920er Jahre dem Steierischen Heimatschutz an, der vom Judenburger Rechtsanwalt Walter Pfrimer geleitet wurde. 1933 promovierte Uiberreither in Graz in Jura, trat der SA bei und bereitete den »Anschluss« Österreichs Mitte März 1938 vor. Vor dem »Anschluss« setzte die NSDAP in der Steiermark und Graz ihre ganze Kraft ein, um an die Macht zu kommen. Nach dem »Anschluss« wurden die politischen Gegner in Konzentrationslager gebracht und die 2400 Grazer Juden systematisch verfolgt. Am 25. Juli 1938 wurde in Graz mit der Feier »Und ihr habt doch gesiegt« der »nationalsozialistischen Helden« des Juliputsches von 1934 gedacht. Die Nazis jubelten, als sie auf der Feier erfuhren, dass Hitler aufgrund der Verdienste der Steiermark Graz den Ehrentitel »Stadt der Volkserhebung« verliehen hat. Als einziger Stadt der »Ostmark« wurde Graz dieser Titel zuerkannt.[25] In einem Personalfragebogen der NSDAP, den Roths Vater Emil für die zweite Aufnahme in die NSDAP zwei Monate nach dem »Anschluss« am 21. 5. 1938 ausfüllte, bezeichnete er sich als »förderndes Mitglied der SS Graz seit 1936«.[26]

Die Grazer Universität wurde von den Nazis als »Grenzfeste Deutscher Wissenschaft« gesehen: »Auch an den Grazer Hochschulen fand der Nationalsozialismus schon sehr früh breite Akzeptanz. Im Februar und März 1938, der Zeit der illegalen Demonstrationen, waren die Hörsäle nahezu verwaist, weil sich die Studenten fast vollständig in den Dienst der ›Bewegung‹ gestellt hatten. Auch in der SS und SA gab es eine breite Beteiligung von Seiten der Studenten. Nach dem Umbruch verstand sich die Grazer Universität als südöstlicher Vorposten der neuen deutschen Wissenschaftsauffassung, als kulturpolitischer Wegbereiter des Deutschtums und als ›Bollwerk gegen die Gefahr aus dem Osten‹. In einem Jubeltelegramm an Adolf Hitler dankte ihm die Universität für die lang ersehnte Vereinigung mit dem Deutschen Reich. Dem Wunsch, die Grazer Universität ›Adolf Hitler Universität‹ zu nennen, wurde nicht stattgegeben, das Unterrichtsministerium lehnte das Ansuchen im September 1938 ab.«[27]

Am 28. Juli 2016 fährt der Verfasser nach Mautern, um sich jenen Ort anzusehen, in dem sich Roths »wahre Geburt«[28] ereignete. Die Personenbeförderung spielt am Beginn des

21. Jahrhunderts keine große Rolle mehr. Auf die Frage, wie viele Züge den Bahnhof Mautern passieren, sagt der Fahrdienstleiter, täglich seien es 160 bis 180 Züge, die meisten davon Güterzüge, die nicht in Mautern halten. Kein Mensch ist auf dem Bahnhofsteig zu sehen. Der Blick schweift entlang des Schienenstrangs, an dem sich der Luftangriff ereignete, und geht zu jener Schneise in den Bergen, durch die die Flugzeuge den Zug angegriffen haben. In Mautern kommt dem Verfasser die Überlegung in den Sinn, dass die plötzlichen Angriffe aus dem Hinterhalt, das Niedergeschlagenwerden von der einen Sekunde auf die andere, das in Roths Werken die Handlung vorantreibt, auch eine Reinszenierung jener frühkindlichen Lebensbedrohung sein könnte, als es an jenem Wintertag ums nackte Überleben ging. In diesem Schock und Schrecken hat die Unheil bringende Ästhetik des Plötzlichen in Roths Werk ihre tiefen Wurzeln. Auf die Frage von Volker Hage, wie ein Schriftsteller mit solchen Erfahrungen umgehen könne, erwiderte Roth Anfang Februar 2000: »Ich glaube, wenn das Wort erlaubt ist, profitiere ich im weitesten Sinne sogar von diesen Erfahrungen, weil der Schrecken das ist, was bei mir Bilderketten in Bewegung setzt. Die Schrecken meiner Kindheit sind sozusagen das Kapital, wenn ich etwa einen Mord oder eine Gewaltszene beschreibe.«[29]

Wenige Jahre nach Roths Autobiographie schreibt Karl Heinz Bohrer, 1932 in Köln geboren, in der 2012 erschienenen Erzählung »Granatsplitter« über die Plötzlichkeit und den Schrecken des Krieges in einem Dorf in der Nähe von Köln: »Es war inzwischen Winter, ein sehr kalter Winter. Januar 1945. Der tiefe Schnee, der das Dorf nun noch mehr von der Welt abtrennte, verstärkte die Erwartung auf irgendetwas Ungeheures, das sich ereignen würde. Nicht unbedingt hier, inmitten der kleinen Gemeinde, aber so nahe, dass man es mit einer Spur von Erregung mitbekam: Die dröhnenden Verbände der Bomberkolonnen, die mit langen Kondensstreifen hinter sich in großer Höhe täglich nach Osten flogen, ohne dass sie von Abwehrjägern gehindert würden. Diese amerikanischen Flugzeuge wurden wegen ihrer vier Motoren und der schweren Bewaffnung ›fliegende Festungen‹ genannt. Sie waren Boten einer neuen blitzenden, überwältigenden Technik, von der die Männer, die abends am Tisch das große Wort führten, auch sprachen, ohne große Kenntnis davon zu haben.«[30] Der Erzähler liegt »wach in seiner kalten Kammer«[31] und denkt sich, eine »riesige unbekannte neue Welt«[32] bewege sich »wie eine Schneewand auf das Dorf und seine Bewohner zu«.[33] Durch ein dumpfes Geräusch aufmerksam gemacht, sagen sich die Dorfjungen: »In der Nähe war etwas passiert. Sie hatten den Aufprall gehört, ein Knirschen, wie wenn Metall auf Schnee stößt. Das war alles. Er und die anderen arbeiteten sich durch den gefrorenen Schnee vorwärts in die Richtung des Aufpralls. Im Hohlweg, wohl noch zweihundert Meter entfernt, erblickte er die Umrisse von etwas, das sich beim Näherkommen als menschliche Gestalt herausstellte. Es war ein Toter, der mit ausgebreiteten Armen dalag. Er hatte noch nie einen Toten in dieser scheinbar unverletzten Form gesehen. Als er vor ihm stand, sah er, dass es ein Negersoldat mit einer Pilotenhaube war. Das Gesicht hatte einen vollkommen fremden Ausdruck, aber die Augen waren weit geöffnet, was einen besonderen Effekt im dunklen Gesicht machte. Aber aus der an einer Seite zerrissenen Uniform quollen Teile der Eingeweide, und der Schnee war im Umkreis dunkelrot von Blut.«[34]

Bohrer betont in der Einleitung zu seiner Studie »Die Ästhetik des Schreckens« (1983), dass er das Beispiel Ernst Jüngers benutze, »um den Schrecken als eine Kategorie der ästhetischen Wahrnehmung im Kontext der dezisionistisch gewordenen Kunst und Literatur nach Erkenntniswert oder nach Erkenntnisverlust gegenüber dem faschistischen Schrecken zu prüfen«.[35] Bohrer analysiert, dass der »Moment der Erschütterung«[36] eine plötzlich eintretende Aufhebung einer kontinuierlichen Zeiterfahrung darstelle.[37] Dem Bewusstsein wird der Boden unter den Füßen weggerissen. Auf den Sturz in die Leere folgt im Alter eine Suche nach den Fragmenten und Fetzen des Gedächtnisses. »Zersplittertes Erinnern«[38] nennt

der österreichische Dichter Julian Schutting 2016 seine Annäherung an die Schrecken des Zweiten Weltkriegs.

In den »Cahiers« hat Paul Valéry den »Begriff des Plötzlichen« untersucht, der für ihn in einem engen Zusammenhang mit dem Schock steht. Valéry fokussiert seine Reflexionen auf den Nervenschock und den psychischen Schock und
kommt zu folgendem Fazit: »›Plötzlich‹ ist das Ereignis, dem
keine Vorbereitung vorhergehen *kann*. Es ist ein Faktum, das
einer *anderen* Kategorie angehören muss (…). Auf ein plötzliches Ereignis antwortet eine plötzliche innere Wirkung. Auf
die Ungewissheit dessen, was war, eine Ungewissheit dessen,
was ich war. Für einen gewissen Grad an Überraschung bin
ich die Lösung; bei einem stärkeren Grad gibt es keine Lösung
mehr für das Ganze. Das Schlagartige ist das, was ich durch
eine innere Empfindung erfahre. Mein Herz bringt mir bei,
dass ich gesundheitlich ruiniert bin. Ich habe es soeben gehört
und kann darauf nicht zurückkommen, weil dieses Herz den
Weg zur klaren Anschauung und sogar zur Entscheidung über
die Umstände versperrt. Bisweilen scheint es geradezu, dass
dieses Herz auf dem laufenden ist, dass es *vor mir* weiß. Wie
kannst du es wissen, Organ der Angst?«[39]

Für Valéry entsteht durch den Schock ein »Gegensatz zwischen einem Ganzen und seinem Teil«[40], es setzt eine »Pendelbewegung zwischen Gegenwart und Gegenwart«[41] ein,
die Folge ist: »Irreversible Abweichung der Magnetnadel.«[42]
Durch den Schlag, auf den man sich nicht vorbereiten kann,
zerfällt das Ich in einzelne Teile, es wird gespalten, aufge-
splittert. Im Augenblick des Schocks verliert das Bewusstsein
die Fähigkeit, das Ereignis einordnen zu können. Es verliert,
wie Roth erwähnt, die Sprache, die Wörter – es bleiben Bilder.
»Schock ist etwas, worauf eine Oszillation folgt. Diese Oszillation maskiert, demaskiert das *Wahre*, so wie das aufgewühlte
Meer den Grund zeigt und verbirgt. Zwischen den Wirklichkeiten gibt es Bewegung. Sie lassen sich nicht mehr nach einer
festgelegten Daseinsform austauschen. (…) Im Moment gibt
es rohe Sinnesempfindung ohne Gestalt, dann Rückkehr über

alternierende Phänomene. Diese Rückkehr ähnelt stark der des Gedächtnisses nach einer Amnesie, beim Erwachen – jede Erinnerung ist eine elementare Überraschung. (…) Ich besitze kein Organ, um die lebhafte Wirkung des Schocks zu absorbieren.«[43]

Als der Verfasser am Abend nach der Rückkehr Fotos von Mautern zeigt, interessiert Roth sich vor allem für die Aufnahmen der »Gefallenen von Mautern«, die in der Stadtpfarrkirche zu sehen sind. Die Fotografien der Soldaten sind wie Insekten in einem Setzkasten aufgereiht. Darunter befindet sich das mit zwei Kerzen in rotem Plastikschutz geschmückte »Heldengedenkbuch«, in dem weitere Porträts der im Zweiten Weltkrieg Gefallenen zu sehen sind.

Der Besuch in Mautern, das Gespräch über die NS-Zeit und die Fotos der »Gefallenen von Mautern« öffnen den Zugang zu jener ersten Reise, die nach Würzburg zu Roths Vater ging. Auf die Frage, wie er selbst den Beginn seiner Lebensreise sehe, die ihn im Alter von zweieinhalb Jahren durch den Luftangriff einer Spitfire an den Rand des Todes gebracht habe, antwortet Roth mit leiser Stimme. Er spricht wie zu sich selbst, als würde er sich dieses Ereignis vergegenwärtigen, es braucht Zeit, bis der Wechsel von der zweiten zur ersten Person erfolgt: »Grausam … Du wirst von der Mutter verhätschelt, dass du dir als kleineres Kind nicht weh tust, es wird auf alles geachtet, dass du warm angezogen bist, du bist der Mittelpunkt in der Familie …, dann kommst du in die Eisenbahn, in der so viele Leidende und verletzte Soldaten sind, aber auch die sind noch zu dir lieb und sagen, komm her, setz dich zu mir … Meine Mutter hatte drei Kinder, es war für sie schwer, alles zu managen, oft hat ein gegenüber sitzender Soldat gesagt, komm auf meinem Schoss, er hat mit mir geredet, hinausgeschaut und zu mir über einen vorbeigeflogenen Vogel gesagt, ›das war ein Bussard‹ …, und auf einmal kommt die Zerstörung und du siehst am Gesicht der Erwachsenen, dass sie Angst haben … Von den Eltern wird mit Intensität betrieben, dass du nicht Angst hast – das ist eine Mitaufgabe der Eltern, dass sie dir die Angst nehmen – und plötzlich merkst du, ihre Angst ist selbst genauso groß wie deine. Sie beherrschen ihre Gesichter nicht mehr und fangen zu schreien an, Kommandos sind zu hören, ›raus, raus, alles raus‹, du weißt nicht, woher die Stimme kommt –, auf einmal gehorcht alles dieser Stimme, du gehorchst auch … In dem Moment, in dem du siehst, deine Mutter kann dich nicht schützen …, niemand kann dich schützen, auch die Erwachsenen, die sogar ein Gewehr in der Hand haben, können dich nicht schützen …, in dem Moment kommt zum ersten Mal so etwas wie Entsetzen auf. Das ist schauerlich, du flüchtest in ein Haus. Im Haus ist niemand, es ist ganz leer, ein fremdes Haus …, meine Mutter sucht Schutz …, es war ein englischer Tiefflieger …, es war kein Bombenangriff, das Flugzeug ist über den Zug hinweg geflogen und hat ihn beschossen. Meine Mutter hat sogar noch das sogenannte Pfauenauge gesehen … Sie hat uns das immer bis ins kleinste Detail erzählt. Es wurde die Eisenbahn und nicht der Ort Mautern angegriffen. Die Eisenbahn ist natürlich stehen geblieben, und wir sind über ein Stoppelfeld gelaufen. Der Flieger ist wieder gekommen und hat den Menschen links von mir erschossen, ich sehe es wie in einem Film, wie sich das abgespielt hat … In der Nacht wurde meiner Mutter der Kinderwagen gestohlen, und ein ganz schlechter, alter ist an seiner Stelle dort gestanden.«[44]

Die erste Reise geht weiter über Salzburg und München nach Augsburg. Roth beschreibt in seiner Autobiographie »Das Alphabet der Zeit«, dass es von Augsburg am Abend noch eine Verbindung nach Würzburg gegeben habe, er und seine Brüder schliefen auf den Bänken des Eisenbahnwaggons. Als der zweieinhalbjährige Gerhard Roth »im lichtlosen Nichts« erwachte, ist es still. Die Mutter bittet ihn, »leise zu sein«: »Nie werde ich die Finsternis und die Lautlosigkeit vergessen, in die ich getreten war. Ich höre kein Eisenbahngeräusch, denn der Zug war, wie meine Mutter schrieb, an einem Waldrand stehen geblieben (…). Irgendwann in der Endlosigkeit des Wartens darf ich an das Fenster treten und hinausschauen, und ich sehe in der Dunkelheit Flammen vom Himmel fallen, es sind nicht die Feuerzungen des Heiligen Geistes, sondern Bomben, die auf eine brennende Stadt – Würzburg – fallen. Wie auf Röntgenbildern sehe ich durch die Glasscheibe im Zugabteil Schwärze und Helligkeit. (…) Riesenfunken fallen vom Himmel auf die zuckenden, sich stets verändernden Flammen. (…) Ich kann den Film solange ich will in meinem Kopf abspulen, immerfort und immerfort, ohne an einen Anfang oder ein Ende zu gelangen. (…) ›Die Lokomotive‹, schrieb meine Mutter, ›hatte die Kessel gelöscht, wie gelähmt starrten wir auf das Schauspiel der Vernichtung.‹«[45] – Roth kann das brennende Würzburg nicht vom Zug aus gesehen haben. Die Bombardierung, durch die Würzburg in Flammen aufging, erfolgte am 16. März 1945. Nimmt man eine Abreise aus Graz am 19. Januar bzw. am 19. Februar 1945 an, erfolgte der schwerste Bombenangriff auf Würzburg, durch den die Stadt zu 85 Prozent zerstört wurde, knapp acht bzw. vier Wochen nach dem Beginn von Roths erster Reise.

Wahrscheinlich ist die von der Mutter übernommene Erinnerung an das brennende Würzburg eine Verarbeitung der Kriegstraumatisierung in Form von Konfabulation und durch eine »false memory«. Forschungen zu posttraumatischen Belastungsstörungen legen diese Einschätzung nahe.[46] Judith Kasper legt in ihrer Studie »Der traumatisierte Raum« (2016) dar, das Trauma lasse sich im psychoanalytischen Diskurs »nicht auf ein gewaltvolles geschichtliches Ereignis reduzieren, wenngleich es meistens mit solchen verbunden ist«: »Das Trauma ist im Wesentlichen eine Abspaltung: Ein Subjekt wird durch ein Ereignis affiziert, es ist aber nicht in der Lage, diesem Affekt einen adäquaten Ausdruck zu verleihen. Anstelle des adäquaten Ausdrucks bildet sich ein Trauma aus. Es ist charakterisiert durch eine Phase der Affektlosigkeit und die nachträgliche, meist als unangemessen wahrgenommene Manifestation starker Affekte in Bezug auf andere Schauplätze und Ereignisse. Das Trauma, da es immer erst in seiner Nachträglichkeit gefasst wird, hat keine ›exakte Zeitstelle‹, sondern existiert nur im Modus der Sequenzen, in denen es (sich) wiederholend insistiert.«[47]

Robert Jay Lifton und Ernst Klee haben in ihren Studien »Ärzte im Dritten Reich«[48] (1988) und »Deutsche Medizin im Dritten Reich«[49] (2001) untersucht, innerhalb welches Organisationsprinzips die NS-Ärzte sich in den Dienst des NS-Regimes gestellt haben. Lifton widmet sein Buch dem Andenken Alexander Mitscherlichs. Im Vorwort zur deutschen Ausgabe schreibt Lifton: »Wir stehen dabei alle wie Zwerge auf den Schultern von Alexander Mitscherlich, der das Ausmaß der medizinischen Verbrechen der Nazis als erster der Öffentlichkeit bekannt machte und später als der vielleicht brillanteste psychoanalytische und moralische Kritiker der Nazi-Ära hervorgetreten ist. Die intellektuelle Energie und der persönliche Mut von Mitscherlich stellen auch heute noch ein Vorbild dar, nach dem sich viele orientieren und weiter orientieren werden.«[50]

Alexander Mitscherlich hat 1960 in seiner Einführung zu der von ihm und Fred Mielke herausgegebenen Dokumentation »Medizin ohne Menschlichkeit« (die erste Auflage erschien 1948) von der »Absicht dieser Chronik« geschrieben: »Natürlich kann man eine einfache Rechnung aufstellen. Von ungefähr 90000 damals in Deutschland tätigen Ärzten haben etwa 350 Medizinverbrechen begangen. Das bleibt noch eine stattliche Zahl, vor allem, wenn man an das Ausmaß der Verbrechen denkt. Aber es war im Vergleich zur gesamten Ärzteschaft doch nur ein Bruchteil, etwa ein Dreihundertstel. Aber ist das nicht dann doch wieder beunruhigender: jeder dreihundertste Arzt ein Verbrecher? Das war eine Relation, die man nie zuvor in der deutschen Ärzteschaft hätte finden können. Warum jetzt? Doch das trifft nicht den Kern. Dreihundertundfünfzig waren unmittelbare Verbrecher – aber es war ein Apparat da, der sie in die Lage oder in die Chance brachte, sich zu verwandeln. Sie haben ja nicht die Patienten ihrer Praxis getötet.«[51]

Roths leise Stimme.

Zu Beginn seiner Dankesrede »Barbarei des Biedersinns« zur Verleihung des Bremer Literaturpreises 1999 hat Dieter Forte die Gäste gebeten, ihm seine »leise Stimme«[52] zu »verzeihen«[53]: »Meine Stimme blieb im Krieg und in der Zeit, die man irrtümlich und aus Gewohnheit Nachkriegszeit nennt. Der Krieg und die Überlebenszeit danach nahmen mir den Atem. Die verdrängte Angst, die niemals zu vergessenden Todesmomente sind in der Erinnerung gegenwärtig. Meine Stimme findet sich im Schreiben.«[54] Im Gespräch mit Volker Hage hat Forte im Jahr 2000 erläutert, dass zwischen Krieg und Zerstörung, kurzem Frieden und erneuter Flucht, die in seiner Romantrilogie anhand »des Jungen« dargestellt werden, fünfzig Jahre liegen, »und aus diesem Zeitunterschied heraus, der ein Geschehen auch objektiviert, habe ich versucht, die Erinnerung neu zu beleben, das, was der Junge erlebt, gesehen hat, die Ängste des Jungen, da habe ich mich nicht geschont, da habe ich mich schon reinversetzt, da bin ich auch durchgebrochen. Es gibt Momente, wo auch die Sprache nicht mehr hält. Einen Luftangriff kann man einmal beschreiben und dann nie mehr im Leben.«[55]

Roth hat auf Volker Hages Frage, ob er sich vorstellen könne, die Schrecken des Krieges noch einmal literarisch zu verarbeiten, folgende Antwort gegeben: »Schwer zu sagen. Das Material, das Erinnerungsmaterial treibt einen vor sich her, sensibilisiert einen, macht mit einem im schöpferischen Zustand manchmal etwas, was man gar nicht erwartet. Ich kann mir gut vorstellen, dass zum Beispiel der ganze Schrecken, der mit dieser Situation verbunden war, das Staunen über die Gewalt, das Nichterfassen der Katastrophen in meinem Werk Spuren hinterlassen hat. Ich glaube nicht, dass man von dem Ereignis allein sprechen kann – man braucht einige Zeit, um das zu verarbeiten. Und ich glaube weiter, dass die Erzählungen meiner Mutter mir unbewusst dabei sehr geholfen haben, denn ich habe es schon relativ früh als zu meinem Leben gehörig empfunden. (…) Ich würde es heute so beurteilen, dass in dem Augenblick, als ich den Schrecken im Gesicht meiner Mutter gesehen habe, habe ich selber Panik empfunden. Wenn ich den Eindruck gehabt habe, im Gesicht meiner Mutter ist alles in Ordnung, dann habe ich es wie ein Schauspiel betrachtet. Es war direkt von der Schreckensverarbeitung meiner Mutter abhängig.«[56]

Bei Roth beträgt die zeitliche Distanz bis zur Niederschrift der Autobiographie »Das Alphabet der Zeit« sechzig Jahre, er wählt für das erste Kapitel des »Prologs«[57] eine Erzähltechnik der Distanzierung, er geht den Weg zurück, er nimmt den Umweg von der dritten zur ersten Person.

Am nächsten Tag sprechen wir über Trauma und Erinnerung, über die Studie »Sprache ohne Worte« (2011) des amerikanischen Traumaforschers Peter A. Levine. »Wie selbstsicher wir auch sein mögen«, schreibt Levine, »unser Leben kann im Bruchteil einer Sekunde völlig zerstört werden. Wie in der biblischen Geschichte von Jona können die bislang unbekannten Mächte von Trauma und Verlust uns völlig verschlingen. Gefangen und verloren in ihrem kalten, dunklen Bauch erstarren wir vor Entsetzen und Hilflosigkeit.«[58]

Peter A. Levine betont in »Trauma und Gedächtnis« (2016), dass die Erinnerungen das Fundament unserer Identität bilden, jedoch stets im Fluss sind. Für Levine helfe der altägyptische Isis- und Osiris-Mythos, ein Trauma in seiner Tiefendimension zu verstehen. Der große König Osiris wird aus Missgunst ermordet: »Seine Widersacher zerstückeln die Leiche in viele Einzelteile und werfen sie in den Nil, dessen Fluten sie bis in die fernsten Winkel des Königsreichs tragen. Isis jedoch, angetrieben von ihrer großen Liebe zu Osiris, sucht so lange, bis sie alle Teile seines Körpers wiedergefunden hat, und fügt die einzelnen Glieder (engl.: ›members‹) wieder zusammen, um ihn wiederzubeleben und zu er-innern (engl.: ›re-member‹).«[59] Isis birgt die körperlos gewordenen Teile ihres Mannes aus dem Schlamm und fügt sie zu einem einheitlichen Organismus zusammen.

Einer – vom Symbolischen her gesehen – ähnlichen Aufgabe verschreibt sich in Gerhard Roths »Landläufiger Tod«, im Abschnitt »Eine kriegerische Eisenbahngeschichte«, Mautners sechzehn Jahre alter, schwachsinniger Neffe. Man könnte den Namen Mautner als eine Variation von Mautern lesen. Fünfzehn Jahre nach Kriegsende sammelt der Neffe »mühevoll und ausdauernd die Bestandteile der Lokomotive zusammen, die in den Bauernhäusern verstreut waren. Er fand den Lokomotivkessel und die Feuerbüchse, die Speisewasserpumpe und das Achslager, die Rauchrohre, das Reglerventil und den Dampfsammelkasten. Selbst der Heizersitz und der Tachograph tauchten auf, die der junge Mann in einer halb zusammengefallenen Scheune zu den übrigen Gegenständen legte. Zuerst nahm man an, dass er die Gegenstände aus Neugier sammelte, dann aber hieß es, er beabsichtige, sie auszustellen. Am zweiten März 1960 entdeckten seine Eltern, als sie die Scheune abtrugen, um dem Gerede ein Ende zu bereiten, die vollständig zusammengebaute Lokomotive.«[60]

Für Monika Kraus stößt Roth ins Irrationale vor, er trägt Schicht um Schicht ab, um zum Unbewussten und gesellschaftlich Tabuisierten zu gelangen: »Lindner, durch eine nach Unfall nicht erfolgte Sozialisation mit Stummheit geschlagen, ist gezwungen, sich in eine unendliche Reflexion und Selbstreflexion zu vertiefen. Er tritt ein in die Unterwelt, ins Totenreich / Tabuisierte, ins drohend Unbewusste, in die tote Vergangenheit, um dort Eurydike oder überhaupt die tote Liebe zurückzuholen, und die versteinerte Welt durch seinen liebenden Gesang ins Fließen zu bringen. (...) Er schweift in die Tiefe, um die harte Oberfläche aufzubrechen, ›die Eisdecke‹, wie sie Roth nennt, ohne daß das Ende schon abzusehen wäre.«[61]

Auf die Frage, ob das Zusammenfügen der Einzelteile eine Phantasie Roths sei, von der Sehnsucht bestimmt, die Zerstörung rückgängig machen zu wollen, antwortet Roth in einem Gespräch mit Volker Hage im Jahr 2000: »Es ist eine Phantasie, aber sie bezieht sich auf den Vorgang des Erzählens selbst – dass sozusagen aus den Einzelteilen der Wahrnehmung, der Erinnerung wieder eine ganze Geschichte entsteht. In dem

Moment, wo eine Geschichte erzählt wird, gibt es wieder Kontinuität, der Schock ist überwunden.«[62]

In der von Ute und Wolfgang Benz herausgegebenen Studie »Sozialisation und Traumatisierung. Kinder in der Zeit des Nationalsozialismus« (1992) wird untersucht, welche psychischen Verwundungen und Verheerungen Kinder und Jugendliche erlitten, die nach den Normen und Methoden des NS-Regimes erzogen worden waren. Für Ute Benz entsprach die »radikale Methode der NSDAP, politische Ordnung zu schaffen«,[63] für die Mehrzahl der Deutschen »der traditionell gewohnten Art der Konfliktlösung, sie war vielen längst vor der Machtergreifung Hitlers vertraut und schien den meisten altbewährt. Die Entwertung des einzelnen und die Rücksichtslosigkeit gegenüber individuellen Bedürfnissen und Empfindungen war der Mehrheit von Kindesbeinen an ebenso selbstverständlich wie die Unterordnung unter Autoritäten in der Erwartung, irgendwann durch Leistung selbst im Gefolge eines mitreißenden Führers Stärke und Bedeutung erwerben zu können. In der NS-Zeit wurden Kinder und Erwachsene offiziell darin bestärkt, ihre Entwicklung zu Differenzierungen und Integration der eigenen ambivalenten Anteile einzustellen und statt dessen jene Spaltung der Gefühle und der Gegensätze fortzuführen, auf der Radikalität und Inhumanität basieren. Kinder wurden in der Jagd auf Feinde trainiert, im Verachten von eigenen wie fremden Schwächen, sie durften Diffamierung und Denunziation üben und das eigene Bild der kindlichen Omnipotenz restaurieren. Auf dieser Basis war der innere Zusammenbruch der Deutschen programmiert, lange bevor das politische System des Nationalsozialismus selber einstürzte.«[64]

Wolfgang Zander weist in seinem Beitrag »Kinder und Jugendliche als Opfer« darauf hin, dass es aus psychoanalytischer Perspektive vor allem die ersten fünf Lebensjahre sind, bei denen traumatisierende Einflüsse die schwersten und nachhaltigsten pathogenen Folgen haben können, und später sei es die Zeit der Pubertät, in der normalerweise im Aufbegehren gegen die Eltern der eigene Lebensweg gesucht und gefunden wird. Die Möglichkeit zur Entwicklung einer eigenen Persönlichkeit in Abgrenzung zu den Werten der Eltern wurde den Kindern während des NS-Regimes genommen. »Soll eine Entwicklung glücken,« so Zander, »sind Säuglinge bzw. Kleinstkinder auf Sicherheit, ruhige Zuwendung, ›Nestwärme‹, korrespondierende freundliche Interaktion mit den sich entfaltenden Lebensbedürfnissen angewiesen. Aber was haben dagegen die Kriegskinder wirklich erlebt? Sie sind in eine immer unsichere und immer bedrohlichere Zeit hineingeboren bzw. -gewachsen. (…) Wie viele Kinder erlebten den Verlust ihres Zuhauses, mussten sich oft mehrfach an eine primitive neue Unterkunft gewöhnen, wenn sie nicht sogar selbst in extrem angstvolle lebensbedrohliche Situation gerieten. (…) Die Kinder erlebten sorgenvolle, bedrückte und nervöse, geängstigte und gereizte Mütter und hätten in dieser Entwicklungsphase frohe und zugewandte Mütter gebraucht. Andernorts erfuhren viele Kinder zunehmend auch den Verlust der heimatlichen Umgebung, waren auf der Flucht, auf engstem Raum in Güterzügen zusammengepfercht, oder auf der Landstraße, im Leiterwagen oder zu Fuß, gezwungen, alles Vertraute hinter sich zu lassen.«[65]

Roth hat in seiner Autobiographie »Das Alphabet der Zeit« nicht nur über den Luftangriff in Mautern geschrieben, sondern auch über die Beziehung zu einer geängstigten und verstörten Mutter sowie über die psychischen Folgen des Luftangriffs bis in die Gegenwart. Die erste »Begegnung« mit dem Nationalsozialismus hatte Roth, als er sich als Fünfzehnjähriger im Grazer Opernkino den Dokumentarfilm »Der Nürnberger Prozess« ansah. In den Kinos wurden in jenen Jahren kitschige Heimatfilme gezeigt: »Ich bin ahnungslos hineingegangen und sah zu meinem Entsetzen Filmausschnitte von der Befreiung eines KZs durch die Engländer: Leichenberge und wie die SS-Wächter die Leichen zur Strafe in eine Grube werfen mussten. Auf anderen Aufnahmen hat man Genickschüsse durch SS-Soldaten gesehen. Geendet hat das Ganze mit der Hinrichtung vieler Angeklagter. Man sah, wie sie aufgehängt und anschließend als Leichen wieder abgenommen hat. In der Summe der Ermordungen ergab das Töten der Täter für mich keinen Sinn mehr. Ich habe während des gesamten Filmes blankes Entsetzen empfunden, zu dem noch weiteres Entsetzen dazukam, verursacht durch die Todesstrafe von den Befreiern. Das habe ich damals nicht nachvollziehen können. Und ich bin auch ein Gegner der Todesstrafe geworden.«[66]

In einem Gespräch mit Volker Hage erinnert sich Roth, dass in dem riesigen, dunklen Kino nur drei Leute waren: »Das eine, an das ich mich erinnere, ist das permanente Husten von einem der Zuschauer, das andere ist das lähmende Entsetzen, das mich ergriffen hat, als ich die Dokumentaraufnahmen aus den KZs gesehen habe. Davon war zu Hause nicht die Rede. Diese Gesichter waren damals nahe (…). Das waren nicht so ferne Gesichter, wie sie einem heute auf einem Schwarzweißfilm erscheinen, sondern das waren Gesichter, deren Züge mir vertraut waren. Und auf einmal sind die Genickschüsse, Vergasungen usw. zu sehen gewesen und die Toten und die Leichenberge. Und ich kann mich erinnern, dass ich aus dem Kino, als es zu Ende war, durch den Grazer Stadtpark nach Hause gelaufen bin und hemmungslos geweint habe. Wir haben damals keinen Fernseher gehabt, es gab nur das Radio. Es gab auch kaum Illustrierte, ich hatte also kaum Bilder vorher gesehen. Es war eine völlig andere Kindheit und Jugend, verglichen mit heute. Ich habe meine Eltern gefragt, was da war, und es hat dann in der Folge einen permanenten verdeckten Konflikt gegeben, der erst durch meinen Großvater gelöst wurde. Der war Sozialdemokrat, und der hat mir dann sehr viel erzählt.«[67]

Die eigene Traumatisierung als Kind von zweieinhalb Jahren hat Roth u. a. ein tieferes Verstehen der Gugginger Künstler ermöglicht. Dem Dichter Ernst Herbeck und dem Künstler Oswald Tschirtner, um nur diese beiden zu nennen, ist durch den Krieg schweres Leid zugefügt worden. In ihren Werken ist der Schrecken darüber zu erahnen, dass sie in einer Welt erwachsen werden mussten, in der am Übergang von der Adoleszenz zum Erwachsensein das eigene Leben über mehrere Jahre von der Vernichtung bedroht war.

Roth sieht die Nachkriegszeit als sein »viel größeres Trauma« an: »Das eine war der Schrecken des Kriegs, den ich mir erst später erklären konnte, aus den Zusammenhängen heraus: dass er eben mit den Nazis zu tun hatte. Als Kind waren es zunächst nur anonyme Mächte, die das mit uns gemacht hatten. Das andere, das viel Schlimmere war für mich diese würgende Enge, in der ich herangewachsen bin, zwischen katholischer Kirche und Kaltem Krieg, inmitten einer sexualfeindlichen Welt, einer sehr auf bieder und ›normal‹ zurechtgetrimmten Gesellschaft. Der Versuch, diese Welt zu sprengen, hat mich dann viel mehr beschäftigt.«[68]

Am Beginn seiner schriftstellerischen Arbeit war Roth mit der Frage konfrontiert, wie er dem dunklen Graz entkommen und zu seiner Literatur finden könne. Wie dunkel es in politischer Hinsicht in Graz noch lange war, lässt sich auch daran ablesen, dass noch 1982 verboten wurde, Herbert Achternbuschs Film »Das Gespenst« zu zeigen; das Rechbauer-Kino musste den Film aus dem Programm nehmen. Wolfgang Arnold, Kulturkritiker der »Südost-Tagespost«, hatte bereits Wolfgang Bauers Drama »Gespenster« vehement abgelehnt. Roth hatte Arnolds Kritik widersprochen und war dafür von Arnold angezeigt worden – Roth wurde zu einer Geldstrafe verurteilt. Auch bei Achternbuschs Film fühlte sich Arnold dazu aufgefordert, rechtlich gegen das vorzugehen, was nicht seinen Wertanschauungen und nicht denen der katholischen Kirche entsprach. Arnold erstattete Anzeige bei der Staatsanwaltschaft wegen Herabwürdigung religiöser Lehren gemäß Paragraph 188. Das erwirkte Verbot wurde nie aufgehoben, lediglich in einigen Bibliotheken kann der Film für wissenschaftliche Studien ausgeliehen werden. Achternbuschs Film »Das Gespenst« und Werner Schroeters »Liebeskonzil« (1982) sind die beiden einzigen Filme, die jemals in Österreich beschlagnahmt worden sind.

Wie konnte Roth dem Fortwirken des Faschismus in den Nachkriegsjahren und jener äußerst konservativen Etablierung des öffentlichen Lebens entkommen? Drei Wege boten sich an, um ein Leben in künstlerischer Selbstbestimmung zu führen. Der erste war der Weg ins Theater. Roth wirkte als 21-Jähriger in der Uraufführung von Wolfgang Bauers Stücken »Maler und Farbe« und »Der Schweinetransport« als Schauspieler mit und schrieb später das Stück »Erinnerungen an die Menschheit«[69] (1985). »Im Zirkus«, der letzten der 28 Szenen, sieht der »Große Zirkusdirektor« die Kunst und das Kunststück als Manifestation einer irrationalen Weltbetrachtung: »Wir wollen nichts von Gesetzen und Paragraphen hören, sondern die Schönheit des Kunststücks bewundern. Nicht die logischen Prozesse interessieren uns am Kunststück, sondern die Schönheit und Einmaligkeit des Dargestellten.«[70]

Der zweite Weg führte Roth in die USA. Die Reisen mit Wolfgang Bauer und Alfred Kolleritsch waren Ausbrüche aus der politischen und künstlerischen Enge der Steiermark. In dem Gespräch »Von der Sehnsucht, die Identität zu wechseln«, das Georg Pichler führte, sagt Roth: »Amerika war für mich so etwas wie Kino als Wirklichkeit. Meine Amerikareisen waren, wenn man so will, mein literarisches Cyberspace. Dort wollte ich hin, das war das Land meiner Befreiung, dort war die Rock 'n' Roll-Musik, dort waren James Dean, Elvis Presley, Marlon Brando, Elia Kazan.«[71]

Der 1974 erschienene Amerika-Roman »Der große Horizont« ist dem Freund Wolfgang Bauer gewidmet und weist in einer Vorbemerkung daraufhin, wie sehr die Nähe zur amerikanischen Literatur gesucht wird: »Der im Roman zitierte Philipp Marlowe ist die Detektivfigur in den Kriminalromanen von Raymond Chandler.«[72] Das erste Wort des Romans ist in Großbuchstaben geschrieben, es lautet: »REISEN«.[73]

Die dritte Suchbewegung, die Roth Mitte der 1970er Jahre vollzog, war der Aufbruch zu den Dichtern und Künstlern, die in Gugging ihre Werke schufen. Diese Arbeiten wurden in jenen Jahren als Kunstwerke nicht ernst genommen, sie wurden als die Hervorbringungen von Geisteskranken abgetan. Roth ist immer wieder nach Gugging aufgebrochen, er spürte, dass sich in der Dichtung und Malerei dieser abgeschieden lebenden Künstler ihm eine Welt eröffnete, die den in der Mittsommernacht Geborenen zu einer normbrechenden Ästhetik hinzog.

Um Roths Literatur in einem philosophischen Kontext einzubetten, erscheint es sinnvoll, auf die »Bewegungsformen des ästhetischen Subjekts« einzugehen, die der Berliner Religionsphilosoph Klaus Heinrich mit der Dreiteilung in Wandeln, Wandern und Marschieren vornimmt. Das Wandeln bezieht sich auf die Bewegung zwischen Lichtgestalten und den in Hegels »Phänomenologie des Geistes« skizzierten »menschlich geformten Bildsäulen«[74], die Karl Friedrich Schinkel Wirklichkeit werden ließ. Mit dem zweiten Strang charakterisiert, so Heinrich, Caspar David Friedrich »nicht nur sich selbst und seine Kunst als Wandern oder die Kunst eines Wandernden«[75], sondern sein Blick konstituiert die Perspektive der Landschaft: »Und wenn wir uns fragen, auf welch ein Ziel wird dort zugewandert, dann lautet die simpelste Antwort, die wir geben können und die die Mysterienzüge der Friedrich'schen Malerei mit Politik verknüpft: Das Ziel dieses Wanderns ist das in politischen Aktionen nicht habbare Reich. Andererseits haben wir darauf hingewiesen, wie die Musik in der ersten Hälfte des 19. Jahrhunderts, wo sie das Wandern zur Gangart nicht nur der Figuren, sondern der Musik selbst erklärt, ein anderes Ziel zu haben scheint, nämlich das Zuwandern auf den eigenen Tod. Der Einzelne beginnt seine Todesreise nach innen; jede Erfahrung des Wandernden ist ein Zuwachs an Todeserfahrung.«[76] Für Heinrich gehören diese beiden Seiten zusammen und umfassen die deutsche Interpretation des Wanderns im 19. Jahrhundert: »Der Einzelne erwandert sich, indem er sich der Natur aussetzt, den Tod. Die Gruppen aber erwandern sich das Reich.«[77] Heinrich weist darauf hin, dass die Caspar-David-Friedrich-Begeisterung kurz nach 1900 in dem Augenblick ausbricht, »in dem auch eine andere Bewegung ausbricht, die wir eng mit ihm in Zusammenhang gebracht haben, nämlich die Jugendbewegung des Wandervogels, die Bündische Jugend. Hier verschmelzen schon die Figuren der Überwältigung mit denen der Romantik. Im Krieg dann wird Caspar David Friedrich in den deutschen Schullesebüchern eine enorme Position als deutsches Ereignis einnehmen.«[78]

Der »Wanderer am Meilenstein« (1802) blickt nicht mehr in sich gekehrt auf die Erde oder steht einsam auf einem Felsen wie im 1818 entstandenen Gemälde »Wanderer über dem Nebelmeer«. Die Landschaft wird in der deutschen Romantik zu einer ästhetischen Person.[79] Am Beginn des 20. Jahrhunderts sitzt oder steht der Wanderer nicht mehr, er hat sich mit anderen zusammengeschlossen, sich uniformiert und in Bewegung gesetzt. Die Truppen, die 1933 losmarschierten, so könnte man hinzufügen, gingen über die Erwanderung des Reiches hinaus, sie gingen in den Tod.

Um die Nazis in Bewegung zu versetzen, wurden KdF-Reisen organisiert. Dazu brauchte es Autos, Schiffe, Flugzeuge. Der Generalbebauungsplan von Wolfsburg, er geht auf den österreichischen Architekten Peter Koller (1907–1996) zurück, bestimmt, wie Marcel Glaser analysiert, die »Stadt des KdF-Wagens bei Fallersleben« in ihrer Struktur.[80] Am 26. Mai 1938 feierten, wie der Direktor des Kunstmuseums Wolfsburg, Ralf Beil, in seinem Katalogbeitrag »Eine Stadt wie Deutschland. Wolfsburg als Brennglas deutscher Geschichte und Gegenwart« zur Ausstellung »Wolfsburg Unlimited« (2016) ausführt, mehr als fünfzigtausend Menschen die Grundsteinlegung des Volkswagenwerkes.[81] Hitler reiste aus München an und sagte, »dieses gewaltigste deutsche Automobilwerk«[82] werde »zugleich auch (…) eine vorbildliche deutsche Arbeiterstadt«[83] sein: »Gemessen an den Produktionsziffern auf diesem Gebiet, nicht nur etwa in Amerika, sondern auch in anderen europäischen Ländern, war die deutsche Kraftwagenerzeugung geradezu lächerlich geworden. Knapp 46000 Kraftwagen-Personenwagen in einem Jahr. Dies entsprach in keinster Weise den Verkehrsbedürfnissen des deutschen Volkes. Und in einer Zeit, in der fast sieben Millionen Erwerbslose unser Leben belasteten, war es verständlich, dass gerade hier sofort die Wende einsetzen musste. Die Motorisierung musste daher sich zuerst loslösen von der früheren Auffassung, das Kraftfahrzeug sei ein Luxusartikel. Natürlich, wenn in einem Land bloß zwei- oder drei- oder vierhunderttausend Kraftfahrzeuge laufen, dann trifft dies zu. Der Bedarf des deutschen Volkes ist aber nicht vorhanden für zwei- oder dreihunderttausend Kraftwägen, sondern für sechs oder sieben Millionen. (…) Wir sind keine Wahnsinnigen, wir wissen genau, dass nicht in ganz Deutschland jede Stadt so aussehen kann, wie diese aussehen wird. Aber das soll ein Vorbild werden, eine Lehrstätte auch der Stadtbaukunst, sozialer Siedlungen.«[84] Gut einen Monat vor der Grundsteinlegung in Wolfsburg hat Hitler von Porsche ein kleines Modell des Volkswagens als Geschenk zum Geburtstag bekommen.

In einem »Spiegel«-Gespräch mit Martin Doerry und Volker Hage spricht W. G. Sebald 2001 darüber, dass wir bis heute nicht wissen, »wie eigentlich die ›éducation sentimentale‹ unserer Eltern unter dem Nazi-Regime ausgeschaut hat. Wie sah der ›Bildungsprozess‹ – wenn man das so sagen darf – eines deutschen Kleinbürgers aus, der im Faschismus Karriere gemacht hat? Welche Emotionen haben sich da entwickelt? Vor allem zwischen 1933 und 1942? Diese Phase wurde doch als ein einziger glorreicher Aufschwung erlebt, gerade von Leuten, die aus dem hintersten Wald kamen, wie etwa mein Vater, und die dann plötzlich in den Rang eines Offiziers aufsteigen konnten und große Aussichten zu haben schienen: Wenn es so weiter gegangen wäre wie geplant, wären die in den 50er Jahren ja alle irgendwo in Russland oder Polen Gouverneur gewesen.«[85]

Man könnte fragen, wie die »éducation sentimentale« von Roths Mutter Erna und seinem Vater Emil war. Sie hatte mit der Motorisierung des NS-Regimes zu tun. Im Frühjahr 1939 lädt der Arzt Emil Roth die aus einer Arbeiterfamilie stammende Krankenschwesternschülerin Erna Druschnitz zu einer

Reise ein, sie fliegen mit einer Propellermaschine nach Wien, er zeigt ihr Schönbrunn, die Kapuzinergruft und den Stephansdom, »bevor sie mit der Eisenbahn über den Semmering zurückgefahren seien. Dort wären die beiden, ohne dass sie es geplant hätten (…) im Hotel Panhans abgestiegen, wo sie noch am selben Tag ein Liebespaar geworden seien.«[86]

Sechs Jahre später liegt Deutschland in Schutt und Asche. Um seine Frau und die drei Kinder zu sehen, lässt Emil Roth sich von seinem Chauffeur in einem VW-Kübelwagen von Nürnberg nach Kitzingen bringen. Der Traum vom sozialen Aufstieg im NS-Regime endete mit der bedingungslosen Kapitulation. Roths Vater Emil ist 33 Jahre alt, seine Mutter Erna 28 Jahre. Der Vater wird inhaftiert, die Mutter besucht ihren Mann in einem fünfzehn Kilometer entfernten Gefangenenlager: »Bis die russischen Soldaten aus der Steiermark abzogen und von den Engländern abgelöst wurden, blieben seine Eltern in der Nähe von Würzburg. An jene neun Monate hat er kaum Erinnerungen. Seine Mutter berichtete ihm von einem Grafen, der den gleichen Familiennamen trug wie sie. Im Gartenhaus von dessen Park fanden seine Eltern mit ihren Kindern eine notdürftige Unterkunft.«[87]

Nach einem knappen Dreivierteljahr ging es von Würzburg wieder nach Graz zurück. Für die Beschreibung der Kindheit und Rückfahrt wechselt Roth von der Erzählperspektive der dritten Person, in der der allererste Abschnitt von »Die Reise 1945« verfasst ist, in die erste Person des Kapitels »Die Rückkehr«: »Oktober 1945. Die Eisenbahnfahrt nach Graz ist mir als Eingeschlossensein in einem zitternden, ruckenden Schattentunnel in Erinnerung. Nichts von der Landschaft, durch die wir fuhren, ist in meinem Kopf mehr vorhanden, nur dieser Innenraum, eine riesige alte Ziehharmonika, in die ich irgendwie hineingelangt bin. (…) Das Gedränge, der Gestank im Abteil sind bedrohlich. Menschen streiten, schreien, heulen, schieben, übergeben sich. Ich sitze auf einem Koffer und habe die Eingebung, dass mir nichts geschehen kann. Ich darf mich nur nicht bewegen, ich muss alles so hinnehmen, wie es sich ereignet.«[88]

Als die Roths in Graz ankommen, sehen sie das Ausmaß der Zerstörung durch die Bombardierung. Sie gehen, so erzählt es Roth Volker Hage, vom Bahnhof zu Fuß nach Gösting, »an riesigen Bombentrichtern vorbei, in der Dunkelheit. Es war in der Nacht, mein Vater hatte eine Taschenlampe, und wir gingen die Straße entlang: Mein älterer Bruder und ich sind zwischen meinem Vater und meiner Mutter gegangen – ich kann mich noch gut an die Bombentrichter erinnern, in die wir nicht fallen sollten.«[89]

Anfeindungen und Zurückweisungen bis hin zum Mobbing ziehen sich, wie Roth in seiner Autobiographie »Das Alphabet der Zeit« geschildert hat, durch seine Kindheit und Jugend: Die Roths leben nach dem Krieg in der Nähe einer Mülldeponie[90], das Haus am Geidorfgürtel 16 war, wie bereits am Beginn des Kapitels erwähnt, bombardiert worden. Gerhard Roth und seine Brüder werden vom Göstinger Pfarrer Binder geschnitten. In der Volksschule werden Roth und die Mitschüler vom Oberlehrer Scherer tyrannisiert, im Gymnasium lässt unter anderem ein streng katholischer Lateinprofessor Roth bei der Matura durchfallen, der Lehrer hatte erfahren, dass Roth mit achtzehn Jahren Vater geworden war. Doch durch das Engagement des Priesters und Deutschlehrers Edmund Schwarz, bei dem Roth Nachhilfestunden nimmt, dreht sich die Situation. Schwarz fährt mit dem Rad zum Lateinprofessor nach Hause und sagt ihm, er finde sein Verhalten ganz und gar nicht in Ordnung. Der Lateinprofessor geht daraufhin bei der Nachprüfung nicht mehr gegen Roth vor. Wie im Kapitel über das Leben in der Südsteiermark dargestellt wird, begegnen Roth die Menschen auf dem Land zunächst ablehnend. Auch nach dem Umzug nach Wien Mitte der 1980er Jahre dauert es Jahre, bis Roth von Schriftstellerkollegen nicht mehr attackiert wird und die österreichischen Journalisten in den Besprechungen der Roth-Bücher milder gestimmt sind. Das übernächste Kapitel widmet sich ausführlich den Gefahren und den Gefährdungen, denen Außenseiter zeit ihres Lebens ausgesetzt sind.

Der Vater nimmt den mittleren Sohn zum »Hamstern« aufs Land mit. Eindringlich beschreibt Roth die Demütigung und die Angst, als sein Vater ihn in der Nacht auf seine Schultern setzt, damit er an das Schweineschmalz in der Speisekammer eines Bauern kommt, bei dem sie übernachten. Der Sohn muss mit einem Spatel das Schmalz aus dem Topf kratzen und in die Proviantdose streichen: »Damals hörte ich zum ersten Mal mein Herz klopfen. Mein Mund wurde trocken, und meine Hände schwitzten so stark, dass mir beinahe der Spatel entglitten wäre. Von einem Moment auf den anderen wusste ich, dass wir einen Diebstahl begingen und dass ich ein Dieb war.«[91]

Im 1975 publizierten Fragment »Czernys Tod« reflektiert Roth das Engagement seines Vaters während der NS-Zeit und dessen berufliche Tätigkeit nach dem Krieg. Er verlegt dabei den Schauplatz, der Vater des Protagonisten Czerny ist »Landarzt in der Obersteiermark«[92]: »Dr. Czerny selbst war Nationalsozialist gewesen, ohne sich allerdings besonders hervorgetan zu haben. Dafür hatte man ihm 1945 kurzfristig die Erlaubnis, zu praktizieren entzogen, ihm diese jedoch nach seinem Beitritt zur Sozialistischen Partei zurückgegeben. Seither kümmerte er sich nicht um Politik, ja, er verachtete sie sogar. (…) An Sonntagen spazierte er zwischen Obstbäumen im Garten herum, rauchte, hob abgefallenes Obst vom Boden auf, oder genoss es, in Ruhe unter blühenden Bäumen zu spazieren. (…) Dr. Czernys Frau war eine hübsche, kastanienbraune Frau mit einer Neigung zur Hypochondrie. Häufig klagte sie über Übelkeit, Schwindelanfälle, Gallen- und Magenschmerzen. (…) Ihr Vater, der aus einer Glasbläserfamilie stammte, lebte in einem Altersheim in Leoben, sie besuchte ihn häufig, trotz seiner Klagen, die er jedesmal mit Ausdauer vorbrachte.«[93] Leoben liegt von Mautern ca. 25 Kilometer entfernt. Die Verortung der Landarztpraxis in der Obersteiermark könnte in der fiktiven Umschrift eine Distanzierung vom Vater und eine Situierung des Vaters und der Mutter in jene Region sein, in der sich die frühkindliche Traumatisierung des zweieinhalbjährigen Kindes ereignete.

Um zu verstehen, aus welcher Lebenswelt und Literaturszene sich Roth befreite, ist es sinnvoll, die politische und kulturelle Lage in der Steiermark und der Landeshauptstadt Graz Anfang der 1960er-Jahre in Erinnerung zu rufen. Der neuseeländische Germanist Simon Collis Ryan schreibt in dem Zusammenhang von einem »Dangerous Cultural Vacuum«.[94] Er hat den Begriff »gefährliches Kulturvakuum« aus einem Brief von Alfred Kolleritsch an Hans Magnus Enzensberger ins Englische übertragen. In dieses Vakuum, so Kolleritsch, ströme »immer mehr braune Luft«[95] ein. In einem Brief an Alfred Andersch vom Mai 1963 sieht Kolleritsch Graz in einem »literarischen Niemandsland«[96] liegen, »abseitig und wohlabgeschirmt gegen alles, was man zum Strom eines neuen Bewußtseins rechnen kann«.[97] Im Unterschied zu Deutschland hielt sich in Österreich das Interesse, die NS-Vergangenheit einer kritischen Beurteilung zu unterziehen, in engen Grenzen.

Der Germanist Gerhard Fuchs hat für die Monographie »Die österreichische Literatur seit 1945. Eine Annäherung in Bildern« ein Panorama der »Literaturlandschaft Steiermark« gezeichnet: »Ähnlich wie im übrigen Österreich stellte das Jahr 1945 in der Steiermark keine wirkliche Zäsur im literarischen Leben dar. Personell war bis zum Anfang der sechziger Jahre eine Autorengeneration vorherrschend, für die klerikal-konservative Wertsetzungen maßgeblich erschienen. In den Preisträgerlisten des offiziellen Landespreises, der nach der innersteirischen Orientierungsmarke Peter Rosegger benannt ist, spiegeln sich kulturpolitische Ausrichtung und literarische Produktionspraxis: Ab 1951 werden u. a. Rudolf Hans Bartsch, Paula Grogger, Hélène Haluschka, Paul Anton Keller, Rudolf List, Kurt Hildebrand Matzak, Karl Adolf Mayer, Franz Nabl, Margarete Weinhandl, Julius Zerzer geehrt – allesamt Autoren, die neben einem formalästhetischen Traditionalismus ideologische Positionen vertreten, die ihnen das Arrangement mit dem Nationalsozialismus (bis hin zur offenen Unterstützung) erleichtert hatten.«[98]

Peter Handke schreibt in seiner Einleitung mit dem Titel »Franz Nabls Größe und Kleinlichkeit« zum von ihm 1975 herausgegebenen Band »Franz Nabl, Charakter, Der Schwur des Martin Krist, Dokument. Frühe Erzählungen«, dass Nabl in einer Vorlesungsreihe im Sommer 1933 an der Universität Graz nicht nur »Hermann Hesse und, mit Einschränkungen wegen Abseitigkeit, auch Thomas Mann und Arthur Schnitzler gepriesen (hat) – und buchstäblich im gleichen Atem die nationalsozialistisch gestimmten Hans Grimm, E. G. Kolbenheyer und Hermann Burte, dessen 1911 erschienenen Roman ›Wiltfeber‹, worin gegen den ›Gott der jüdischen Erzväter‹ ›das uralte Hakenkreuz‹ in den Sand gezeichnet wird, erstaunt lobend als Prophetie erwähnt.«[99]

In einem Interview mit der Zeitschrift »Wochenpresse« (17. 7. 1987) hat Roth nach dem Umzug nach Wien mit der steirischen Landeshauptstadt abgerechnet: »Ich habe Graz immer verabscheut. Graz ist ein Schädelkarner, eine Nazihochburg. (…) Graz hat sich überhaupt keine Verdienste auch nur um einen seiner Künstler erworben. (…) Man hat mich in Graz künstlerisch umbringen wollen. Die Grazer Presse, die bekanntlich noch schlechter ist als die gesamte übrige österreichische Presse, hat sich am Schluß gegen mich verschworen.« Roth hat in dem Interview außerdem gesagt: »Die Fürchterlichsten sind die Gebildeten – die Gebildeten sind dafür verantwortlich, daß Österreich ein kaltes, böses Land ist. Die Gebildeten haben Österreich heruntergewirtschaftet, und zwar schon seit der Monarchie. (…) Wie kann man in einem Land leben, das seine Künstler haßt, seine Widerstandskämpfer, seine Intellektuellen? Und nur seine Schauspieler liebt.«[100] Diese und andere Äußerungen griff »Staberl« in seiner Kolumne in der »Neuen Kronen Zeitung« auf und fällte sein Urteil: »Die fürchterlichsten Österreicher, belehrt uns der emsige Naziwitterer Roth dann, sind die ›Gebildeten‹. Apart, apart! Genauso hat nämlich ein anderer ›Autor‹, nämlich der Hitlersche Propagandaminister Goebbels dahergeredet; mit dem einzigen Unterschied nur, daß es bei diesem Herrn gegen die bösen ›Intellektuellen‹ gegangen ist, deren ›zersetzender‹ und zumeist naturgemäß auch jüdischer Geist die weisen Theorien der Hitler, Rosenberg und Goebbels vom nordischen Übermenschen nicht begreifen wollte.«[101]

Roth begriff, dass er sich aus dieser Lebens- und Literaturwelt befreien musste. Er wusste auch, dass es ein gefährlicher Prozess ist, mit den vom NS-Regime geprägten Normen der Eltern und dem politisch sehr konservativen, noch vom NS-Regime geprägten Grazer Klima zu brechen. Er musste diesen Schritt tun, um leben und schreiben zu können.

»Die inneren Reisen waren für mich schon als Kind mehr eine Flucht«
Kindheitsreisen in die Welt der Bücher

Herr Roth, wie sieht es bei Ihnen mit den Reisen nach innen aus?

Die Erzählungen der Großmutter, wie ich sie in »Das Alphabet der Zeit« beschrieben habe, oder die Erzählungen des Großvaters über die Walz – er wollte nach Amerika auswandern –, das waren die ersten großen Reisen, von denen ich gehört habe und die meine Phantasie anregten. Dann kamen Josephine Siebes Bücher »Kasperle auf Reisen« und »Kasperle auf Burg Himmelhoch« aus den zwanziger Jahren. Als ich diese Bücher las, war ich Volksschüler. In der vierten Klasse Volksschule bekam ich Carlo Collodis »Pinocchio«, die Übersetzung hieß »Purzel, der Hampelmann«, das Buch habe ich immer noch, es war das erste Buch, das mich als Kind nicht umschmeichelte, sondern mich auch fesselte: Das Verschlucken durch das Monster wie bei Jona und dem Wal, das Wachsen der Nase bei Pinocchio und das der Ohren beim Esel oder der feurige Marionettenspieler. Als ich das Buch zu Ende gelesen hatte, war ich einerseits glücklich, andererseits aber auch traurig, dass es nicht »weiterging«. Das Josephine-Siebe-Buch hingegen war wie ein »Dessert«, während das »Pinocchio«-Buch mir nicht mehr aus dem Kopf gegangen ist. Es war das erste Buch, das mich für eine innere Reise angeregt hat. Ich habe außerdem erfahren, was man sich alles ausdenken kann, und konnte es von da an nicht mehr bei den Kinderzeitungen oder Malbögen belassen, die es damals gab.

Waren Sie ein einsames Kind?

Ich war ein Kind, über das andere immer wieder gelacht haben. In der ersten oder zweiten Klasse Volksschule wurden wir angehalten, einen Friedhof zu zeichnen, das war vor Allerheiligen. Meine Eltern waren mit mir noch nie auf den Friedhof gegangen, es hatte auch damit zu tun, dass der Vater keine Verwandten in Österreich hatte, er kam aus Siebenbürgen, meine Mutter stammte aus einer Arbeiterfamilie, ihre Verwandten lebten alle noch. Ich hätte gar nicht gewusst, warum wir auf den Friedhof hätten gehen sollen, aber die Großeltern hatten Leute gekannt, die verstorben waren, sie gingen daher am ersten November zu den Gräbern. Und weil ich nie auf einem Friedhof gewesen war, fragte ich, was die Toten in den Gräbern machen, und die Lehrerin sagte, sie seien zur ewigen Ruhe gebettet, sie schliefen dort. Ich zeichnete von meinem Banknachbarn die Grabsteine ab und fügte bei jedem Grabstein einen Kamin hinzu, aus dem Rauch herauskam.

Zu Allerheiligen und Allerseelen ist es bei den Gräbern immer kalt.

Der erste November ist immer kalt. Die Lehrerin kam zu mir und sagte, um Gottes willen, was machst du hier, ich antwortete ihr, der Ofen im Grab und der Rauchfang seien dafür da, damit die Leute beim Schlafen nicht frieren. Mein Vater war Arzt, er drillte uns ein, wenn es kalt sei, müsse man einheizen usw. Ich war in vielen Punkten seltsam. Ich war relativ leichtgläubig, weil mein Vater und mein Großvater sehr um mich besorgt waren, auch die Großmutter und die Mutter waren um uns bemüht, besonders weil wir direkt gegenüber der Müllablage der Gemeinde Graz wohnten. Ich glaubte ihnen alles, bis ich später eines Besseren belehrt wurde. Gleichzeitig war das der Zeitpunkt, von dem an die Literatur einen großen Einfluss auf mich gewonnen hat.

Gingen Sie als Kind mit Karl May auf Reisen?

Ja, ich bekam zu Weihnachten den zweiten Winnetou-Band, mein älterer Bruder Winnetou I, und der jüngere Winnetou III. Jeder fing zu lesen an, ich konnte mich aber in die Figuren nicht einlesen, sie haben mich nicht angesprochen. Ich habe danach nie mehr ein Karl-May-Buch in die Hand genommen. In meiner Bibliothek stehen jedoch einige seiner Bände. Nach dem Tod meines älteren Bruders habe ich mir ein paar gekauft, von denen ich wusste, dass er sie besonders gern gehabt hatte.

Kennen Sie das Karl-May-Buch »Am Stillen Ozean«? Am Ende des ersten Teils – »Im Zeichen des Drachen« – wird das Christentum als höchste Religion gepriesen.

Nein. Dieses Buch muss wahrscheinlich ein See-Buch sein und am Stillen Ozean spielen. Mein »Stiller Ozean« hatte als Motto eine Passage aus Melvilles »Moby Dick«. Sie lautet: »Jetzt, da alles mit Schnee bedeckt ist, habe ich hier auf dem Lande das Gefühl, als wäre ich auf See. Morgens, wenn ich aufstehe, schaue ich aus meinem Fenster wie aus dem Bullauge eines Schiffes auf dem Atlantik.« »Robinson Crusoe« fesselte mich sehr, ich beneidete ihn. Ich dachte mir, wenn *ich* allein bin, bin ich sehr einsam, und Robinson Crusoe erlebt so viel. Wenn ich allein bin, sitze ich am Tisch, lese oder zeichne etwas, rede mit meinem Bruder, uns ist langweilig, wir warten, dass die Mutter vom Einkaufen nach Hause kommt oder der Vater von der Arbeit. Robinson Crusoe war ganz allein, aber es war ihm nie langweilig gewesen, hatte ich den Eindruck.

Robinson Crusoe hatte den Papagei »Dienstag«.

In »Grundriss eines Rätsels« gibt es einen Papagei, aber ich habe dabei nicht an Robinson Crusoe oder die Schatzinsel gedacht, der Papagei gehört sicherlich zu meinem Kosmos und zum Kosmos des Künstlers Joseph Cornell, den ich sehr schätze. Ich begann irgendwann zu verstehen, dass die Geschichten von Stevenson oder Jules Verne oder Sherlock Holmes von Menschen geschrieben worden sind, die schon gestorben waren. Je öfter ich sie gelesen habe, desto mehr hat es mich irritiert, dass ich Toten zuhöre, die mir stumm ihre Geschichten erzählen.

Und dass ich nur durch das Lesen ihre Geschichten erfahren konnte, das war etwas Außerordentliches. Ich las auch lebende Autoren, bei ihnen war ich direkter gefordert, während die anderen Bücher eine Zeitreise zurück waren, Reisen in eine andere Welt. Die Reisen der Gegenwartsautoren begriff ich immer anders. Es kam dann die erste Begegnung mit »Moby Dick«, mein Großvater hatte mir ein Exemplar der Büchergilde Gutenberg mit Illustrationen geschenkt. Ich wollte das Buch zuerst gar nicht lesen, die Illustrationen haben mir enorm missfallen – alles mit schwarz-weißer Tusche, absichtlich verdüstert. Ich las das Buch jedoch, weil damals sonst kein anderes vorhanden war. Während des Lesevorgangs sprach ich mit meinem Großvater darüber, er war eineinhalb, zwei Jahre als Trimmer auf einem Dampfer zur See gefahren. Er lobte das Buch natürlich sehr, aber er kannte auch nicht mehr als die stark gekürzte und bearbeitete Jugend-Ausgabe. Vermutlich schenkte er mir das Buch erst nach seiner Lektüre. Es gab damals noch keine in Folie eingeschweißten Bücher. Wir sprachen über alles Mögliche, über den Fischfang und was sich unter Deck abspielte. Auf einmal war alles real. Mein Großvater sagte, die Schilderungen von »Moby Dick« stimmten auch mit dem überein, was er selbst erlebt hatte. Dadurch ist mir dieses Buch ganz besonders in Erinnerung geblieben. Ich denke jedes Mal, wenn ich es aufschlage, an ihn.

»Moby Dick« bezeichnen Sie als Ihre Bibel.

»Moby Dick« ist bis heute eines meiner grundlegenden Bücher geblieben. Die erste ungekürzte Ausgabe, die ich kaufte, war die vom Manesse-Verlag, mittlerweile habe ich alle Übersetzungen, die es in deutscher Sprache gibt. Ich habe die Übersetzungen an bestimmten Stellen miteinander verglichen und bin froh, dass ich zuerst die Manesse-Ausgabe gelesen habe, weil sie mehr oder weniger milde und gut lesbar ist, sie hat die in der englischen Erstausgabe vorhandenen »Fehler« kaschiert. Die allererste Ausgabe in englischer Sprache wurde bekanntlich mit hunderten Druckfehlern von einem Londoner Verlag herausgebracht, als Melville eine Europareise unternahm. Dieses Werk wurde furchtbar verrissen. In Amerika war zu dieser Zeit Nathaniel Hawthorne sein Nachbar, der unter anderem »Der scharlachrote Buchstabe« geschrieben hat. Melville hatte Hawthorne seinen Roman gewidmet. Hawthorne hatte vorsichtig Bedenken über den Roman geäußert. Auch er hatte nicht begriffen, dass er eines der größten Bücher der Weltliteratur in den Händen hielt. Melville zerstörte nach Laurence Sternes »Leben und Ansichten von Tristram Shandy, Gentleman« die Chronologie im Roman und entwickelte über die Zerstörung der Chronologie neue Möglichkeiten. Beide Autoren lehnten ihre Romane stilistisch eher ans Sprechen an: Wie man beim Sprechen ausschweift, wie man unterbrochen wird, wie man mit der Zeit umspringt. Von der Gegenwart in die Vergangenheit, in die Zukunft und wieder zurück in die Gegenwart und Vergangenheit. Bei einer Unterhaltung von mehreren Menschen am Tisch gibt es auch keine fixe Erzählzeit, einer kann sagen, vor drei Jahren habe ich dieses und jenes gemacht, alle hören zu, der Nächste erzählt weiter, bringt die Zukunft ins Spiel usw. Beim Sprechen, Zuhören und Denken hat man ein ganz anderes Zeitempfinden als beim Lesen.

Haben Ihre realen und imaginären Reisen Ihnen geholfen, Dialoge mit Lebenden und Toten zu führen?

Dass ich diese Dialoge führe, hat damit zu tun, dass ich zehn Jahre allein in Wien lebte, und Senta, meine spätere Frau, zu dem Zeitpunkt noch in Graz arbeitete. Ich war in diesen Jahren an den Wochentagen allein. Wenn ich nicht arbeitete, las ich und dachte über das Gelesene nach. Ich machte unentwegt die sinnliche Erfahrung, dass ich mit den Toten spreche. Den größten Eindruck aber machte mir ab dem Zeitpunkt, als ich im Burgtheater »Richard III.« mit Gert Voss sah, William Shakespeare, dessen Stücke ich seither begeistert lese.

Das Gespräch fand am 27. Juli 2016 in Pölfing-Brunn statt.

Reisende:
Die Außenseiter und das Absolute

Für den niederländischen Dichter Cees Nooteboom versagen auf einer Reise sämtliche Erhaltungssysteme des Lebens. Durch die Zäsur, die bei Beginn einer Reise eintritt, wird man zu dem, der man wirklich ist, »zu einem totalen Außenseiter«[1], zu einem Menschen, »der nirgendwo hingehört«.[2] Für Nooteboom bringt diese Metamorphose jedoch keine Angst mit sich, wider Erwarten stellt sich »ein Gefühl von fast metaphysischer Gelassenheit«[3] ein: »Das Reisen wird dann das, was es wirklich ist, ein Symbol für diese größere Reise, von der wir, wenn wir ganz ehrlich sind, auch nicht sehr viel verstehen: die Reise durch dieses irdische Tal der Tränen.«[4]

In Roths Werk werden die Protagonisten auf ihren Reisen nicht von einem »Gefühl von fast metaphysischer Gelassenheit« begleitet, ganz im Gegenteil: Die Außenseiter Nagl, Ascher, Jenner, Lindner, Sonnenberg, Eck, Feldt, Gartner und andere werden in den Welten, die Roth für sie entwirft, von Empfindungen von Verlassensein und Verzweiflung überfallen. Die Beklemmung, in einem falschen Leben gefangen zu sein, hat sich bereits am Wohnort der Außenseiter in ihnen ausgebreitet und zum Impuls geführt, aus der alten Ordnung auszubrechen und das Heil in der Flucht zu suchen. Es ist, als würde Roths Außenseitern unterwegs die Haut vom Leib gerissen. Sie nehmen die Welt ohne die Schutzschicht ihrer bisherigen Existenz wahr. Die Verunsicherung steigert sich auf der Reise immer mehr, bis Vereinzelung und Vereinsamung die auf sich selbst zurückgeworfenen Männer mittleren Alters von innen her auszuhöhlen beginnen.

In Nootebooms metaphysischer Gelassenheit klingt eine bürgerliche Welt nach, die Reisen auf ein ertragbares Maß abfedert. In Roths Romanen kann davon keine Rede sein, so als gebe es für Roths aus dem Alltag ausbrechende Protagonisten keinen Ort des Rückzugs mehr, geschweige denn ein metaphysisches Refugium. Roths »Helden« stoßen sich ein ums andere Mal an der Welt wund. Sie müssen all ihre seelischen und körperlichen Kräfte bündeln, um an der Welt nicht irre zu werden.

In seiner Studie »Außenseiter« (1981) hat der Literaturwissenschaftler Hans Mayer zwei Ausprägungen von Außenseitern unterschieden, die intentionellen und die existenziellen. Zur ersten Gruppe sind die willentlichen Einzelgänger und Sonderlinge zu zählen, in der Antike sind es die Helden der Komödien. Die Figuren der zweiten Gruppe hingegen sind in die unauflösbaren Konstellationen der Tragödien verstrickt. Am Umgang mit den Außenseitern kann man laut Mayer ablesen, ob der Aufklärung eine Chance beschieden sei: »Ihnen leuchtet nicht das Licht des kategorischen Imperativs, denn ihr Tun kann nicht zur Maxime einer allgemeinen Gesetzlichkeit gemacht werden. (…) Bestand Menschheit wahrhaftig nur aus egalitären Männern und Frauen, Rassen, geistigen, körperlichen und seelischen Komplexionen? Genauer: *gehörten die Monstren aller Art zur Menschheit*, so dass auch ihnen das Licht der Aufklärung leuchten durfte? An dieser Antinomie ist Aufklärung bis heute gescheitert. Sie versagte vor den Außenseitern.«[5]

Man könnte in dieser Perspektive Roths Werk als ein ständiges Bemühen sehen, die intentionellen und existenziellen Außenseiter in die Gemeinschaft der Etablierten zurückzuholen, ihnen einen Raum zu eröffnen, in dem ihre Erzählungen gehört werden mögen. Für den Literatur- und Kulturwissenschaftler Florian Zappe positioniert sich der intentionelle Außenseiter »aus eigener Motivation durch sein transgressives Handeln jenseits der symbolischen und materiellen Linien, die die Gesellschaft konstituieren. (…) In ihrer Inszenierung als Lichtbringer wird den intentionellen Außenseitern die Fähigkeit zugeschrieben, jene Strukturen in der Gesellschaft anzugreifen, die den Menschen im Dunkel eines falschen Be-

wusstseins halten. (…) Den Kern dieses positiven Verständnis-
ses von Außenseitertum, das in der Hochmoderne ihren Hö-
hepunkt findet, hat Collin Wilson in seinem 1956 erschienenen
Buch ›The Outsiders‹ auf den Punkt gebracht: ›The Outsider
is not sure who he is. He has found an ›I‹, but it is not his true
›I‹. His main business is to find his way back to himself.‹ Die
Überschreitung wird hier zum quasi-metaphysischen Unternehmen.«[6]

Roths Transgression zu den Gugginger Künstlern ist auch
eine Hinwendung zu jenen Außenseitern, die am eigenen Leib
das Grauen des Zweiten Weltkriegs erfahren haben. Johann
Hauser zählt neben Oswald Tschirtner und August Walla zu
den bekanntesten Gugginger Künstlern. In Gugging teilte er
sein Zimmer mit dem Dichter Ernst Herbeck. Wie Herbeck
und Tschirtner ist auch Hauser im Zweiten Weltkrieg trau-
matisiert worden. Vor allem in der Zeit von Ende der 1950er
bis Anfang der 1970er Jahre entstanden mehrere Arbeiten, die
Kriegsflugzeuge, Raketen und Spähpanzer im Einsatz zeigen.
In der Zeichnung »Bombenabwurf« von 1964 hat die zur Erde
fallende Bombe beinahe die Größe des schwarz-gelben Flugzeugs. Die Bombe fällt in die orangefarbenen Flammen eines
Feuersturms, der sich bis zum Flugzeug erhoben hat. Am Rand
der 19 × 20,5 Zentimeter großen Zeichnung, wie in die rechte
untere Ecke gedrückt, steht ein blaues, von der Zerstörung be-
drohtes Haus; in dessen Anbau eine Phallusdarstellung zu sehen ist, die den gesamten Raum ausfüllt. In der linken unteren
Ecke, ebenfalls in Blau, der Name des Künstlers. Auf der Ra-
dierung »Kriegsschiff« (1970) hat Hauser die Bordwand eines
Panzerschiffs mit der spiegelverkehrten Schrift seines Namens
versehen. Von 1969 stammt die mit Bleistift, Farbstiften und
Wachskreiden realisierte Arbeit »Luftkampf«, auf der graue
Flugzeuge eine hügelige Landschaft am Wasser unter Beschuss
nehmen, und von 1984 »Britisches Flugzeug, gefährlich«: Das
mit schwarzen Wellenlinien umgebene Flugzeug entlädt eine
Handgranate und eine Rakete. Auf der Erde nur ein Knäuel
schwarzer, deformierter Linien.

Johann Feilacher, Direktor des Museum Gugging, weist im Katalog zur Ausstellung »johann hauser ... der künstler bin ich!« (2016) darauf hin, dass Roger Cardinal den Begriff »Outsider Art« geprägt hat: »Er zeigt die Stimmung und die Denkweise am Ende der Siebzigerjahre auf, als die Art Brut noch größtenteils für ›psychopathologische Kunst‹ gehalten wurde und Johann Hausers Werk zwar schon bekannt war, aber immer noch als ›Patientenkunst‹ galt.«[7] Roger Cardinal und Victor Musgrave kuratierten gemeinsam die erste große Art-Brut-Ausstellung in London, sie wurde 1979 in der Hayward Gallery unter dem Titel »Outsiders« gezeigt und war im Geist des französischen Künstlers Jean Dubuffet (1901–1985) konzipiert. Dubuffet veröffentlichte 1949 sein Manifest »L'Art brut préféré aux arts culturels«, er interessierte sich für die Werke von Kindern und Geisteskranken. Er nahm Kontakt zu Geisteskranken in Bern und Genf auf, studierte ihre Werke und besuchte die Sammlung Prinzhorn in Heidelberg. In einem Brief vom April 1981 schreibt Dubuffet, der sich sehr für den Ankauf von vierzehn Hauser-Zeichnungen für das Art-Brut-Museum in Lausanne einsetzt, an den damaligen Gugginger Direktor Leo Navratil: »Ich staune über die zahlreichen Fälle erfindungsreicher Schöpfungskraft, die es unter den Bewohnern Ihres Krankenhauses gibt. Dies erscheint mir außergewöhnlich, denn solchen Ideenreichtum findet man sowohl innerhalb als auch außerhalb von psychiatrischen Krankenhäusern nur selten.«[8] Metamorphosen von Landschaften waren übrigens Phänomene, die Dubuffet in den Bann zogen und die Komposition einiger seiner Kunstwerke bestimmte. Metamorphosen von Landschaften und Personen im Sinne der Art brut haben auch Roths Imagination von Beginn an geprägt.

Die Gemälde und Zeichnungen der Outsider Art waren für Roth eine weitere entscheidende Öffnung fürs eigene Schaffen. Er lernte von den Gugginger Künstlern, den Impulsen zu vertrauen, die einen direkten Zugang zu tieferen Schichten des Bewusstseins ermöglichen. Roth wurde außerdem angeregt, mit einer sowohl klaren als auch farbintensiven Darstellung literarisch zu »zeichnen«. Hausers Elefanten-Radierungen von 1968 inspirierten Roth bei der Beschreibung der verschiedenen Körperteile dieses Tieres in seinem Roman »Der Strom«.[9] Roths Literatur lebt von diesen kräftigen, bisweilen sogar rohen Impulsen, es ist in seinen Werken die Intensität des Ungezügelten zu spüren. Unerhörtes bricht sich in einer mitunter von schizoider Wahrnehmung geprägten Sprache seine Bahn.

In der Besprechung von Roths »Orkus« (2011) in der Wochenzeitung »Die Zeit« kommt Ulrich Greiner auf die Bilder und Zeichnungen der geisteskranken Außenseiter zu sprechen und betont, dass man bei Roth den Begriff der Autobiographie nicht allzu wörtlich nehmen dürfe, Roth habe keine chronologische Schilderung seines Denkens und Schreibens im Sinn, er erzähle die prägenden Erfahrungen seiner Arbeit nicht der Reihe nach: »So schildert er seine Annäherung an die Welt der Geisteskranken, er liest das berühmte Buch von Hans Prinzhorn, er studiert die Bilder der psychiatrisch Behandelten, vor allem des Schweizer Künstlers Adolf Wölfli (1864–1930), der in seinen Texten und Gemälden ein fantastisch-unheimliches Paralleluniversum geschaffen hat. Aus der unerschrockenen Betrachtung des Abnormen gewinnt Roth einen zweifelnden, manchmal verzweifelten Blick auf das Normale. Er verhält sich wie ein Ingenieur, der Tapeten und Teppiche beiseite räumt, um das Tragwerk zu untersuchen, und nicht selten findet er Schwamm und Fäulnis. Er besucht das KZ Mauthausen und lässt einen Führer die Vorgänge dort so detailliert erzählen, dass auch den informierten Leser das Grauen packt.«[10]

»Der Österreicher Gerhard Roth«, so Ulrich Greiners Fazit, ist einer »der erstaunlichsten Schriftsteller unserer Zeit«, er hat sich einer Mammutaufgabe verschrieben: »Es handelt sich dabei um eine Art Reise- und Abenteuerliteratur, allerdings um eine sehr spezielle. Die Reisen gehen ins Herz der Finsternis, in die Abgründe der Geschichte, in die Randbezirke menschlichen Daseins. Roths Forschungsinteresse gilt jenem Phänomen, das wir Normalbürger aus Gründen der Bequemlichkeit oder des Selbstschutzes gerne übersehen: dem Bösen. Es zeigt sich im Alltag, in seinen Lügen, Morden und Verbrechen. Und es hat sich gezeigt in jener niemals vollständig erklärbaren Untat, die wir schamhaft ›Auschwitz‹ nennen und deren Wurzeln keineswegs verschwunden sind. All das ist wiederkehrendes Thema seiner Romane.«[11] Roth hat sich den Außenseitern, den Unglücklichen und Selbstmördern immer nahe gefühlt. Die Suizidäre sind für Roth Personen, die das Leid ihres Lebens nicht länger ertragen wollen. Sie können sich mit dem Chor von Friedrich Schillers Trauerspiel »Die Braut von Messina« sagen: »Das Leben ist der Güter höchstes nicht«.[12]

Die Soziologen Norbert Elias und John L. Scotson zeigen in ihrer Monographie »Etablierte und Außenseiter« (1990) auf, dass die Konflikte zwischen diesen beiden Gruppen sich in einer ungeheuren Vehemenz entladen. Für die beiden Sozialwissenschaftler wird in dieser Konfiguration ein Beziehungsmuster aktiviert, das überall in der Welt anzutreffen ist: Die Machtkonflikte zwischen den Etablierten und den Außenseitern werden deshalb mit aller Härte geführt, da sie stets mit der Höherbewertung der eigenen Stellung und der Gruppe, der man angehört, zu tun haben, wie auch der Abwertung der anderen und der ihnen zugehörigen Gruppe. Die Juden waren, so Nobert Elias und John L. Scotson, in der nationalsozialistischen Mythologie »eine Verkörperung des ewigen Außenseiters und möglichst von der Erdoberfläche zu entfernen. Durch die extreme Krassheit der Nazi-Legende gerät vielleicht aus dem Auge, dass Beziehungen dieser Art eine universelle Gegebenheit sind. Fast alle Menschengruppen, so scheint es, neigen dazu, bestimmte andere Gruppen als Menschen von geringerem Wert als sie selbst wahrzunehmen. Der Grad der Stigmatisierung kann von Fall zu Fall wechseln, und die Handlungen, die der Außenseitergruppe klar machen sollen, dass ihre Mitglieder ein Objekt größter Verachtung sind, können laut und barbarisch oder auf eine leise Tonart gestimmt sein. Wie immer aber es sich damit verhält, Etablierten-Außenseiter-Beziehungen haben überall etwas Gemeinsames.«[13] Die Nazis haben sich als die Krone der Schöpfung verstanden, das Leben von Juden und Geisteskranken musste vernichtet werden, um im Sinne der NS-Rassenhygiene die Reinheit des deutschen Volkskörpers zu erreichen. Roth hat mit der Welt seines Vaters Emil gebrochen, der als Arzt im NS-Regime tätig war. In der Hinwendung zu der in den 1970er Jahren als Außenseiterkunst bezeichneten Malerei der Gugginger Künstler hat Roth sich jenen Künstlern zugewandt, die in ihren Werken die Schrecken des Krieges und das Fortwirken der NS-Ideologie zur Darstellung brachten.

In »Die Geschichte der Dunkelheit«, veröffentlicht 1991 als sechster Band des Zyklus »Die Archive des Schweigens«, beschreibt Roth in dokumentarischer Form das Leid des Juden Walter Singer, der aus Wien nach London emigrierte und 1962 nach Wien zurückkehrte. Roth hat für die Buchpublikation auf Wunsch von Singer den Namen Walter Berger gewählt. Walter Singer erzählt, wie Jüdinnen und Juden aus der Gemeinschaft, der sie angehörten, ausgestoßen und in ein anderes Land vertrieben wurden. Nahm ein anderes Land sie auf, kamen sie mit dem Leben davon, aber belastet von einem Schuldgefühl, dass gerade sie überlebten, während ihre engsten Verwandten und Freunde in den Konzentrationslagern ermordet wurden. Singer erzählt von den Grausamkeiten, die Jüdinnen und Juden in Wien zugefügt wurden, als es 1938 zum »Anschluss« Österreichs an das NS-Reich kam. Am 12. März wird der »Anschluss« in die Tat umgesetzt, kampflos wird Österreich zur »Ostmark«. Im Triumphzug fährt Hitler nach Wien. Am 15. März erklärt er in einer »Vollzugsmeldung vor der deutschen Geschichte« vom Balkon der Neuen Hofburg der jubelnden Menge von 250000 Menschen auf dem Heldenplatz: »Als Führer und Kanzler der deutschen Nation und des Reiches melde ich vor der Geschichte den Eintritt meiner Heimat in das Deutsche Reich! Sieg Heil!«

In »Die Geschichte der Dunkelheit« blickt ein existenzieller Außenseiter auf die Ereignisse dieser Tage zurück: »Vor dem Einmarsch der deutschen Truppen am 12. März sah man überall auf dem Asphalt und an Hausmauern die Kruckenkreuze, das Symbol für den Ständestaat, aufgemalt. (…) Unmittelbar nach der Kundgebung auf dem Heldenplatz, bei der Hitler vom Balkon der Hofburg zur Menge gesprochen hatte, mussten Juden die Kruckenkreuze vom Asphalt und den Mauern wegwaschen. Ich hielt es zu Hause nicht aus und ging in die Stadt. (…) Als ich an der Schwedenbrücke vorbeikam, sah ich einen Menschenauflauf. Ich trat näher und erkannte, dass die Passanten einen Kreis bildeten. Auf der freien Fläche knieten jüdische Männer und Frauen, die Männer zum Teil im Kaftan, aber auch in gewöhnlicher Straßenkleidung. Sie waren damit beschäftigt, unter den schadenfrohen Zurufen der Umstehenden die Kruckenkreuze mit Lauge und Handbürste wegzureiben. (…) Am 10. April sollte eine Volksabstimmung über den vollzogenen Anschluss durchgeführt werden. Die Bischofskonferenz beschloss einen Hirtenbrief, der die Empfehlung enthielt, bei der Abstimmung mit Ja zu stimmen, Kardinal Innitzer unterzeichnete ihn mit Heil Hitler. Auch der spätere österreichische Präsident, der Sozialdemokrat Karl Renner, sprach sich im ›Neuen Wiener Tagblatt‹ für den Anschluss an Nazideutschland aus. Inzwischen hatte Hermann Göring bei einer Kundgebung erklärt, dass Wien innerhalb von vier Jahren ›judenrein‹ sein müsse.«[14] Singers und Roths Bericht »Die Geschichte der Dunkelheit« zeigt auch das Fortwirken des Antisemitismus nach dem Ende des Zweiten Weltkriegs in Österreich auf.

Für die Essaysammlung »Eine Reise in das Innere von Wien«, sie erschien wie »Die Geschichte der Dunkelheit« 1991, sucht Roth auch das Obdachlosenasyl in der Meldemannstraße auf, das in der Umgangssprache als »Hitlervilla« bezeichnet wird. Hitler lebte in dem Haus von Dezember 1909 bis Mai 1913 dreieinhalb Jahre lang und versuchte, sich als Maler einen Namen zu machen. Roth beschreibt an den Insassen die Ausgrenzung jener Menschen, die am Rande der Gesellschaft ein entbehrungsreiches Leben führen müssen. »Das Obdachlosenasyl stellt also nicht nur«, wie der Germanist Uwe Schütte erläutert, »eine direkte Auffangstation für aus den Justizvollzugsanstalten (und der Psychiatrie) Entlassene dar, es ist zugleich eine Verlängerung des Gefängnisses. Die Unterbringung in der ›Hitlervilla‹ (und ähnlichen Heimen) repräsentiert damit eine Form indirekten Strafvollzugs, der die soziale Nonkonformität der Obdachlosen bestraft.«[15] Für Roth ist das Obdachlosenheim eine Institution, in denen die Menschen zu Erniedrigten gemacht werden. Ein Bewohner fragt Roth, ob das Heim nicht ein »Bahnhof ohne Ziel« sei: »Ein Bahnhof ohne Ziel ist eine poetische Umschreibung. In Wirklichkeit wird in der Meldemannstraße der alltägliche Mord begangen, jene Art von Mord, bei der kein Blut fließt. Das Männerheim ist einer der düsteren Orte, die den Abscheu, den Ekel und die geheimen Todeswünsche widerspiegeln, mit denen die Gesellschaft ihren Außenseitern begegnet.«[16] Die österreichische Gesellschaft sei, so Roths Befund, geprägt von einer gravierenden Trennung in Etablierte und Außenseiter.

Der Bogen von Roths gesellschaftlicher Reflexion reicht vom Zweiten Weltkrieg und den Jahren nach dem Krieg bis in die Gegenwart. Im ersten Band der »Archive des Schweigens«, »Im tiefen Österreich« (1990), hat Roth die politische Entwicklung von 1934 an dargestellt und beschrieben, wie ein Wähler in der Südsteiermark zum Außenseiter gemacht wurde. Von 1934 bis zum »Anschluss« war Österreich eine Diktatur, die christlich-soziale »Vaterländische Front« hatte allein die Macht inne: »Die Sozialdemokraten und die Kommunisten waren nach dem Bürgerkrieg im Februar 1934 (auch die Nationalsozialisten) verboten. Im Prinzip entsprach der christlich-soziale Ständestaat der Mentalität eines großen Teiles der Bevölkerung, speziell außerhalb Wiens. Das ganze Land wurde ›provinzialisiert‹. Vor und nach dem Zweiten Weltkrieg gab es im Dorf kaum Kommunisten. Als in den fünfziger Jahren bei verschiedenen Wahlen mehrmals eine kommunistische Stimme abgegeben wurde, begann ein großes Rätselraten. Selbstverständlich vermutete man einen bestimmten Bewohner, der aus verschiedenen Gründen in Frage kam. Als er bei der nächsten Wahl im Gasthaus erschien, aß ein Mitglied der Kommission ein vorbereitetes Schmalzbrot und überreichte ihm mit fetten Fingern den Stimmzettel. Beim Auszählen stellte man fest, dass sich auf dem KPÖ-Stimmzettel ein (fetter) Fingerabdruck befand – so war der ›Täter‹ überführt. Am Land bleibt wenig geheim, und ein Außenseiter ist eine ›arme Haut‹.«[17]

In der Reportage »Ins Ungewisse«, veröffentlicht in »Die Stadt« (2009), bringt Roth das Leid der Flüchtlinge zur Sprache, die im Flüchtlingsheim Traiskirchen Aufnahme finden. Traiskirchen liegt etwa zwanzig Kilometer südlich von Wien im Bundesland Niederösterreich und zählt 18 000 Einwohner. Die offizielle Bezeichnung lautet Bundesbetreuungsstelle Ost, sie ist eine von zwei Erstaufnahmestellen in Österreich, in den Medien und in der Umgangssprache wird häufig der Terminus »Flüchtlingslager Traiskirchen« verwendet. Auf dem 15 000 Quadratmeter großen Gelände der ehemaligen k. u. k. Artillerie-Kadettenschule befinden sich über zwanzig Gebäude, die Flüchtlingen eine provisorische Unterkunft bieten. Manche der Asylsuchenden, so Roth, geben sich neue Namen und Lebensläufe, sie hoffen, dass die erfundene Identität zu ihrer eigentlichen wird: »Flüchtlinge haben auf ihrer Odyssee oft alle Schrecken erlebt, die man sich nur ausdenken kann: Lebensgefahr, Betrug, Raub, Diebstahl, Trennung von geliebten Menschen, Armut, Hunger und Vergewaltigung. Unzählige finden, bevor sie noch die paradiesische Ferne erreichen, den Tod. Dass das ›Paradies‹ keines ist, sondern mit Tarnung, Verstecken, neuem Elend und Hass verbunden ist, erfahren sie bald, wenn sie ihr Ziel erreicht haben, aber kaum jemand wird sich das eingestehen. Fast alle sind aus ihrer Hölle in ein Fegefeuer geraten, denn im Kontinent des Wohlstands will man nicht mit ihnen teilen. Man sieht in den Gestrandeten vielmehr Heuschreckenschwärme, vor denen man sich schützen muss, weil sie das Sozialsystem gefährden. Kein Staat in Europa besitzt eine grundsätzlich andere Philosophie.«[18]

Roths Analyse der Lebensbedingungen der zu Außenseitern degradierten Flüchtlinge entspricht der lateinamerikanischen »Theologie der Befreiung«, wie sie von Gustavo Gutiérrez,

Clodovis und Leonardo Boff, Jon Sobrino und anderen Ende der 1960er Jahre entwickelt wurde. Ein Leben in bitterster Armut bezeichnete die Bischofskonferenz von Medellín 1968 als institutionalisierte Gewalt. Das Leid der Menschen, denen das Lebensrecht auf brutalste Weise entzogen wird, die »vor der Zeit sterben«, bildet den Kern der theologischen Reflexion. Gustavo Gutiérrez, der »Vater« der »Theologie der Befreiung«, weist in der Studie »Die historische Macht der Armen« (1984) auf die Ergebnisse der Bischofskonferenz in Puebla 1979 hin, in der die »institutionalisierte Ungerechtigkeit« als einer der Gründe dafür gesehen wird, dass Situationen entstehen und bestehen bleiben, in denen es zur »ständigen Verletzung der Menschenwürde« kommt.[19] Die Fragen der »Armen« und »Verdammten der Erde« richten sich kaum an die Religion oder an die damit verbundenen philosophischen Voraussetzungen, sie richten sich »vielmehr an die wirtschaftliche, gesellschaftliche und politische Ordnung, die sie in Unterdrückung hält und zu Randexistenzen macht, ebenso wie an die Ideologie, die das bestehende System rechtfertigt.«[20]

Das Projekt der Aufklärung, um eine weitere Überlegung von Hans Mayer zu den Außenseitern aufzunehmen und auf Roths Werk zu übertragen, wurde weder am Ende des 20. noch am Beginn des 21. Jahrhunderts realisiert. In Roths Œuvre pulsiert eine Solidarität mit den Außenseitern und den Menschen, die am Rande der Gesellschaft ihr Leben fristen müssen. Man könnte für die Bestimmung von Roths Literatur an eine Quintessenz aus Adornos Schrift »Wissenschaftliche Erfahrungen in Amerika« (1969) erinnern, denn die »Verschränkung von Outsidertum und unbefangener Erkenntnis«[21] prägt auch Roths Blick.

Der 38-jährige Daniel Haid, Besitzer einer Buchhandlung in Wien, bricht im Roman »Der große Horizont« (1974) nach seiner Scheidung aus der vertrauten Umgebung auf. Haid, ein Mann mittleren Alters, ist auf der Suche nach einem anderen Dasein. Er will ein intensives Leben kennenlernen, von dem er sich bislang abgeschnitten und ausgeschlossen fühlt.

Die vage Empfindung, dass in Amerika, fern der Heimat, ein Neubeginn möglich sei, lässt Haid den Sprung in eine andere Existenzform wagen. In San Francisco angekommen, blättert er in einem Veranstaltungskalender und entdeckt im American Royal Theatre ein Gastspiel der Shakespeare Company mit dem Stück »Ein Sommernachtstraum«: »Der Titel erschien ihm wie ein Hinweis auf sein traumhaftes Wirklichkeitsempfinden. Am 22. März trat Marlene Dietrich auf, am 23. Jane Russell. Die Selbstverständlichkeit, mit der sich alles ereignete, schreckte ihn. Er war in ein Labyrinth geraten, in dem er von Einzelheiten überhäuft, verwirrt und getäuscht wurde. So stellte sich Haid den Wahnsinn vor: Daß die Realität sich völlig veränderte und daß man keine Ursachen dafür wusste. Er sagte sich nur, daß er in Amerika sei, und dieses Gefühl war nahezu aufgehoben. ›Ich seh mir selber zu‹, dachte er sich.«[22] Als Haid durch den mit grünen Türen und einem weiß-grün gemusterten Teppich ausgestatteten Hotelflur geht, drängt sich ihm das Bild auf, »durch das Gefäßsystem einer riesenwüchsigen Pflanze«[23] zu spazieren.

In New York wird Haid mit der eigenen Nichtigkeit konfrontiert. Nach der Landung scheint es ihm sinnlos, irgendwelche Erwartungen oder Hoffnungen zu haben, er empfindet sich nur noch als eine Hülle. Während einer Taxifahrt vom Flughafen nach Brooklyn lacht Haid laut auf, der Taxifahrer erschrickt. Das Taxi fährt zwischen unverputzten Ziegelbauten dahin, in den Fenstern ist kein Licht zu sehen. Der Aufbruch in die Neue Welt endet mit einer düsteren Erkenntnis: »Horkheimer hatte von der Nichtigkeit des Einzelnen gesprochen. DIE NICHTIGKEIT DES EINZELNEN, der durch die Dunkelheit fährt, dachte Haid, an halbabgerissenen, riesigen Wohnhäusern vorbei, an verrotteten Geschäften, die sich mit geschlossenen Eisenrollläden absicherten, an Gaslaternen mit flackerndem Licht, an nackten Ziegelwänden mit schwarzen Feuerleitern, Steintreppen, die zu Haustüren führten, wie er sie von Filmen her kannte. Alles war dunkel, traurig, schmutzig. Die breiten Straßen ohne Menschen, der menschenleere Park, an dem er jetzt vorüberfuhr und eine unbeleuchtete, meterlange Plakatwand schienen ihm unentwegt seine Verlassenheit und seine Nichtigkeit vorzuführen. Haid fühlte, dass sein Hals beim Schlucken schmerzte. ›Ich habe eine merkwürdige Logik entwickelt, alles auf mich zu beziehen‹, dachte er im selben Augenblick.«[24]

Haid sind Selbstmordgedanken vertraut, er hat gelernt, mit ihnen zu leben. Es sind Selbstmordgedanken, die mit einem in zusammenhanglose Episoden sich aufsplitternden Leben in einer Metropole zu tun haben. Der französische Soziologe Émile Durkheim (1858–1917) hat in seiner Studie »Le suicide« (1897), »Der Selbstmord«[25], über den anomischen Selbstmord geschrieben, den Verlust der sozialen Ordnung und der moralischen Werte analysiert, der Menschen erfasst, wenn sie von einem Dorf in eine Großstadt aufbrechen. Haid wird in Amerika von einer Anomie erfasst, in der kleinste Irritationen der letzte Impuls sein können, sich selbst zu töten.

Zur bitteren Selbstdiagnose fügt sich für Haid der Befund einer Apathie, die die Gesellschaft als Ganzes ergriffen hat: »Die Menschen nahmen alles hin. Sie verharrten an ihren Plätzen im Unglück, in der Armut, in der Verzweiflung. Sie ordneten ihr Unglück, ihre Armut und ihre Verzweiflung in ihr Leben und ihre Orte ein, als gehörten sie als unumstößliches Gesetz dazu. Sie waren ohne Kraft, sie änderten sich nicht, weil sie an keine Änderung glaubten und weil sie sich keine Änderung vorstellen konnten. Sogleich kam es ihm vermessen vor, dass er sich seine Wahrnehmungen erklärte. Er glaubte im nächsten Augenblick auch schon nicht mehr an seine Erklärung. Sich etwas zu erklären, war nur eine Methode, sich zu beruhigen.«[26] Die äußere Realität wirkt auf die innere zurück. Haid muss sich fern seiner Heimat gestehen, dass die Reise ihm nicht den erhofften Befreiungsschlag gebracht hat.

In seinem Essay »Paradies, Tristesse, Alltäglicher Wahnsinn« betont der Germanist Jürgen Koppensteiner, dass Roths Amerika-Romane »Der große Horizont« und »Ein neuer Mor-

gen« im auffallenden Gegensatz zu dem freundlichen Bild stehen, das Roth in einer Serie von vier Artikeln für die Grazer
Tageszeitung »Neue Zeit« zeichnet.[27] In »Der große Horizont«
trifft Protagonist Haid, so Koppensteiners Resümee, »sowohl
in San Francisco als auch in New York ausschließlich auf zwielichtige Gestalten, Außenseiter der Gesellschaft, auf Bettler,
Betrunkene und Irre, von denen er sich immer wieder bedroht
fühlt.«[28] Roth entwirft in seinen Amerika-Romanen die Schattenbilder des »American Dream«, Porträts von Menschen, die
inneren Schmerzen und äußeren Nöten hilflos ausgesetzt sind.
Schmerzen werden in der amerikanischen Kultur größtenteils
als ein »private issue« gesehen, sie werden nicht, wie Iren E.
Annus in ihrem Text »Seeing Pain: The Visual Representation
of Pain in American Painting« analysiert, mit den herrschenden Kulturen in Verbindung gebracht und haben aus diesem
Grund auch nicht den Weg in den Kunstkanon geschafft.[29]
Roths Amerika-Romane entwerfen in der Hinsicht eine Gegen-Welt. Jene Lebensrealitäten und Bewusstseinszustände
eines gerade nicht sorglosen Lebens, die von der dominierenden Kultur zurückgewiesen und aus dem offiziellen Selbstbild
des Landes ausgegrenzt werden, holt Roth in die Literatur
zurück. Er tut dies nicht, indem er seine »Helden« einen sicheren Beobachtungsposten einnehmen lässt, sondern indem
er sie in Ausnahmezustände versetzt, die ihr bisheriges Selbstbild erschüttern und ihre Identität zerbrechen. Roth sucht in
den beiden Amerika-Romanen vor dem detailreich entfalteten
Hintergrund einer anderen, fremden Kultur die Misere seiner
Protagonisten.

In New York erinnert Haid »die glasige Luft, die alles mit
einer Traumschicht bedeckte, (…) an Horkheimers SEHN
SUCHT NACH DEM GANZ ANDEREN«.[30] Und Haid erinnert sich auch daran, »dass Horkheimer geschrieben hatte,
dass ein ohnmächtiges und gequältes Leben, das voll von Güte
war, vielleicht nicht verloren sei, dass es vielleicht einen ewigen Morgen habe. Er war nicht so vermessen zu glauben, dass
dies für sein Leben zutreffen könnte, sein Leben war nicht voll

Güte gewesen, aber es war ohnmächtig gewesen und gewiss auch gequält, aber das war nicht das Wesentliche. Das Wesentliche war der Gedanke an einen ewigen Morgen gewesen, der Gedanke, die Hoffnung, dass es überhaupt so etwas gab wie einen ewigen Morgen. Er spürte, wie leicht es für ihn im Augenblick war, in das Traumhafte umzukippen. Er trieb es nicht voran, aber er wehrte sich auch nicht dagegen.«[31] Nach einer Taxifahrt »fühlte Haid sich als Horkheimer, er glaubte, dessen Hornbrille in seinem Gesicht zu spüren, dessen jüdische Nase zu besitzen und eine Güte erfüllte ihn, der er sich gerne hingab«.[32]

»Die Sehnsucht nach dem ganz Anderen«[33] ist der Titel einer 1970 erschienenen Publikation, der ein Gespräch zugrunde liegt, das Georg Wolff und Helmut Gumnior mit Max Horkheimer für das Magazin »Der Spiegel« geführt hatten. Im »Spiegel« hatte das Gespräch den Titel »Was wir ›Sinn‹ nennen, wird verschwinden«. Horkheimer bezieht sich auf die Gottesvorstellung des Alten Testaments, wenn er von »dem Anderen« spricht: »Adorno und ich – wer von uns beiden es zuerst formuliert hat, weiß ich heute nicht mehr –, auf jeden Fall haben wir beide nicht mehr von Gott, sondern von der ›Sehnsucht nach dem Anderen‹ gesprochen. (…) ›Du sollst Dir kein Bild von Gott machen‹, heißt es in der Bibel. Du kannst nicht darstellen, was das absolute Gute ist. Der fromme Jude versucht, das Wort ›Gott‹ nach Möglichkeit zu vermeiden, ja er schreibt es nicht aus, sondern macht ein Apostroph. So nennt auch die Kritische Theorie das Absolute vorsichtig ›das Andere‹.«[34] Horkheimer befürchtet, dass die Menschen nicht mehr ihre Kräfte frei entfalten können, wenn die verwaltete Welt existiert. Die Menschen werden sich den rationalistischen Regeln anpassen und automatisch handeln. Was den freien Willen betrifft, ist Horkheimer sehr skeptisch, er sei nur noch bei den Bienen und Ameisen und vielen anderen Wesen dieser Erde zu suchen.

Gegen Ende des Romans »Der große Horizont« überblendet Roth die Welt der Waren mit der Erinnerung an Caspar David

Friedrichs um 1820 entstandenes Gemälde »Wiesen bei Greifs-wald«. Haid hat die Erinnerung an dieses Paradies-Bild eine Zeitlang »wie ein leuchtendes Amulett in seinem Kopf«[35] her-umgetragen: »Es legte sich über die Waren in den Schaufens-tern der Geschäfte, wie ein Bild in einem Film oft ein anderes überdeckt und unter sich verschwinden läßt, wenn eine Szene oder ein Schauplatz wechseln.«[36] In dieser Erfahrung wechselt nicht nur eine Szene oder ein Schauplatz, hier geschieht ein Übergang von einer Welt in eine andere. Haid wird zu einer metaphysischen Frage geführt: »Lag das Geheimnis der ande-ren Realität, die ihn jetzt so sehr beschäftigte, und die Friedrich sogar *gemalt* hatte (worüber er immer wieder staunen konnte), lag dieses Geheimnis vielleicht darin, daß die Dinge, die Fried-rich sah und malte, wie *er* sie sah, immer auch etwas anderes bedeuteten?«[37] Der einsame Haid sieht sich vor diese Frage gestellt, aber er kann nicht sagen, was die Dinge, die er selbst sieht, für ihn bedeuten. Haid sieht sich mit einer »Realität«[38] konfrontiert, »die sich erst mit dem Tod auftun würde«.[39] In der Neuen Welt macht Haid eine Grenzerfahrung, er steht an der Schwelle zum Anderen.

Am Ende aber findet Haid wieder zu sich selbst und verspürt »plötzlich ein so starkes Gefühl von Liebe, daß er glaubte, es könne ihm nie mehr etwas geschehen«.[40] Peter Ensberg deutet in seiner Studie »Das Bild New Yorks in der deutschsprachigen Gegenwartsliteratur« den Schluss des Romans folgenderma-ßen: »Das ›Gefühl von Liebe‹ (…) läßt eine Versöhnung mit sich und seiner Umwelt möglich erscheinen. Die Erwähnung des Großvaters könnte zudem den angstfreien Umgang mit seiner Kindheit signalisieren. Der Schluß ist jedoch offen. An-gesichts der vielen Rückschläge und Enttäuschungen kann er keine endgültige Lösung bedeuten, sondern nur die Möglich-keit der Selbstfindung anzeigen. Haid selbst ist sich der In-stabilität seiner Gefühlsregungen nach der Abreise O'Maley's bewußt: ›Andererseits wiederum befürchtete er einen Gefühls-überschwang, der stets eine gleich starke Niedergeschlagen-heit zur Folge hatte.‹«[41]

In »Ein neuer Morgen«, Roths zweitem Amerika-Roman, wird die gesellschaftliche Wirklichkeit so restriktiv gesehen, dass für den österreichischen Fotografen Friedrich Weininger und den amerikanischen Bankangestellten Robert Finn – er nennt sich nach der Unterschlagung von Geld Norman Dalton – individuelle Freiheit nur außerhalb von ihr möglich ist.[42] Die beiden von Sinn- und Identitätskrisen heimgesuchten Protagonisten spüren in sich nicht die Empfindung, dass ihnen nichts mehr geschehen könne. Am Ende hasst Weininger bei einem Blick aus dem Fenster seine Wehrlosigkeit. Dem 1975 entstandenen Werk »Ein neuer Morgen« ward keine Sehnsucht nach dem ewigen Morgen eingeschrieben.

In seiner Laudatio »Zeichenflimmern« anlässlich der Vergabe des Hoffmann von Fallersleben-Preises an Roth am 12. Juni 2016 hat der Germanist Sven Hanuschek betont, dass jede Literatur von Rang letzte Fragen stellt: »Warum sind wir hier? Was bedeutet das alles? Wie sollen wir leben? Was ist der Mensch? Sie stellt solche Fragen, sie beantwortet sie nicht. (…) Roths Protagonisten sind Außenseiter, Figuren, die sich aus unterschiedlichen Gründen selbst problematisch sind und die mit Rätseln konfrontiert werden, mit Verbrechen, die sie aufklären oder mindestens verstehen wollen.«[43] Die Hauptfiguren der Romane »Der See«, »Der Plan« und »Der Berg« bewegen sich »in Räumen, die ihnen fremd sind. Sie sind scharfe Beobachter von Details innerhalb wie jenseits dieser Ausgangssituationen, die sie deuten müssen – und die sie immer wieder auch falsch deuten. Dass Reisen nicht einfach befreiend sind, wie das Klischee es will, liegt wiederum an den Protagonisten selber (das Dumme am Reisen ist, man nimmt sich selbst mit).«[44] Den Aufbrüchen zu den Reisen, ob im Kopf oder in der Realität, folgen die Abstürze.

Die Bewegung von Roths Schreiben ist ein Pendeln zwischen Etablierten und Außenseitern, eine Pendelbewegung zwischen den Machtstrukturen an der Peripherie und im Zentrum. Was Roths Werk eindrucksvoll zeige, so Hanuschek weiter, »ist die *Empathie* – mit den Außenseitern, den Vergessenen, den Toten, der Peripherie einer Gesellschaft –, die immer der Auslöser der Arbeiten von Gerhard Roth ist. Insofern handelt es sich natürlich um ein eminent politisches, ein zeitkritisches Werk, das sich nicht auf der tagespolitischen Ebene bewegt.«[45] Die im gesamten Roth'schen Werk propagierte Weltsicht rührt an die Erfahrung des Tragischen. In diesem Sinne teilt Roth die Behauptung des Philosophen Christoph Menke, »dass es gegenwärtig Tragödien gibt oder dass die Tragödie uns gegenwärtig ist, dass unsere Gegenwart eine von Tragödien ist«.[46]

Generell lässt sich mit Roth sagen, dass sich in den Außenseitern »die Geschichte viel stärker als in den Mitläufern oder den Beteiligten«[47] spiegelt: »Sie sind die anonymen Opfer der großen geschichtlichen Epochen, und es bleibt von ihnen nicht einmal ein Name zurück und nach bestimmten Zeiten nicht einmal mehr ein Grabstein. Dieses internationale Volk des Außenseitertums hat mich immer schon interessiert, und es war ein Versuch, diesen Menschen einen kleinen Gedenkstein zu setzen. Ich hatte ursprünglich die Absicht, den Zyklus ›Die Archive des Schweigens‹ ›Die Vergessenen‹ zu nennen, dieser Arbeitstitel ist in meinem Hinterkopf geblieben.«[48] Die auf ihren Reisen oder Fluchtbewegungen mit Verlust und Verzweiflung konfrontierten Außenseiter haben in Roths Universum gleichsam eine vorrangige Option fürs Absolute.

»Mit Wolfi Bauer hatte alles ein hektisches Tempo, er war nach allem süchtig«
Amerika-Reisen mit Wolfgang Bauer

Wie war Ihre Jugend?

In der Schule musste man sich wie »die anderen« anziehen, auch ich habe dagegen lange nicht verstoßen. In der Volksschule trugen alle Lederhosen. Anpassung war gefragt. Die ersten amerikanischen Filme schlugen in diesem Sinne wie eine Bombe ein. Alles, was zunächst ins Kino kam und mein Interesse erweckte, waren amerikanische Filme: Humphrey-Bogart-Filme oder heute vergessene Filme wie »König Salomons Diamanten« aus dem Jahr 1950, der in Afrika spielte.

War Amerika für Sie das Land der unbegrenzten Möglichkeiten?

In Amerika dann bemerkte ich in den 70er Jahren des vergangenen Jahrhunderts, dass es den Leuten auf der Straße egal war, wie einer angezogen ist oder welche Frisur jemand hatte, auch was er dachte, solange er dich nicht gefährdet hat. Die Amerikaner hatten damals eine Offenheit, wie sie bei uns nicht üblich war. Ich hatte den Eindruck: Du bekommst für deine Unternehmungen Vorschusslorbeeren, aber wehe, wenn du ihnen nicht gerecht wirst. Der Bienenzüchter Zmugg aus Kopreinigg wäre beispielsweise dort Universitätsprofessor geworden. Er war ein großartiger Imker und hatte ein unendliches Wissen über die Geschichte der Imkerei, er wusste, wie die Ägypter die Imkerei betrieben hatten, und wusste auch, welche Rolle die Bienen in der Mythologie spielen. Was er mir erzählte, war nur ein mikroskopisch kleiner Teil seines Bienenwissens. Bei uns ist hingegen immer alles sortiert gewesen: Volksschule, Mittelschule, Matura, Studium, Assistent, Dozent, Professor.

Der »beste« Wein ist international betrachtet zumeist ein Cuvée, d. h. aus verschiedenen Rebsorten zusammengestellt. Hitler hat bei uns den »sortenreinen« Wein verlangt, daher sind die österreichischen und deutschen Weine bis heute alle »traubenecht«.

Sie fühlten sich früh zur amerikanischen Literatur hingezogen.

Vielleicht ist es in dem Zusammenhang sinnvoll, auch die Bücher zu erwähnen, die mich zu den einzelnen Reisen gebracht haben, da wäre »Manhattan Transfer« von John Dos Passos, Raymond Chandler, Dashiell Hammett, zwei Kriminalautoren, es war die gesamte amerikanische Literatur von Ernest Hemingway bis William Faulkner, die mich angesprochen hat. Oder »Kaltblütig« und weitere Bücher von Truman Capote …, es ist ein ganzes Spektrum amerikanischer Literatur, das bis heute mein Leben begleitet. Und natürlich auch Peter Handkes Roman »Der kurze Brief zum langen Abschied«, der ein Überdenken meiner Positionen im Schreiben verursacht hat, weil ich mit dem sogenannten experimentellen Schreiben nicht mehr zufrieden war. Ich habe insgesamt vier oder fünf Amerika-Reisen aus unterschiedlichen Gründen unternommen. Die erste zusammen mit Wolfgang Bauer. Ich habe mit Wolfi noch eine zweite und eine dritte Amerika-Reise gemacht, bei der dritten war auch Alfred Kolleritsch dabei. Außerdem habe ich bei einem Film, der vom Bayrischen Fernsehen über mich gedreht wurde, noch einmal die Schauplätze mit dem Filmteam besucht, und dazu noch Badwater, den »Salzsee« im Death Valley Nationalpark, aufgesucht. Er liegt 85 Meter unter dem Meeresspiegel und kann von einer Anhöhe aus, die Dantes View heißt, überblickt werden. Ich bin ein Stück weit über die dicke Salzkruste gegangen, ohne zu wissen, dass es kein Wasser mehr darunter gab. Es war der heißeste Punkt, an dem ich jemals war. Während einer Amerika-Reise war ich auch am Grab von Melville.

War Amerika die erhoffte große Befreiung?

Ja. Wir gingen beispielsweise zum ersten Mal in ein Pornokino, und auch das war völlig legal, da war keine Polizei, es saßen ein paar Leute im Saal und sahen sich den Film an wie wir, sie gingen anschließend raus und tranken ein Bier. Mit Wolfi Bauer hatte alles ein hektisches Tempo, er war nach allem süchtig, er war süchtig nach dem Leben, er war süchtig nach der Liebe, er war süchtig nach dem Schreiben, er war süchtig nach Alkohol, er ist an seiner Leidenschaft für alles, was ihn berührte, relativ früh gestorben. Leben und Reisen mit ihm waren gänzlich andere Erfahrungen als spätere Reisen. Wir haben nächtelang gelacht und getrunken, Wolfi war immer fürs spontane Leben eingestellt. Wir fuhren aus einer Alkohollaune heraus nach Harlem, ein Dutzend Taxifahrer lehnten es ab, uns mitzunehmen, nur ein Afroamerikaner ließ sich darauf ein, wir mussten die Fahrt jedoch im Voraus bezahlen. Wir wussten nicht, wie wir wieder zurückkommen. Es gab in Harlem dann auch nur Gypsy-Taxis. Die Fahrer der Gypsy-Taxis schreiben selbst mit weißer Farbe »Taxi« auf ihre Autos. Sie haben natürlich keine Lizenz. Du weißt nicht, ob der Taxifahrer dir eine Pistole ansetzt – es gab damals genug solcher Zwischenfälle. Wir sprachen zwei Männer an, baten sie um eine Auskunft, sie hängten sich sofort an uns, und wir zogen mit ihnen durch die Lokale. Es herrschte Euphorie und doch eine Anspannung wie beim Seiltanz. Einmal wurden wir von einem schwarzen Wirt sogar gewarnt, nicht weiter durch Harlem zu ziehen, sondern zur U-Bahn zu gehen und ins Hotel zurückzufahren.

Haben Sie diesen Rat befolgt?

Für Wolfi kam das nicht in Frage. Er sagte zum Wirt, es sei hier gerade alles so »toll«, er möge ihm lieber einen Whiskey geben. Harlem war plötzlich sein Paradies. Wolfi brauchte die »Gefahr«, sie war die richtige Würze für ihn. Einer von den beiden Männern wollte, dass wir zu ihnen in die Wohnung mitkommen und dort weitertrinken. Ich lehnte ab, aber Wolfi fragte mich, ob ich zu feig sei. Einer unserer beiden Begleiter ging voraus, um zu kontrollieren, ob alles »in Ordnung« sei. Wir warteten inzwischen auf der Straße mit dem anderen jungen Mann, als der erste wieder auftauchte. Er hatte sich Drogen beschafft und verlangte von uns Geld dafür. Dann verschwand er wieder. Plötzlich fuhren Polizeiautos vor, unser Mann kam kurz darauf wieder aus dem Haus und teilte uns mit, dass im Gebäude ein Mord geschehen sei, deswegen sei die Polizei gekommen. Wir mussten daher verschwinden. Man geht an kaputten Häusern, kaputten Basketballplätzen und ausgeschlachteten Autos vorbei, in der Nacht, bei schlechter Beleuchtung, man geht durch vollkommen dunkle Gassen. Der Größere der beiden rief, wenn irgendwo in der Schwärze eine Zigarette aufleuchtete: »We know us from the army.« Er gab uns als Bekannte vom gemeinsamen Militärdienst aus. Nach drei, vier Stunden hielt ich ein Gypsy-Taxi auf, wir stiegen ein, ich hatte ebenfalls sehr viel getrunken und gab dem irrationalen Einfall nach, ich müsse einen unserer schwarzen Begleiter gewissermaßen aus Sicherheitsgründen »als Geisel« mitnehmen. Ich schubste ihn ins Auto und setzte mich im Fond neben ihn, Wolfi saß auf dem Vordersitz. Als wir losfuhren, dachte ich mir, was habe ich Idiot nur angestellt, was soll ich mit ihm machen, wenn wir beim Hotel angekommen sind. Wir fuhren durch den Central-Park, obwohl man uns davon dringend abgeraten hatte, in der Nacht mit einem Gypsy-Taxi durch den Park zu fahren. Es verlief aber alles ohne Zwischenfälle. Wir stiegen aus, bezahlten den Taxifahrer, und der Preis war realistisch. Wir überlegten, was wir mit unserem Begleiter machen sollen. Er hatte ja Drogen genommen und übergab sich mehrfach. Auch hatte er kein Geld bei sich. Ich versuchte, ein legales Taxi anzuhalten, es dauerte lange, bis eines hielt, und ich gab dem Fahrer das Geld für die Rückfahrt nach Harlem und auch unserem Begleiter ein paar Scheine. Wolfi ging, noch immer am Rand des Central-Parks, in einen Massagesalon, war für eine halbe Stunde verschwunden und kam dann high heraus.

Anschließend fuhren wir zurück zum Hotel. Das Foyer war nicht beleuchtet, nur die Portiersloge war schwach erhellt. Als wir den Empfang um drei, vier Uhr in der Früh erreichten, hörten wir auf einmal hinter uns eine Stimme: »Hello Wolfi, hello Gerhard!« Wir schauten uns um, da saß der Große mit dem Hut als Schatten in einem Fauteuil, er war vollkommen »zu«. Wolfi hatte ihm betrunken unser Hotel genannt. Er konnte aber nicht gut Englisch, weil er in der Schule Französisch gelernt hatte, ich musste daher übersetzen. Nach fünf Minuten brach ich das Gespräch ab. Ich wollte schlafen und sagte zu Wolfi: »Kommt bitte nicht nach.«

Hat Wolfgang Bauer sich daran gehalten?

Ich hatte im Hotelzimmer noch nicht einmal den Mantel ausgezogen, als Wolfi mit seinem Begleiter schon das Zimmer betrat. Wolfi war komplett aufgedreht und sagte zu dem Schwarzen, er sei ein »poet«. Er sprach das Wort schlecht aus, sein Begleiter verstand ihn nicht. Wolfi griff in seinen Koffer, holte die amerikanische Ausgabe seines Theaterstücks »Change« heraus, sein Begleiter las den Titel und staunte: »Change, you are a banker.« Ich erklärte ihm, Wolfi sei kein »banker«, er sei ein »poet«. Ich wandte mich ab und kündigte an, dass ich das Licht abdrehen würde, und wenn er seinen Gast nicht wegschicke, ginge ich in ein anderes Hotel. Wolfi erwiderte: »Sag du es ihm, ich kann nicht so gut Englisch.« Daher verabschiedete ich mich von ihm: »Good night, we must sleep, thank you for coming.« Er antwortete, er habe großen Durst, ob er etwas trinken dürfe. Er ging zum Waschbecken und ließ sich das Wasser in die Hände rinnen und schlürfte es in sich hinein, bevor er uns verließ. Am nächsten Morgen nahmen wir in einem anderen Stockwerk ein Zimmer, und Wolfi fand das Erlebte noch immer witzig. Wir stiegen wieder in ein Taxi, der Fahrer hatte offenbar schon viel gesehen, und als Wolfi mich bat, ihm zu erzählen, was wir erlebt hätten und wo wir gewesen seien, unterbrach der Chauffeur mehrmals die Erzählung und murmelte: »You are lucky men.« Er war, wie wir erfuhren, Jude und sagte nur, man hätte ihm so viel Geld geben können, wie wir gewollt hätten, er hätte diese Fahrt nicht gemacht.

Die Amerika-Reise und noch zwei weitere mit Wolfgang Bauer boten nicht die Ruhe und Erholung eines Bäderaufenthalts.

Wolfi war ein Grenzgänger. Fünfzehn Jahre später ist er einmal allein nach New York geflogen, weil er es in Graz nicht mehr ausgehalten hat, er sagte, in Graz sei nichts los, man treffe immer nur die gleichen Leute … Seine Entschlüsse kamen spontan, er bereitete eine Reise nicht lange vor, rief in einem Reisebüro an, fragte, wann der nächste Flug nach XY gehe, und saß schon im Flugzeug. Das war »Freiheit« für ihn. Er machte den Harlem-Trip ein paar Jahre später noch einmal, setzte sich in New York in ein Taxi, ließ sich nach Harlem fahren, ging dort in der Nacht herum, wurde zusammengeschlagen und ausgeraubt. Er fand sich am nächsten Morgen in einem Hinterhof mit Stein- und Ziegelbauten am Boden liegend wieder und wusste anfangs nicht, wo er war. Man hatte ihm eine Kopfwunde zugefügt. Er besaß kein Geld mehr, holte, glaube ich, die Polizei, und sie brachte ihn ins Hotel. Das passte zu Wolfi. Er war auch ein Mensch, der nicht trauern konnte. Aus Trauer wurde Wut bei ihm. Auf zwei Begräbnisse gingen wir gemeinsam, eines war für einen Journalisten und eines für einen Regisseur. Man merkte Wolfi an, wie sehr es ihn nervte, am Friedhof zu sein. Er wollte die Begräbnisse so schnell wie möglich hinter sich bringen. Er war auch nicht fähig, Trauer vorzutäuschen. In einem Lokal, das wir aufsuchten, sagte er anschließend, Scheiße, dass der Soundso gestorben ist, und betrank sich. Nach drei Stunden fing er mit irgendjemandem einen Streit an. So bewältigte er seine Trauer oder versuchte, sie zu bewältigen. Er ließ seine Wut über den Tod eines Freundes raus, er konnte sie nicht für sich behalten.

Wolfgang Bauer und Gunter Falk haben 1967 in Wien gemeinsam am von Peter Weibel organisierten »Zockfest« teilgenommen. Die Veranstaltung wurde vorzeitig von der Polizei abgebrochen, Peter Weibels Manifest »Zock Outset« konnte nicht verlesen werden. [1]

Der Aktionismus war mir damals etwas fern, ich bin aus einer anderen Welt gekommen. Ich spürte die Schrecknisse der Aktionen nicht so stark, ich machte schon mit neunzehn und zwanzig Jahren den ersten und zweiten Sezierkurs. Beim ersten Sezierkurs bekam ich eine abgetrennte Hand, sie lag, in einem Tuch eingewickelt, in Formalin, in einem großen Behälter und hatte am Daumen eine Aluminiumnummer. Man musste mit den Händen tasten, um welche Gliedmaße es sich handle, und dann die Nummer finden. In einem der großen Behälter waren Beine, in einem anderen Hände. Ich sezierte die Hand genau, man musste die Haut präparieren, die Bänder und Sehnen, bis man schlichtweg ein Modell hatte und bei der Abtestur die Bewegungen vorzeigen konnte. Ein Jahr später fand der Sezierkurs am gesamten Leichnam statt. Wir waren zu sechst, und ich sezierte die Brust und das Herz. Daher war der Aktionismus für mich nichts Schreckliches. Ich verstand anfangs nicht, warum die Künstler es machen, und es hat mich, ehrlich gesagt, damals auch nicht besonders interessiert. Allmählich habe ich dann begonnen, mich mit dem Aktionismus zu befassen. Es gab schon Elemente, die mich neugierig machten: Wie löst man einen künstlerischen Schock aus, wie verhält sich das Publikum bei einem Schock?

Die Aktionen von Günter Brus in Wien mit dem zugenähten Körper.

Als ich Brus kennenlernte, war diese Phase bei ihm schon vorbei. Er wandte sich seinen phantastischen Zeichnungen zu. Brus schrieb auch. Ich war inzwischen durch die beiden Romanzyklen, die Doppelhelix, auf ganz anderen Spuren. Ich hatte einen Plan, der mich immer mehr auffraß. Es hatte mit dem Wandern auf dem Land begonnen. Damals waren schon

»Wunschloses Unglück« von Peter Handke und »Schöne Tage« von Franz Innerhofer erschienen, diese Bücher machten einen großen Eindruck auf mich. Ich hatte als Kind ja selbst Erlebnisse auf dem Land gehabt.

War Wolfgang Bauer eher ein lustiger oder ein trauriger Mensch?

Traurig war er nie, zornig oder lustig, es hing vom Alkohol ab.

Wolfgang Bauer und Sie besuchten in Graz dasselbe Gymnasium.

Wir haben beide im Lichtenfelsgymnasium in Graz in Deutsch von einem Professor Pohlheim im Zwischenzeugnis eine Vier mit Ermahnung bekommen. Ich litt ganz allgemein unter der Schule, ich schaute zum Fenster hinaus, die Kastanienbäume blühten, ich dachte, was tue ich in der Schule, draußen ist es so schön, die Vögel fliegen schon herum. Wolfi dachte ebenso. Er liebte es, sich selbst zu überraschen. Einmal sind wir in den »Steirerhof« gegangen, und er hat nur »rote Sachen« bestellt, gegessen und getrunken: Erdbeeren, rote Beete, rote Paprika, Campari, Tomatensalat, Himbeereis, Rotwein, Rotwein, Rotwein. So war er. Das rote Gelage im »Steirerhof« charakterisiert ihn gut.

Das Gespräch wurde am 3. November 2015 in Pölfing-Brunn und am 6. Mai 2016 auf Torcello geführt.

Unterwegs zu den Gugginger Künstlern und Joseph Cornell

Als Roth Mitte November 2015 nach einer langwierigen Rekonvaleszenz wieder das »Haus der Künstler« in Gugging besucht, kommt er an einen Ort zurück, dem er sich tief verbunden fühlt. Seit vierzig Jahren ist Roth mit den Gugginger Künstlern in engem Kontakt. Er bedauert es, dass er nach einem offenen Schienbeinbruch und einer beidseitigen Lungenembolie nicht früher nach Gugging fahren konnte. Wir brechen von der Wiener Stadtwohnung Am Heumarkt auf, Roth ist in Vorfreude auf eine neue Begegnung mit den Künstlern, deren normbrechende Ästhetik ihn in all den Jahren inspiriert hat. Man könnte mit Pierre Bourdieu sagen, dass Roth durch die Gugginger Künstler eine symbolische Revolution erfuhr: »Ganz wie die großen religiösen Revolutionen wälzt eine symbolische Revolution die kognitiven und manchmal in gewissem Maße die sozialen Strukturen um. Sobald sie gelingt, setzt sie neue kognitive Strukturen durch, die dadurch unmerklich werden, dass sie sich verallgemeinern, sich ausbreiten, alle wahrnehmenden Subjekte eines sozialen Universums prägen. Unsere Wahrnehmungs- und Bewertungskategorien, die wir gewöhnlich benutzen, um die Vorstellungen von der Welt und die Welt selbst zu verstehen, sind dieser gelungenen symbolischen Revolution entsprungen. Die Vorstellung von der Welt, die mit dieser Revolution entstanden ist, ist also evident geworden (...). Anders gesagt, wir erleben eine Art Verkehrung.«[1]

Während der Fahrt spricht Roth über jene andere Wahrnehmung, die der Erkundung der Welt durch René Descartes' Ratio entgegengesetzt ist. Roth geht nicht *more geometrico* vor, er lässt sich treiben, setzt sich der Wirklichkeit des Wahnsinns aus. Als wir den 19. Wiener Gemeindebezirk Döbling passieren, zeigt Roth zum Reisenberg hinauf, umgangssprachlich »Am Cobenzl« genannt, und sagt, dort oben habe Sigmund Freud am Ende des 19. Jahrhunderts an seiner epochalen Studie »Die Traumdeutung« gearbeitet. Der 382 Meter hohe und vorwiegend aus Ton und Sandstein bestehende Reisenberg aus dem Rhenodanubischen Flysch hat seinen Namen entweder durch das als Reisig bezeichnete Jungholz oder von dem »Reisenden Berg« erhalten, von einem Berg also, an dem es häufig zu Erdrutschen kommt. Am Cobenzl, erzählt Roth, erinnert eine Gedenktafel daran, dass Freud im Schloss Belle Vue in der Nacht vom 23. auf den 24. Juli den »Traum von Irmas Injektion« träumte, den er selbst analysierte und als Wuncherfüllung deutete. Freud verarbeitete in seinem Traum unter anderem Schuldgefühle gegenüber der von ihm behandelten jungen Witwe Irma.

Auf der Gedenktafel steht ein Zitat aus einem Brief an den Berliner Freund und Kollegen, den Sanitätsrat Wilhelm Fließ, vom 12. Juni 1900: »Glaubst Du eigentlich, daß an dem Hause dereinst auf einer Marmortafel zu lesen sein wird:? ›Hier enthüllte sich am 24. Juli 1895 dem Dr. Sigm. Freud das Geheimnis des Traumes.‹ Die Aussichten sind bis jetzt hierfür gering.«[2] Tatsächlich hat es fast achtzig Jahre von der Veröffentlichung der »Traumdeutung«, sie erschien Ende 1899 und wurde vom Verleger auf das Jahr 1900 vordatiert, bis zur Errichtung der von Wilhelm Holzbauer entworfenen Stele gedauert, auf der Freuds skeptische und zugleich erwartungsvolle Frage zitiert wird. Im Mai 1977 wurde die Gedenkstele in der Nähe des ehemaligen Schlosses Belle Vue an der Himmelstraße oberhalb von Grinzing enthüllt.

»Ein Universum, ein eigener Kopf«

Nach einer halben Stunde Fahrzeit kommen wir in Gugging an. Vor dem Eingang des »Hauses der Künstler« erinnert Gerhard Roth an die »Vernichtung des lebensunwerten Lebens«

durch das NS-Regime: »In Gugging sind in der Nazi-Zeit hunderte Geisteskranke vorwiegend durch Injektionen ermordet worden. Daran muss ich immer denken, wenn ich zum ›Haus der Künstler‹ fahre. Ich war hier auch noch in der alten Irrenanstalt, als ich 1976 vor vierzig Jahren die erste Geschichte über den Dichter Ernst Herbeck schrieb. Das heutige ›Haus der Künstler‹ war ursprünglich eine Anstalt für Tuberkulosekranke, wie Dr. Johann Feilacher, der derzeitige Leiter mir erzählt hat. Was hier geschieht, widerlegt alle Vorurteile Geisteskranken gegenüber und dokumentiert auf einzigartige Weise die Welt dieser Menschen. Hitler wird oft als Geisteskranker aufgewertet, doch er war kein Geisteskranker, sondern ein ›Normopath‹, d. h. auf pathologische Weise normal. Und er wollte alle Menschen auf seine Normalität einschwören. Doch war diese Form der Normalität längst in den Köpfen der Menschen vorhanden, er brauchte ihr nur zum Durchbruch zu verhelfen. Die herrschenden Vorurteile – Juden sind die Bankchefs und Juden haben Jesus umgebracht – wurden von Hitler bestätigt, schon bei Luther sind die Vorurteile in die sogenannte Normalität als Wahrheiten eingeflossen. Das sogenannte ›lebensunwerte Leben‹ ist ein Teil dieses Denkens. Das alles hat Wilhelm Reich in seiner ›Rede an den kleinen Mann‹ wunderbar analysiert.«[3]

Der Historiker Götz Aly betont in seiner Studie »Die Belasteten, ›Euthanasie‹ 1939–1945. Eine Gesellschaftsgeschichte« (2013), dass aus den psychiatrischen Anstalten nicht nur die Insassen in KZs überstellt wurden, »die von der Strafjustiz eingewiesen worden waren, vielmehr genügte die dem soziologischen Begriff ›Asozialer‹ entsprechende psychiatrische Diagnose ›Psychopath‹ deutschen Ärzten von 1943 an, um besonders unliebsame und anstrengende Kranke in Konzentrationslager zu verlegen. So schrieb der ärztliche Leiter der Aktion T4, Professor Nitsche, an den Gutachter Otto Hebold, dass gewisse Patienten nur aufgrund falscher Anwendung einer Gesetzesbestimmung in Heil- und Pflegeanstalten gekommen seien und eigentlich ins KZ gehörten. Im selben Sinn teilte

Nitsche seinen Leuten in der Berliner T4-Zentrale mit: ›Anbei übersende ich zwei mir heute zugeschickte Meldebogen der Anstalt Gugging betreffs Franz Janoschek und Erwin Lang mit meinem Vermerk betreffs Überweisung an die Polizei zur Unterbringung in einem KZ.‹ Beide Patienten waren nicht gerichtlich eingewiesen worden – der Gugginger Direktor Erich Gelny hatte den einen einfach als ›debilen Psychopathen‹ und den anderen als ›geistig Minderwertigen und Erregbaren‹ mit ›depressiver Reaktion‹ diagnostiziert. Auf dieser Grundlage veranlasste Nitsche das Weitere: ›Da beide Fälle nicht der psychiatrischen Behandlung bedürfen, in einer Heil- und Pflegeanstalt nur stören und auch nicht mit genügender Sicherheit zu verwahren sind, bittet die Anstalt Gugging um möglichst rasche Verlegung. Ich ersuche um beschleunigte Weiterleitung an die zuständige Polizeistelle unter besonderem Hinweis auf diesen Wunsch der Anstalt.‹[4]

In der Neuausgabe seiner Studie »Schizophrenie und Kunst« (1996, die Originalausgabe erschien 1965), schreibt der Psychiater Leo Navratil (1921–2006), dass 1981 im Niederösterreichischen Landeskrankenhaus für Psychiatrie und Neurologie Klosterneuburg-Gugging auf seine Bitte hin unter Direktor Lois Marksteiner das »Haus der Künstler« gegründet wurde: »Ein kleiner Pavillon, am Waldrand in freundlicher Umgebung gelegen, wurde zum Wohnhaus jener Patienten, die schon etliche Jahre vorher als Zeichner und Dichter bekannt geworden sind. (…) Das Haus der Künstler ist zwar eine Station des Krankenhauses, mit Ärzten, Schwestern und Pflegern; es hat sozusagen alle Vorteile, die eine solche Institution bietet, aber es fehlt der Krankenhauscharakter. Die Künstler haben die Außenwände des Pavillons bemalt, alle Wände im Inneren des Hauses sind mit sorgfältig gerahmten Originalen und Ausstellungsplakaten geschmückt. (…) Vor dem Haus flattert eine weiße Fahne mit einem blauen Stern. Der blaue Stern auf weißem Grund, ein beliebtes Motiv Johann Hausers, ist zum Symbol unseres Hauses geworden. (…) Die Atmosphäre dieses Hauses hatte eine außerordentlich positive Wirkung auf das psychische Befinden und soziale Verhalten der chronisch kranken, seit langer Zeit hospitalisierten schizophrenen Patienten. Der Autismus besserte sich, Erregungszustände traten nicht mehr auf. Das Haus der Künstler ermöglicht aber vor allem eine lebhafte Kommunikation mit der Außenwelt.«[5]

Roth ist von Beginn seiner schriftstellerischen Arbeit an von den Gugginger Künstlern mitgeprägt. In einem Gespräch mit dem Germanisten Simon C. Ryan von der University of Otago (Dunedin, Neuseeland) hat Roth im Herbst 1980 betont, dass beim Kurzroman »die autobiographie des albert einstein« (1972) der »Einfluss mit der Beschäftigung von Geisteskranken am größten war und zwar mit den Arbeiten von Leo Navratil *Schizophrenie und Sprache* und *Schizophrenie und Kunst*. Das hat mich überhaupt erst auf den *einstein* gebracht, das hat mich auf die Stilformen gebracht. Für diese Arbeit war eigentlich die *Wiener Gruppe* relativ unwichtig, wenngleich Parallelen da sind (…). Man darf natürlich nicht die *Wiener Gruppe* so überschätzen, das geschieht sehr leicht. Die *Wiener Gruppe* kommt ja auch von irgendwo her, die *Wiener Gruppe* hat ja auch ihre Einflüsse und das müsste man in einem solchen Zusammenhang auch sagen, denn die Einflüsse, die die *Wiener Gruppe* gehabt hat, sind ja für mich genauso dagewesen, z. B. Surrealismus, z. B. Dadaismus, z. B. Chlebnikov, z. B. Daniil Charms usw., es gibt eine ganze Serie von Benjamin Péret bis Aragon usw. oder Lyrik von verschiedensten Dichtern wie Schwitters z. B. Die *Wiener Gruppe* steht ja nicht als Erfinder einer Literatur da, sondern sie hat einen bestimmten Stellenwert in der Literatur und hat aus verschiedenen anderen Einflüssen eben ihre Literatur geformt.«[6]

Roth fühlt sich auf dem Gelände des »Hauses der Künstler« physisch wohl, es ist, als würden sich für ihn wieder die Pforten zu einem Sehnsuchtsort öffnen. Wir betreten das Gebäude und steuern auf das Zimmer von August Walla zu. Roth betritt es, sieht sich um und erläutert die Genese der Ausmalung des ganzen Raumes: »Was wir hier sehen, ist die dritte, vierte, fünfte Übermalung dieser Wände. Wir müssen uns Wallas erste Bilder vorstellen. Psychiater Navratil sagte mir, wir haben Walla erlaubt, diesen Raum auszumalen. Navratil öffnete die Tür und durch den Spalt konnte man sehen, was vor sich ging. Walla fing an, ein Schiff zu malen, auf dem Bett saß seine ›Mama‹, wie immer verdrossen. Walla war eifrig. Navratil stellte ihm alles zur Verfügung, er ließ ihm eine Leiter bringen, ein Podest bauen, damit er höher raufkraxeln und oben weiter malen konnte. Die erste Fassung übermalte er relativ rasch, die zweite und dritte noch rascher. Navratil ließ mich zu Beginn nicht in den Raum, ich durfte nur durch den Türspalt schauen, ich sah ein Schiff, einen roten Flussdampfer, den er gerade an die Wand gemalt hatte. Er machte auf mich einen großen Eindruck. Walla malte jahrelang immer weiter, bis sich diese Welt aus seinem Inneren gelöst und den gesamten Raum erfüllt hatte.«

Roth sieht sich weiter im Raum um und sagt leise, er habe während seiner schweren Erkrankung manchmal gedacht, er werde diesen Raum nicht mehr sehen. Solange er lebe, werde er den Raum nicht vergessen, er bekomme »regelrecht einen Fotografierzwang«, wenn er hier sei: »Walla und ich sind immer sehr gut miteinander ausgekommen. Es hat Jahre gegeben, in denen ich zehn Mal hier war, vor allem in der Frühzeit, als alles noch im Aufbau und im Aufruhr war. Damals wurde zumeist gefragt, ob das überhaupt Künstler seien. Es gab darüber einen Streit, aber ihre Dichtung und Malerei hat den sogenannten Geisteskranken die Menschenwürde zurückgegeben. Man hat in der Nazizeit nicht, wie Hitler es befahl, sogenannte ›überflüssige‹ Menschen mit ›lebensunwertem Leben‹ getötet, man tötete mit ihnen ganze Universen. Im Walla-Zimmer sieht man so ein Universum, es ist Wallas eigener Kopf dargestellt, seine Gedankenwelt, in der er das Wunderbare und Schreckliche erlebte.«

Roth blüht auf, Energie kehrt in ihn zurück. Man spürt, dass er förmlich im »Haus der Künstler« aufgeht: »Während ich an diesem Ort bin, kann ich an gar nichts anderes denken, aber zu Hause fange ich zu arbeiten an, es fliegen mir nach einem

Besuch in Gugging tausend Sachen zu. Sehr berührend ist auch die kleine Ernst-Herbeck-Ausstellung. Mit Herbeck habe ich mich gut verstanden, ich habe sechs Briefe mit ihm gewechselt, Navratil wollte den Briefwechsel nicht mehr, er sagte mir, das strenge den Herrn Herbeck zu sehr an. Damals gab es eine andere Situation als heute unter Doktor Feilacher. Man hat den Künstlern zuerst ihre Werke nicht abgekauft, wir befanden uns noch in einer Zeit, in der die Vorstellung von ›entarteter Kunst‹ fortwirkte. Es gab einige Veranstaltungen zu Gugging und seinen Künstlern. Ich hielt im Minoritenkloster in Graz vor 250, 300 Leuten aus dem Publikum heraus eine kurze Verteidigungsrede für Gugging. Erst wurde sie nur negativ aufgenommen, besonders die Linken griffen mich an, sie sagten, das sei ein Ausnutzen entmündigter Menschen, ein Zirkusbetrieb usw. Ich erwiderte, ich fände das überhaupt nicht, es überrasche mich vielmehr, dass sich links und rechts in dem Punkt einig seien. Es gehe vielmehr um subjektive Darstellungen der Welt durch die Patienten. Die Arbeiten zeigten, dass ihr Gehirn zwar anders funktioniere und nicht auf unsere Normalität abgerichtet sei. Wünsche man sich jedoch, die Normalität zu verlassen, seien diese Werke eine wunderbare Sache. Ich argumentierte, ihr trinkt doch alle Alkohol, einige nehmen auch Rauschgift. Es wurde zu der Zeit viel gehascht, meist im Geheimen, Alkohol getrunken und Schnaps konsumiert. Sofort brach große Empörung los. Ich fuhr fort: Ihr wollt selbst die Wirklichkeit im Kopf verändern. Warum geht ihr in die Oper, ins Schauspielhaus, ins Kino? In diesen Häusern will man mit einer sekundären Wirklichkeit konfrontiert werden, die ebenfalls zugleich erfunden und real ist. Es gab mehrere Dichter und Künstler, die für die Gugginger eintraten, Ernst Jandl, André Heller, Friederike Mayröcker, Gert Jonke und andere. Wir veranstalteten einmal eine Lesung in der Nationalbibliothek, Navratil, Mayröcker, Jandl, Jonke und ich wirkten mit. Die erste Aggressionsphase war damals schon vorüber. Der zweite Leiter des ›Hauses der Künstler‹, Doktor Feilacher, hatte es später in vielem leichter. Aber er ist weitergegangen als Navratil und hat gesagt, diese Kunst dürfe man nicht als ›krank‹ ansehen, sie sei der Gegenwartskunst gleichwertig. Hermann Nitsch und auch Günter Brus waren beispielsweise gegen diese Kunst, und es gab genug andere Maler, die sich ebenfalls über diese Kunst ärgerten. Peter Pongratz und Franz Ringel haben sich hingegen um die Gugginger Kunst bemüht. Arnulf Rainer war in Österreich der ›Urvater‹, der diese Kunst erkannt und zu ihr Stellung genommen hat. Er ist immer schon nach Gugging gekommen, hat Bilder gesammelt und einen Vortrag im Forum Stadtpark gehalten. Zwei seiner Aufsätze über die Art brut, die ich bis heute essenziell finde, sind in Kunstzeitschriften und Büchern abgedruckt.«

Bevor Roth im August 1976 zum ersten Mal nach Gugging aufbrach, las er Hans Prinzhorns Studie »Die Bildnerei der Geisteskranken«, Morgenthalers Biographie über Adolf Wölfli, Navratils »Schizophrenie und Kunst« und die Artikel, die in den CIBA-Symposium-Heften zu diesem Thema publiziert worden waren. In diesen Heften, die Roth von seinem Vater bekam, sah er zum ersten Mal »Bilder sogenannter Geisteskranker«, wie er in dem Text »Wahn und Sinn« (2010) schreibt: »Später studierte ich die Schriften von Jean Dubuffet und Arnulf Rainer, die Werke der Künstler Josephson und Hill, van Gogh, Artaud und F. X. Messerschmidt und den Einfluss der psychopathologischen Kunst auf Picasso, Max Ernst und die Surrealisten. Vor allem gab mir Arnulf Rainers Formulierung zu denken: ›Wenn es einem debilen Außenseiter gelingt, durch die Qualität seines künstlerischen Werkes 99 Prozent der professionellen Maler zu degradieren, wenn es Infantilität ermöglicht, so intensiv zu gestalten, dass Werke von hohem Rang entstehen, die die gebildete Kunst in manchen Aspekten überholen, hat das Konsequenzen sowohl für des Künstlers Selbstbewusstsein als auch für das Problem seines sozialen Status und seiner eigenen Rollendefinition. Intelligenzquotient und Bildungsniveau soll man sowieso im Zusammenhang mit der künstlerischen Kreativität vergessen.‹ Mich hat nicht allein die künstlerische Kreativität der Patienten in Gugging angezogen, sondern auch deren Persönlichkeit, das heißt die Einheit von Leben und Kunstwerken, die zugleich auch immer Ausdruck ihrer subjektiven Probleme sind. (…) Alle Künstler der Art brut, der auch die Gugginger zuzurechnen sind, stellen die Welt, wie sie ist, infrage.«[7] Auch Roth geht es um »Gedanken-Bilder«, die keine Nachahmung der Wirklichkeit betreiben, auch bei ihm vermischen sich Wahrnehmung und Erinnerungsbilder – ohne teleologische Ausrichtung, ohne finale Zuspitzung.

Jürgen Tauscher: Mit Captain Kirk aufs Licht zu

Roth geht bei unserem Besuch Mitte November 2015 direkt auf die Künstler zu, umarmt sie, stellt einen unmittelbaren Kontakt zu ihnen her, fragt sie, ob er ihre Zeichnungen fotografieren dürfe. Jürgen Tauscher, geboren 1974, arbeitet an einem Tisch am Ende des Gangs, direkt neben dem Fenster. Seine Bleistiftzeichnung ist von der amerikanischen Fernsehserie »Raumschiff Enterprise« inspiriert. Tauscher ist Captain Kirk ans Herz gewachsen, Raum und Zeit haben für ihn an diesem späten Vormittag ihre soziale Bedeutung verloren. Auf sechstausend Metern, sagt Tauscher, sei er unterwegs gewesen, er sei am Nachmittag gelandet, bei der Landung habe er die Rollbahn gut getroffen. Tauscher zeichnet weiter, er sagt, er sei im Weltall unterwegs, er fliege Christus entgegen, er hoffe, dass ein Licht ihn aufnehmen werde, wenn sein Flug zu Ende sei. Roth sagt, er selbst sei dem Tod mehrmals nahe gewesen, aber es sei noch Zeit für sie beide, bis die Reise auf Erden zu Ende sei. Roth bittet den an Luftschiffen und Raumkapseln arbeitenden Tauscher auf der Erde zu bleiben. Tauscher sieht nicht auf, er nickt und wiederholt, es sei noch Zeit auf Erden, am Nachmittag werde er wieder hier landen, wenn er aus Amerika zurück sei, die Sonne scheine hell in einer Höhe von sechstausend Metern, er sehe unter sich die Landschaft, sie gleite vorüber, alles sei leicht und er fliege aufs Licht zu, Captain Kirk sei an Bord, es könne ihm nichts geschehen.

Roth fragt, ob er auch Details der Zeichnung fotografieren dürfe, und Tauscher antwortet: »Ja, nehmen Sie alles im Detail auf. Auch Jesus Christus nimmt uns auf, wenn wir einmal gestorben sind, aber ich bin noch nicht gestorben, noch nicht, noch nicht. Solange ich lebe. Wenn ich nicht mehr lebe, bin ich tot. Dann komme ich nimmer, dann bin ich nimmer da.« Roth sagt, die Toten seien nicht ausgelöscht, sie haben uns den Namen gegeben, die Toten haben uns die Sprache gelehrt, von den Toten haben wir die Kochrezepte, von den Toten haben wir alle Erfindungen, die Eisenbahn, die Flugzeuge, die Computer, wir bedienen uns ihrer Erfindungen: »Die Toten sind immer bei uns, wir sind immer von den Toten umgeben.«

Tauscher kehrt mit den Gedanken zu seiner Zeichnung zurück und sagt wie zu sich selbst, er schaffe »ein gesamtes Werk, ein geheimes Werk«, Captain Kirk sei unterwegs, die Reise gehe ins Weltall, ins Universum, die Reise gehe zu Christus, Christus nehme Captain Kirk auf, er warte schon auf ihn, er warte schon auf mich, er warte auf jeden von uns. Roth sagt, er wisse, das Leben höre nicht gleich auf, er sei zweimal so krank gewesen, dass er schon »halbert drüben« war, »es war ganz leicht, es war kein Schmerz«. Tauscher wiederholt Roths Worte und fährt fort: »Ganz leicht. Mir ist auch ein bissl leicht, leichter. Ja, ich bleibe eh bei euch, aber was macht man, wenn man nimmer mehr kann. Was macht man, wenn man nimmer weiter kann?« Roth antwortet: »Warten, was geschieht und den Arzt holen.« Tauscher stimmt zu und wiederholt, man schickt nach dem Arzt, man schickt nach der Rettung, und dann erzählt er, er sei schon zweimal im Krankenhaus gewesen, wegen der Lungenentzündung, der Pfarrer sei gekommen, er habe mit ihm gebetet, er sei schon »halbert tot« gewesen, der Pfarrer habe das Vaterunser gebetet und auch das »Gegrüßet seist du, Maria«, er selbst habe gebeichtet: »Ich habe dem Pfarrer alles gesagt, der Pfarrer hat fast nichts sagen wollen, aber er hat alles gemacht, er hat geholfen. Er hat mich heilig gesprochen, ich bin heilig, ich bin ein Heiligtum.« Am Ende der Begegnung fragt Roth, wie Tauscher mit Vornamen heiße. – Tauscher, Jürgen. – Und Roth sagt, sein zweiter Vorname ist Jürgen.

Zum Abschied will Roth wissen, was er den Tag über mache – immer zeichnen? Die Antwort gibt einen Einblick in eine Welt, in der Jürgen Tauscher auf seinen Reisen hoch über der Erde Freude findet: »Ja, immer zeichnen, immer zeichnen, das ist eine Rakete, in die man einsteigen und ins Weltall fliegen kann. Und das ist ein Flugzeug, ein kleines. So ähnlich wie ein Flugzeug. Ich habe ein Flugbuch auch. Ich bin schon selber geflogen, mit dem Flugzeug, mit dem Motorflieger, es gehen nur drei Passagiere hinein, zwei hinten und zwei vorne, heute am Nachmittag bin ich geflogen, am Nachmittag fliege ich wieder, es war schön, ganz, ganz, ganz schön war das. Ich bin schon über den Ozean geflogen, das habe ich schon gemacht, das habe ich heute schon erledigt, nach zehn Stunden habe ich die Landebahn erreicht, na, freilich, es hat mir gefallen, ich bin selber geflogen. Ich bin sechstausend Kilometer geflogen, ich bin über den Ozean geflogen, ich bin ein bisschen höher geflogen.«

Leonhard Fink – Ballungsräume

Leonhard Fink, ein rothaariger Mann mittleren Alters, gesellt sich auf dem Gang zu uns. Er greift das Gespräch auf und sagt, sie seien in drei Wochen ebenfalls sechstausend Kilometer gereist, er habe einen Neffen besucht, der in Manchester und Liverpool wohne, mit der Fähre nach Hull, er sei die ganze Strecke mit dem Auto gefahren. Er unterbricht, er sagt, er müsse wieder arbeiten, sonst bringe er nichts weiter, er gehe schon vor. Wir verabschieden uns von Jürgen Tauscher und besuchen Leonhard Fink in seinem Zimmer.

Leon, wie er in Gugging genannt wird, wurde 1982 in Wien geboren, er ist mit seinem Vater viel gereist. Er kommt auf die Obersteiermark und Kärnten zu sprechen, in den beiden Bundesländern sei er mit seinem Vater unterwegs gewesen:

»Judenburg, Knittelfeld, beim Puchserloch, gegenüber ist die Tamsweger Schmalspurbahn, links geht es rauf zum Grebenzen, zum Neumarkter- und Obdachersattel, mit der Eisenbahn oder mit dem Auto kommt man nach Friesach, und es heißt dort Grebenzen. Ich war überall mit dem Vater kartieren, der Vater ist Geograph, das habe ich euch das letzte Mal gesagt.« Er zeigt auf die Zeichnung, an der er gerade arbeitet: »Das ist Kanada, das ganze. Lake Michigan, Erie-See.«

Leons Bleistiftzeichnung zeigt eine Welt, in der die Städte, Flüsse und Wasserfälle Kanadas zu einer neuen geographischen Darstellung des Landes zusammengesetzt sind. Auch für Leon ist das Zeichnen ein Entfernen von dem Ort, an dem er lebt, ein permanenter Aufbruch. Kanada ist eines der größten Länder der Welt, auf Leons Zeichnung werden die Gebäude einzelner Städte (Toronto, Vancouver) auf einem kleinen Fleck zusammengepresst, es scheint so zu sein, als würde Leon in der Ferne die Enge einer nordamerikanischen Metropole suchen. Leon blickt auf die Zeichnung und betont: »Das hier ist ein erfundener Ort. Montreal, Toronto, St. Lorenz-Strom, Niagara-Fälle, die Niagara-Fälle waren zugefroren, das weiß ich.«

Leon fragt, ob wir wissen, wie viele Schafe er »in der letzten Nacht zurecht gebracht, in einer Nacht zu einer Herde vereinigt habe«. Wir schütteln den Kopf. »Es waren 230 Schafe.« Wie dies sein könne? »Weil es Schafbauern sind. Das sind Farmer, sie gewinnen jedes Mal den Preis des besten Schafs. Sie tun die Schafe führen und bekommen immer einen Preis. Außerdem hat die Queen in ihrem Laden immer eingekauft. Auf einem Gebiet so groß wie Steiermark und Niederösterreich zusammen, dort ist sogar das höchste Gebirge von Wales, da fährt eine Zahnradbahn hinauf, das Gebiet heißt Snowdonia, ich war oben auch am Gipfel des Snowdon, der Schneeberg ist über zweitausend Meter hoch. Klettern musste man auch, mit Seil und Karabiner. Höhlenforscher, ich habe mich schon einmal hundert Meter in die Tiefe abgeseilt, in der Lurgrotte.«

Roth fragt den jungen Künstler, dessen Bleistiftzeichnungen Städte als Ballungsräume des 21. Jahrhunderts zeigen, ob er sich von Landkarten für seine Arbeit inspirieren lasse: »Nein. Vancouver ist auf der gleichen Höhe wie Chicago, Vancouver-Island kenne ich, wisst ihr, wo ich einmal in Kanada war, nicht in Vancouver, diese Stadt gibt es wirklich, aber die Stadt, die ich meine, kennt ihr nicht, Barkerville, das ist in den hohen Bergen beim Mount McKinley, das ist die Skifahrer- und Goldgräberstadt, da ist auch ein riesiger See, da gibt es viele Wölfe, ja, wirklich.« Gibt es dort noch die Wolfsjagd?, will Roth wissen: »Nein, es sind zahme Wölfe, die Wölfe fast ausgerottet, es gibt eine Wolfsfarm.« Leon kommt unvermittelt auf die drei Tage zuvor in Paris erfolgten Anschläge der Selbstmordattentäter zu sprechen: »Ein Freund von mir ist ein Kunstsammler, er wohnt in Paris, ich habe nach den Anschlägen Angst um ihn, ich habe noch keine Nachricht. In allen Zeitungen stehen die Nachrichten von Paris. Er wohnt in Meidling. Er wohnt gleich in der nächsten Straße, in Meidling um die Ecke, geht dort schwimmen. Letzte Woche hat er mir eine Ansichtskarte geschrieben, aber von Paris. Er hat mir gesagt, nach einer halben Woche ist er wieder zu Hause. Ich habe noch keine Nachricht von ihm.«

Leon will von Roth wissen, wie es ihm gesundheitlich gehe. Roth erzählt, er habe noch von der Behandlung des Schienbeinbruchs eine Schraube im Bein. Langsam spricht Leon über einen schrecklichen Unfall: »Ich habe auch zwei Schrauben, Titanschrauben, sonst hätte ich mein Bein verloren, greif einmal, da sind die Knochen, da ist eine Schraube drinnen. Das ist kein Knochen und kein Knorpel. Ich bin vor einem Jahr in ein Auto reingelaufen, auf dem Weg zum Künstlerhaus, in der Leopoldstraße, der Kopf war unter dem Rad, ich hatte eine Fleischwunde, ich musste ein Jahr im Krankenhaus im Rollstuhl sein, wirklich. Nun geht es wieder, nur das Laufen, da habe ich Probleme, schwimmen gehe ich. Warst du schon schwimmen? Ich hatte Schwimmmeisterschaft, machte Goldmedaillen, nicht heuer, heuer nur der siebte Platz, aber ich bin durchgekommen. Von einer Staffel mit 25 der Siebte.« Roth sagt, das ist gut, achtzehn Schwimmer sind hinter dir gewesen, und will wissen, welchen Stil er geschwommen ist, Kraulen oder Brustschwimmen. »Nur Kraulen, Brust kann ich nicht so gut, da mache ich falsche Beintempi.«

Johann Garber – Das Zerreißen des Menschen

Leon vertieft sich wieder in seine Kanada-Zeichnung, und wir besuchen Johann Garber, der in seinem Zimmer auf dem Bett sitzt und Roth vorwirft, lange nicht bei ihm aufgekreuzt zu sein. Garber ist aufgebracht, und Roth erklärt ihm, er sei krank gewesen, er habe sich einen offenen Schienbeinbruch zugezogen, als er an einem Dezembermorgen vor seinem Haus ins Tal geblickt habe, er sei beim Fotografieren ausgerutscht, habe aber noch im Liegen weiterfotografiert, zwei Stunden habe er im Freien liegend auf das Rettungsauto warten müssen, danach habe er Gott sei Dank eine doppelseitige Lungenembolie überlebt, das seien die Gründe, warum er nicht schon früher nach Gugging gekommen sei. Nachdem der erste Aufruhr sich gelegt hat, sagt Garber zu Roth, er habe einen Baum für ihn im Keller, beim nächsten Mal sollten sie beide in den Keller gehen, er habe dort fünf, sechs Bäume, Buchen seien fürs Anmalen am besten. Über Garbers Bett befindet sich an der Wand eine Batterie von Kruzifixen und Krickeln, bemalt mit roten, gelben, grünen, weißen Punkten und Kreisen. Roth zeigt auf die Kruzifixe und meint, die schönsten Arbeiten seien die Kreuze. Garber erwidert trocken, zurzeit könne er keines herstellen, er habe kein Werkzeug, das Stemmeisen sei ihm gestohlen worden.

An Garbers expressiver Kunst spricht Roth das Explosive an sowie eine heitere Blasphemie. Garber steigert die Idylle ins Surreale, gibt den Symbolen des Katholizismus und der Jagd einen Zug ins Makabre. Die größte Befürchtung Garbers sei es, so hat Leo Navratil die Worte des 1947 in Wiener Neustadt geborenen Künstlers notiert, »›dass alles zerreißt‹, dass die Fetzen fliegen, dass die Anziehungskraft in seinem Gehirn immer mehr steige, so dass alles zu ihm herbeigezogen werde, ›die Augen und alles. Der reißt weg, der Kopf von einem andern Herrn, von einem andern Menschen, und kommt zu mir geflogen, fliegt in meinen Leib hinein … die Augen, aber der Kopf auch und der ganze Mensch auch.‹«[8] Garber könne, so Navratil, Visionen auch willentlich hervorrufen, dabei werde der Künstler von Lichtphänomenen und Explosionen heimgesucht: »Wenn sich ein Mensch bewegt, sieht Garber eine Lichterscheinung an verschiedenen Körperstellen, einen ›Feuerstrahl‹. Es kommt auch vor, dass dieser Mensch in der Mitte auseinanderreißt und kleine Stücke in der Luft umherfliegen (…).«[9] Das »›Zerreißen des Menschen‹«[10] ist eines der zentralen Themen von Garbers Kunstwerken.

Roth ist das Heraussprengen der Werke aus dem Chaos nahe, er ist den Gugginger Künstlern im explosiven Arbeitsprozess ein Seelenverwandter. Das Zerreißen, Zerplatzen, Zerspringen zieht sich von Anfang an durch sein Schaffen. Bereits der 1972 veröffentlichte Kurzroman »How to be a detective. Ein Kriminalroman« ist durchsetzt von Explosionen und Bildern des Zerschlagens und Zertrümmerns. Von einer Welt wird berichtet, die in 69 Abschnitten in Brüche geht: »Kommissar Potter zog den Finger aus der Manteltasche und legte ihn auf den Tisch. ›Dies‹, sagte er, ›ist das Corpus delicti.‹ Der Amtsdiener hatte mittlerweile das Blut vom Boden aufgewischt und die explodierten Blumen in die Vase zurückgesteckt. (…) Er riss den Uhrzeiger aus und steckte ihn zu den Blumen in die Vase. Die Uhr tickte weiter. (…) Potter stellte die Flasche Chloroform auf das Fensterbrett. Der Fehler im Belag des Spiegels zerdehnte das Abbild des Raumes. Die Eingeweide zogen sich zusammen. Die Sonne schien. Mehrere Fensterscheiben zerbrachen. (…) Der Kommissar streckte den Finger aus und drückte den Klingelknopf. Im selben Augenblick zerriss eine ohrenbetäubende Explosion die Stille.«[11]

Garber will von Roth jetzt wissen, wann er wieder zu ihm komme. Roth erwidert, er komme auf jeden Fall wieder zu ihm, wahrscheinlich noch vor Weihnachten. Nach der Vergewisserung des Wiedersehens umarmen sich die beiden wie alte Freunde, die wissen, dass die Zeit kostbar ist. Roth lädt Garber zu sich in die Südsteiermark ein, sagt, wenn er zu ihm aufs Land komme, müssten sie einen Baum umsägen und die einzelnen Scheiben anmalen, viel Arbeit sei das, Garber müsse schneiden, bohren, malen. Garber spricht Roth auf den weiß gewordenen Bart an, und Roth fragt ihn, ob der weiße Bart ihm gefalle. Garber lacht, und ins Lachen hinein sagt Roth: »Den Freund Garber kenne ich schon vierzig Jahre, er ist der Letzte der Überlebenden der alten Garde. Vor dem ›Haus der Künstler‹ steht ein Strandkorb, ›PRIVAT‹ steht drauf, und der Aschenbecher ist gleich daneben in einen Baum eingearbeitet. Das Vogelhäusl ist auch schön, ich freue mich, ich freue mich aufs Wiedersehen.«

Oswald Tschirtners Elongationen

Die Reise nach Gugging ist auch eine Rückkehr zu zwei Künstlern, die schon vor Jahren verstorben sind. Der Künstler Oswald Tschirtner (1920–2007) und der Dichter Ernst Herbeck (1920–1991) haben das Zimmer miteinander geteilt. Tschirtner war im Zweiten Weltkrieg verschüttet. Beim Betrachten seiner Arbeiten öffnet diese Information einen Zugang zu seinem Werk: Kopf und Füße auf diesen Bildern wollen einer bedrückenden Realität entkommen.

Der »Kopffüßler« ist für den Psychiater und früheren Direktor Leo Navratil »ein besonderes charakteristisches frühkindliches Menschenschema, das man nicht selten in den Zeichnungen der Schizophrenen findet«.[12] Auf »Kopffüßler«-Arbeiten setzen Beine und Füße direkt an der unteren Rundung des Kopfes an. Auf Tschirtners Zeichnungen sind nicht nur Arme, Beine und Füße extrem in die Länge gezogen, der Kopf wirkt manchmal wie eine Verlängerung der Gliedmaßen, geht ohne eine Trennlinie direkt in die Beine über. Vielleicht ist in den »Kopffüßler«-Arbeiten der immense Wunsch zu spüren, in Bewegung zu sein, die Nervensignale direkt in die Beine und

Füße zu übertragen. Der Oberkörper ist ausgelöscht, existiert nicht, es ist, als würden Kopf und Beine gleichsam eine einzige Synapse bilden. Die »Kopffüßler« sind stets unterwegs, behaupten sich in der Welt mit mehreren Beinen – wie in Tschirtners »Ich«. Für Navratil gehört der Rückgriff auf das Kopffüßlerschema zu den Regressionsphänomenen der Psychose: »Gegenüber diesem ›Sichfallenlassen‹ besteht jedoch – besonders bei Oswald T. – eine ebenso starke Tendenz, sich anzuklammern – an die sozialen und realen Gegebenheiten unserer Welt (…).«[13] Navratil stellt Tschirtners Werke in einen Bezug zu Künstlern anderer Epochen und argumentiert, dass Tschirtners Neigung zur Elongation nicht ohne die Berücksichtigung halluzinatorischer Formkonstanten zu verstehen sei. Er weist außerdem darauf hin, dass sich die gleiche Neigung bei Parmigianino, El Greco und Giacometti findet.

Cornelia Offergeld schreibt in ihrem Katalogtext »Was aber ist Gugging?« zur Ausstellung »Kunst und Wahn« (Kunstforum Wien, 1997), dass Tschirtners Arbeiten auf »einfachen graphischen Formulierungen« basieren: »Seine streng gelängten ›Kopffüßler‹ sind immer wieder die gleichen, untereinander völlig beziehungslosen Figuren, ob sie nun ›Mann‹ oder ›Frau‹ heißen. Er führt sie aus, ohne die Feder abzusetzen (…). Man möchte an eine lakonische Verhöhnung der Welt glauben, wenn der Unterschied zwischen einer Figur auf einem Berg und einer Figur am Meer lediglich durch die Senkung einer einzigen Hintergrundlinie erwirkt wird. Tschirtner hat in seinen Zeichnungen eine Welt der völligen Ordnung konstruiert, in der die stereotype Wiederholung eines der gestalterischen Hauptelemente ist. (…) Gerhard Roth findet die Überwindung der Schwerkraft, die das Konstruieren eigenständiger Welten ermöglicht, in Pongratz' Schaffen wieder. Er schwärmt auch von einem ›Zustand der Unschuld‹. Damit schildert er zugleich eine weitere Facette des Faszinosums, das von den Guggingern ausging.«[14]

Die stereotype Wiederholung ist laut Navratil als »ursprünglichste Ordnungstendenz«[15] zu verstehen, es ist der Versuch,

»mit Hilfe der eigenen Körpermotorik etwas Gleichbleibendes, Dauerhaftes hervorzubringen«.[16] Der Körper ist sogar dann noch zu rhythmischer Bewegung in der Lage, wenn alle Verbindungen zur Außenwelt eingestellt sind. Selbst die Vorgänge in der Natur, wie in Tschirtners Zeichnung »Schneefall« vom 5. Januar 1972, werden nur der Stereotypie unterworfen. Tschirtners Schneeflocken fallen in zwölf Bahnen zu je sechzehn Schneeflocken zur Erde.[17] Beim Rundgang durchs Museum lässt Roth sich in der Dauerausstellung »101 Meisterwerke« vor einem großformatigen Tschirtner-Gemälde fotografieren, auf dem in serieller Aneinanderreihung »Kopffüßler« zu sehen sind.

Ernst Herbecks Schweigen

Mit dem Dichter Ernst Herbeck (1920–1991) stand Roth in symbiotischer Verbindung. Das Vertrauen des einen Dichters in den anderen entwickelte sich durch gemeinsames Schweigen, das »Eismeer des Schweigens«[18] hat den Austausch erst ermöglicht. Roth hat Herbeck einige Jahre vor der 1982 unter dem Pseudonym Alexander realisierten Publikation von ausgewählten Texten aus den Jahren 1961 bis 1981 kennengelernt.[19]

Roths besondere Aufmerksamkeit beim Gugging-Besuch gilt der von Gisela Steinlechner kuratierten Ernst-Herbeck-Ausstellung »Eine leise Sprache ist mir lieber«. Steinlechner schreibt in ihrer 1989 publizierten Studie »Über die Ver-Rückung der Sprache. Analytische Studien zu den Texten Alexanders«, dass »das ort- und namenlose, *ver-rückte* Subjekt den historischen, kulturellen und mythischen Figuren einen temporären Schauplatz (ein ›Sternschnuppen-Dasein‹)«[20] verleihe, »dessen plötzliches, gleißendes Aufleuchten die aufgestaute Energie des aus seiner kleinen, kontinuierlichen Identität aufgestörten ›Ich‹ mitten in die Welt entlädt.«[21]

Herbecks literarische Produktion könnte man als die Freisetzung eines Erniedrigten verstehen, dessen Schicksal schon in frühen Kindertagen in einer Erstarrung festgefügt schien. In »Mein Leben« heißt es: »Ich schlief zumeist im Wagen und der stand im Hof. und er stand an der Mauer.«[22] Dem Bild sind Enge und Angst eingeschrieben. Und auch die Art der Fortbewegung von Geisteskranken – sie suchen den Schutz einer Mauer und gehen in der Nähe der Wand einen Gang entlang, sie gehen »an der Mauer« und nicht in der Mitte des Ganges, wo Ärzte und Pfleger gehen. Die Verstörten und die Verlorenen finden sich am Rand der Gesellschaft wieder, sie gehen an den Mauern und Wänden entlang, um zumindest auf einer Seite geschützt zu sein. In Herbecks Gedichten geht es aber auch um ein Aufbrechen zum Anderen hin, und sei es nur in gelegentlichen Begegnungen einer nomadischen Existenz, den Tieren nahe, von denen, wie Steinlechner konstatiert, das »Überlebensprinzip«[23] übernommen wird: »Tiere fungieren als Signifikanten des Wunsches, als emblematische Modelle einer Überlebensstrategie, die nach Auswegen in einer erdrückenden Wirklichkeit, nach Öffnungen im Unerträglichen sucht (…).«[24]

Das Tier steht für Bewegung und ist dadurch ein Sinnbild des Lebens. Das Tier und sein Schweif, wie es in einem Text aus Kafkas Nachlass heißt, sind nicht zu fassen: »Es ist das Tier mit dem großen Schweif, einem viele Meter langen fuchsartigen Schweif. Gern bekäme ich den Schweif einmal in die Hand, aber es ist unmöglich, immerfort ist das Tier in Bewegung, immerfort wird der Schweif herumgeworfen. Das Tier ist kängeruhartig, aber uncharakteristisch im fast menschlich flachen, kleinen, ovalen Gesicht, nur seine Zähne haben Ausdruckskraft, ob es sie nun verbirgt oder fletscht. Manchmal habe ich das Gefühl, daß mich das Tier dressieren will; was hätte es für einen Zweck mir den Schwanz zu entziehn, wenn ich nach ihm greife, dann wieder ruhig zu warten, bis es mich wieder verlockt und dann von neuem weiterzuspringen.«[25]

Der Germanist Uwe Schütte betont in seiner Studie »Die Poetik des Extremen« (2006), Ernst Herbeck verschweige, wovon das Leben der Menschen abhängig sei. Man könne »aus

der wechselseitigen Abhängigkeit der Tiere untereinander,«
so Schütte, »auf eine analoge Abhängigkeit des Menschen mit
der Tierwelt« schließen: »Über die Abhängigkeit seiner Person
von einem bestimmten Tier gab Herbeck allerdings Auskunft.
Sebald hat in seinem Nachruf auf Herbeck den Hasen als dessen Totemtier bestimmt. Analogisch denkend, wie es für die
›pensée sauvage‹ kennzeichnend ist, muß er den Geburtsfehler
der Hasenscharte als ›das Emblem der Spaltung‹ interpretiert
haben.«[26]

An den Beginn der Gugginger Ernst-Herbeck-Ausstellung
hat Kuratorin Steinlechner folgendes Gedicht gesetzt, das Roth
auch durch den Bezug zum Fußball berührt. Das Gedicht hat
den Titel »Wir Lebenden«: »Wir Lebenden haben nur eine /
Pflicht; – die Zeit zu verwerten. / Man läuft Schlittschuh – den
Tag / hinein. Man spielt einen schönen / Fußball; und schaut
interessiert / zu.«[27]

Roth taucht wieder in Herbecks Welt ein. Im Laufe von sechzehn Jahren hat er Herbeck mit langen Unterbrechungen immer wieder getroffen, »und immer waren Trauer und Schweigen«[28] um den Dichter, wie es im Text »Einige persönliche
Erinnerungen an Ernst Herbeck« von 1994 heißt, entstanden
drei Jahre nach dessen Tod. Roth hat Herbeck nie lächeln oder
lachen gesehen: »Ich bin mir aber sicher, dass er Humor hatte,
das heißt, dass er die tragische Seite der Welt erfuhr und ihre
lächerliche dadurch kannte.«[29] Bei den Besuchen hat Roth mit
Herbeck stumm auf dem Gang gesessen und hat mit ihm eine
Zigarette geraucht. Je näher Roth den in sich gekehrten Dichter
kennenlernt, desto mehr sagt er sich, dass Herbeck nicht zu
helfen sei. Er habe »viel von ihm gelernt, von seinem Schreiben und seinem Schweigen. Ernst Herbeck war eine unver-
gessliche Persönlichkeit. Sein Schweigen war nicht feindselig,
sondern tief. Ohne dass er je einen Vorwurf aussprach, fühlte
man sich schuldig. (…) In den letzten Jahren zog er sich immer
mehr – und noch weiter –, so weit, wie es möglich war, in sich
zurück.«[30] Einmal hat Herbeck Roth ein handgeschriebenes
Gedicht ohne Titel geschickt, das dem Empfänger nicht nur

wegen der Motive von Freiheit und Verschwinden nahegeht, sondern auch wegen der engen Beziehung zu den Krähen, von denen Roth zahlreiche Fotografien aufgenommen hat, besonders von jenen, die im Innenhof der Wiener Wohnhauses am Heumarkt die Abdrücke ihrer Krallen im Schnee hinterlassen. »Frei sein wie ein echter Vogel / fliegt sie dahin die Nebelkrähe / Fast stür in den Wind und / auch in Schären, fliegt / Sie dahin, die Nebelkrähe.«[31] Im Schweigen und in der Spur, die ein Lebewesen auf Erden hinterlässt, ist Roth dem einsamen Dichter Herbeck nahegekommen.

Wir stehen im Freien. Direktor Feilacher erläutert uns, die Wand oben am Hügel vor dem Haus sei eine temporäre Installation. Roth ist in sich gekehrt, er kommt noch einmal auf die NS-Zeit zu sprechen: »Was Hitler unwertes Leben genannt hat, würde es hier, in Gugging, nicht mehr geben, und wir würden nicht wissen, was in den Menschen vor sich geht …, man sieht, was für wunderbare Bilder in den Menschen aufsteigen und sie können sie in Form und Farbe fassen.« Es sei für sie nicht deprimierend, sagt Senta Roth, wenn man hier weggehe. Nur ein einziges Mal, fügt Roth hinzu, sei er mit einem bedrückenden Gefühl von Gugging weggegangen: »Nach einem Faschingsball, alle waren verkleidet, das hat mich hergenommen, ich bin heimgefahren, den Nachmittag nur auf dem Bett gelegen und habe nachgedacht. Wenn die sich maskieren … Ich tröstete mich damit, dass sie es gern gemacht haben.«

August Walla: Im »Ewigkeitendeland«

Während der Rückfahrt zeigt Roth zu einem Friedhof auf einer kleinen Anhöhe hin, auf dem mehrere Gugginger Künstler begraben liegen. Er habe den Ort mehrmals aufgesucht. August Walla sei jedoch in Klosterneuburg begraben, und er habe das Grab dort noch nicht gesehen, er werde dies aber bald nachholen. Es sei traurig, wenn er sich vorstelle, dass die Künstler, die er gut gekannt habe, auf dem Friedhof dort oben auf dem Hang zu Grabe getragen worden seien, aber Walla und die anderen gestorbenen Gugginger Künstler lebten in ihm weiter. Roth hat in seinen Text »Mir wird mein Leben lästig schon. Über den österreichischen Künstler August Walla« eine Überlegung von Leo Navratil aufgenommen. Der Psychiater berichtete, dass Walla im »Ewigkeitendeland« fortleben wollte, »aber es überkommt ihn bisweilen der Wunsch, von allem nichts mehr zu wissen, nichts mehr zu empfinden und zu fühlen«.[32] Roth geht in seinem Walla-Text noch näher auf diesen Wunsch ein und bringt ihn mit den herzlosen Zuständen in Österreich in Verbindung: »Immer wieder hat er in Worten und Zeichnungen gespielt, sich selbst zu verbrennen. Er kündigt auch an, er werde sich mit Rauschgift das Leben nehmen, und hat erwogen, sich von einem Wolkenkratzer zu stürzen, zu erfrieren, mit dem Essen aufzuhören oder sich zu erschießen beziehungsweise erschießen zu lassen. Anstelle eines Vaters hatte Walla seit seiner Geburt den anonymen Staat, den er nur von seinen Emblemen und seinen unerbittlichen, kalten Umarmungen des Einsperrens und Reglementierens kennenlernte. Kann ein Vater aus Fleisch und Blut tödlicher sein?«[33]

Johann Feilacher, erzählt Roth, habe ihn einmal nach einer Führung vor Publikum gefragt, welchen Wunsch er in Gugging erfüllt haben möchte. Er habe geantwortet, er würde gern einmal eine Nacht im Walla-Zimmer verbringen, Senta habe daraufhin gesagt, das müsse er allein machen, sie lehne das strikt ab, allein habe er im Walla-Zimmer die Nacht jedoch nicht verbringen mögen.

Franz Kafka: *Unversehrter Schnee am Morgen*

Roth bittet seine Frau Senta bei der Rückfahrt nach Wien in Kierling bei Kafkas Sterbehaus anzuhalten. Wir steigen aus und blicken zum Balkon hoch, auf dem Kafka seine letzten Tage verbracht hat. Roth kommt auf Rotraut Hackermül-

1 In den USA: Am Strand von Santa Monica, 1978

2 Zabriskie Point, Kalifornien, 1978

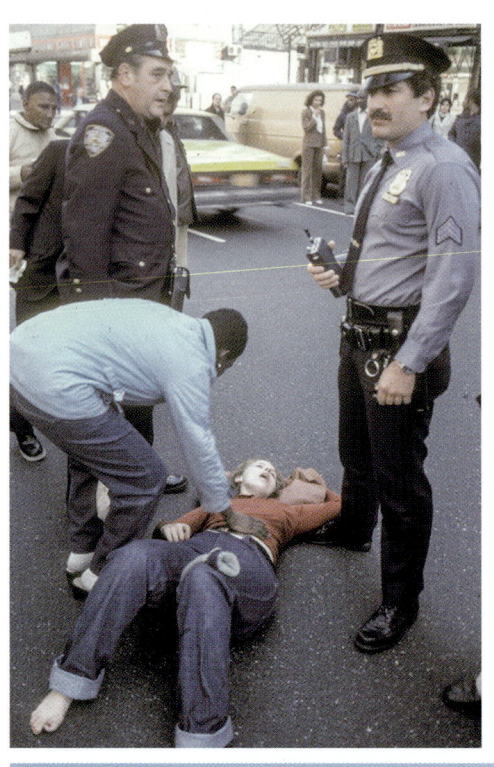

3 Straßenszene in New York, 1972

4 USA: »Moby's Dock«, 1972

5 Mit Wolfgang Bauer in New York, 1972

6 New York vor der alten Hafenruine, 1972

7 Wadi Natrun: Mönche in einem koptischen Kloster, 1999

8 Auf dem Weg nach Memphis in einem kleinen Dorf, 1999

9 Japanische Schulkinder, Kamakura, 1996

10 Pfad um den Krater des japanischen Vulkans Aso, 1996

11 Klosterhof auf dem Berg Athos

12 Ouranopolis: Ein Fischer verarbeitet einen Octopus, 1997

13 Impressionen
vom Berg Athos, 1997

14

15 Mit dem Dichter Ernst Herbeck im Gugginger »Haus der Künstler«

16 Mit August Walla in dessen Zimmer im Gugginger »Haus der Künstler«

17 Oswald Tschirtner im
Gugginger »Haus der Künstler«

18 Johann Garber im Gugginger
»Haus der Künstler«

19 Der Maler Günter Brus in Obergreith, 1985

20 Der Maler Peter Pongratz in Obergreith, 2008

21 Mit Verlegerin Monika Schoeller in Kopreinigg 7, 1992

22 Mit Wolfgang Bauer in Obergreith, 1982

23 Südsteiermark im Winter 1979

24 Gerhard Roth vor dem Haus in Obergreith, 1979

5   Senta Roth in Obergreith, 1980

26   Senta und Gerhard Roth, Obergreith, um 1978

27 bis 30
Gerhard Roth
und sein
»Moby Bien«

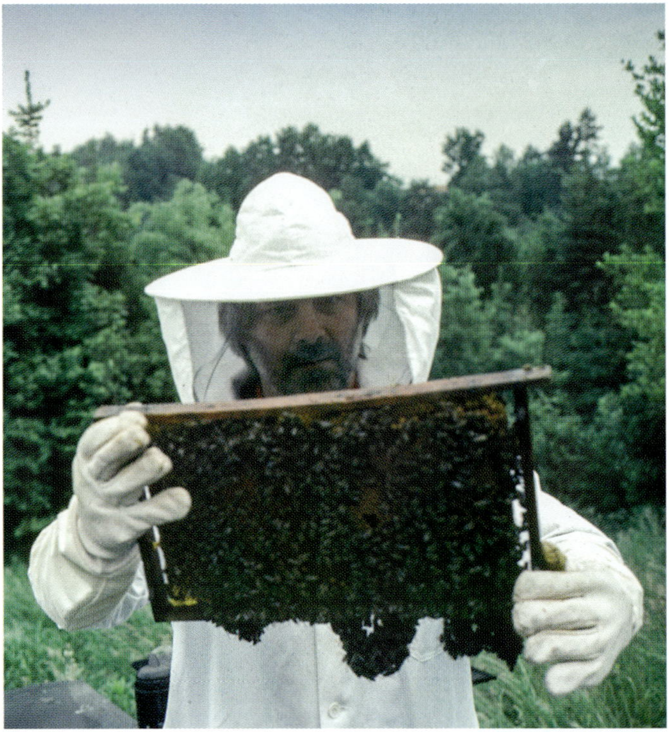

28

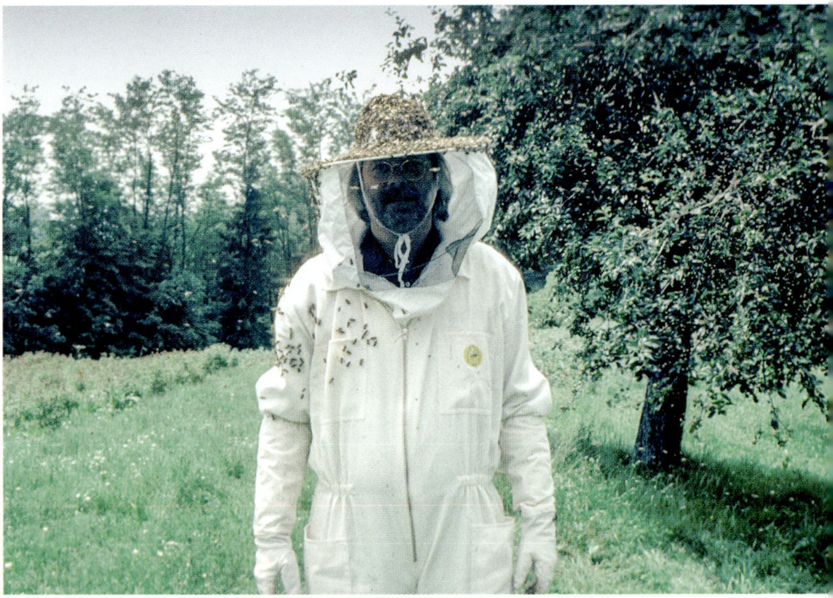

29

30

31 Wanderdichter Gerhard Roth: Erwanderung der »minderen Geschichte«, 1979

lers Kafka-Monografie »Das Leben, das mich stört. Eine Dokumentation zu Kafkas letzten Jahren 1917–1924« (1984) zu sprechen, in der berichtet wird, dass man Kafka einmal allein im Einspänner »durch die Frühjahrsmaskerade der Natur in Richtung Gugging, wo sich eine Irrenanstalt befindet, in den Wald fahren«[34] sah: »Er fällt auf durch sein überaus gepflegtes Aussehen, durch den dunklen Anzug und durch die dunklen Haare und Brauen, die in besonderem Gegensatz zu seiner durchsichtigen Blässe stehen. Dass er Franz Kafka ist, wissen nur wenige, dass er ein Dichter ist, niemand.«[35] Kafka litt an Kehlkopftuberkulose, und das Haus der Künstler war anfangs ein Heim für Tuberkulosekranke. Vielleicht war er dort zu einer weiteren Untersuchung gewesen. Die Ärzte in Wien hatten ihn schon aufgegeben. In seinen letzten Tagen wehrte Kafka sich in Dr. Hoffmanns Sanatorium gegen eine weitere Behandlung, er dachte an die Bergpredigt und sagte zu sich, die Lilien auf dem Felde brauchten keine Injektionen. Kafka starb am 3. Juni 1924.

Vom hölzernen Geländer der Balkone vor fast hundert Jahren ist nicht mehr viel zu sehen, das Holz von Kafkas Balkon wurde verkauft, um die Gedenkstätte in der Hauptstraße 187 im ehemaligen Sanatorium zu finanzieren. Neben Kafkas Sterbehaus wird ein Supermarkt umgebaut. In den Baulärm hinein sagt Roth und zeigt auf das Gebäude: »Da sieht man ein Stück von dem Balkon, auf dem Kafka mitunter gelegen ist, um frische Luft zu bekommen. Ein paar alte Häuser hier lassen auch noch an Kafka denken. In Prag sind Senta und ich mit dem Taxi zu seinem Grab gefahren. Es gibt zwei, drei große Friedhöfe in Prag, der eine ist der alte jüdische Friedhof, dort liegt er nicht. Am städtischen liegt er auch nicht. Man muss die Stadtgrenze hinter sich lassen, um zu seinem Grab zu gelangen. Wir bekamen dort Zugang zum neuen jüdischen Friedhof, obwohl er an dem Tag gesperrt war. Ich sagte, ich komme aus Wien und möchte unbedingt Kafkas Grab sehen, und auf einmal gaben sie den Friedhof frei. Wir waren anschließend auch am alten jüdischen Friedhof beim Grabstein des berühmten Rabbi Löw.«

Auf die Frage, was er am Grab von Kafka gesucht habe, gibt Roth eine allgemein gehaltene Erklärung: »Ich kann eigentlich nicht beantworten, weshalb ich Gräber von Schriftstellern oder Künstlern aufsuche. Etwas meldet sich einfach in mir, und ich gebe dem Impuls nach. Wenn ich am Grab stehe, bin ich ruhig und leer. Sobald ich wieder nach Hause komme, vertiefe ich mich einen oder zwei Tage in die Werke der betreffenden Person. Bei Kafka ist es eine lebenslange Beschäftigung mit seinem Werk, wie bei Melville, Dante, Shakespeare oder Büchner. Der neue jüdische Friedhof, auf dem Kafka unter einem großen kristallförmigen Grabstein begraben liegt, ist wie ein sichtbarer, aber nicht hörbarer Monolog der Toten. Ich hatte sogar Empfindungen wie beim Lesen seiner Bücher. Ich war allein mit ihm, aber es fiel mir nichts ein, was ich ihm hätte sagen sollen. Am selben Tag, vor ungefähr 25 Jahren, habe ich das Haus Nr. 22 in der Alchemistengasse besucht, in dem Kafka die Erzählungen für den Band ›Der Landarzt‹ geschrieben hatte. Das war damals nur wenig touristisch erschlossen. Er wohnte dort mit seiner Schwester Ottla, und ich dachte an den Brief, den er darüber verfasst hat. Ich erinnerte mich, dass er darin auch seine Freude über den Schnee notierte, den er in der ruhigen Gasse – er wollte sich beim Schreiben wie eine Maus verkriechen – unversehrt am Morgen vorgefunden hatte.«

Der Besuch bei den Gugginger Künstlern ist von Erinnerungen an Sigmund Freud und Franz Kafka umschlossen. Freud und Kafka haben, so Roth, in tiefster Weise ins Unbewusste und in den Albtraum der menschlichen Existenz geblickt, und auch die Gugginger Künstler haben ihm entscheidend geholfen, jene Barriere zu durchbrechen, die die Ratio vor dem Irrationalen errichtet. Wie nahe die Fundamente von Roths schriftstellerischer Arbeit beieinanderliegen: Freuds »Traumdeutung« am Cobenzl, der Albtraum von Kafkas Literatur und Kafkas Ende in Kierling sowie das »Haus der Künstler« in Gugging. Geographisch gesehen sind die drei Orte nur sechzehn Kilometer voneinander entfernt. Schriftstellerisch betrachtet, haben Freud, Kafka und die Gugginger Künstler für Roth ein unermessliches Areal eröffnet, in dem sich Roth einnisten konnte.

Nach dem Besuch bei den Gugginger Künstlern kommt dem Verfasser ein Gespräch in den Sinn, das der Schriftsteller Georg Pichler mit Roth für das von Marianne Baltl und Christian Ehetreiber herausgegebene »Gerhard Roth«-Dossier (1995) geführt hat. Roth erzählt darin, dass er über den Psychiater und Kunsthistoriker Hans Prinzhorn und den Psychiater Leo Navratil mit der Dichtung und Malerei der Geisteskranken in Berührung gekommen sei und er dadurch begonnen habe, diese Arbeiten als »Vorbilder«[36] für sich zu sehen: »Die Patienten drückten ihre Individualität extrem aus, auch auf die ›Gefahr der Unverständlichkeit‹ hin. Ich hatte später das Bestreben, so extrem individualistisch zu schreiben, dass ich nicht unbedingt verstanden werden wollte. Beim *einstein* waren bestimmte Passagen so gemacht, dass sie mir nur ganz allein gefallen sollten. Ich habe in dieser Phase keinen Wert darauf gelegt zu kommunizieren, sondern im Abbruch der Kommunikation die höchste Kunst gesehen habe, im Verwirren des Lesers, um in ihm das auszulösen, was in mir der positive Schock der geisteskranken Kunst ausgelöst hat. Durch das Durcheinanderwirbeln der logischen Vorstellungen sollte im Leser ein schöpferischer Funke entstehen, wie es bei mir der Fall war.«[37]

Doch nicht nur die Arbeiten der Gugginger Künstler haben in Roth die Schleusen zum Unbewussten hin geöffnet, auch der Surrealismus, Expressionismus und Dadaismus, die nach dem NS-Regime »wie nach einem Schiffbruch als Fässer und Trümmer aus der Tiefe wieder aufgetaucht sind«[38], waren für Roth wichtige Orientierungspunkte: »Man klammerte sich an ihnen fest, und es war für meine Generation auch so, als wenn wir im eiskalten Wasser auf hoher See dahinschwammen, in diesem dunklen Graz. Einem Buch war man oft näher als etwa seinen eigenen Eltern. (…) Graz war ein kulturloser Raum, in dem Sinne, dass es keine Tradition von Schriftstellern gab, die wir aufsuchen hätten können.«[39] Für Roth füllte die Begegnung mit den Gugginger Künstlern das künstlerische Vakuum, das die NS-Zeit hinterlassen hatte.

Roths literarisches Schaffen ist eine Vermittlung im Fragment, eine Assemblage von zerbrochenen Teilen und versprengten Splittern. Die Gugginger Künstler wiesen Roth Mitte der 1970er Jahre einen Weg, der das traditionelle Erzählen sprengte, sie gaben ihm das Vertrauen, sich auf a-logische Erzählstränge und Handlungspartikel einzulassen, und sie stärkten das Empfinden für eine Welt, in der – wie im Epos »Landläufiger Tod« – durchnummerierte Notationen neben Entwürfen für eine neue Schöpfung stehen können. Roth ging es um das Überschreiten von Grenzen, um eine Bricolage, in der es neben dem Blick in ferne Galaxien um die Beobachtung von Schmetterlingen und die Betrachtung von Rostspuren ging. Die Gugginger Künstler halfen ihm, den Wunsch abzulegen, schließlich ihn sogar gänzlich aufzugeben, mit seinem Schaffen verstanden zu werden. Roth machte sich ihre Maxime zu eigen, eine eigene Spur zu ziehen, den aus Fotos und Notizen entstandenen Romanen und Essays seine Form und Signatur zu geben.

Das »Haus der Künstler« ist für Roth im Laufe der Jahre zu einer Bastion geworden, auf die er sich in seinem Schreiben immer beziehen konnte. Von den Gugginger Künstlern übernahm er die Elongation, die Ausformung und Ausdehnung einer Weltbetrachtung in Serien und Zyklen, und die dabei notwendige Versenkung ins Detail. Die verschiedenen Erzählformen erscheinen dabei als Heterotopien, als Manifestationen einer überbordenden Phantasie.

Alchemie des Glases: Joseph Cornells »shadow boxes«

Roth freut sich schon seit langem auf die Joseph-Cornell-Ausstellung »Fernweh« in Wien. Als wir Anfang Dezember 2015 zum Kunsthistorischen Museum fahren, erzählt Roth, der amerikanische Künstler habe von seiner Geburt 1903 bis zum

Tod 1972 den Bundesstaat New York nie verlassen. In seinem Atelier am Utopia Parkway in Queens aber habe Cornell die Welt bereist, seine »shadow boxes« hätten ihn in ferne Länder gebracht. Seine Lieblingsdichterin sei Emily Dickinson gewesen, auch sie habe die engen Grenzen ihrer Umgebung nicht verlassen.

Vor dem Besuch der Ausstellung – Jasper Sharp und Sarah Lea kuratierten sie für die Royal Academy in London und das Kunsthistorische Museum – besucht Roth die Generaldirektorin Sabine Haag. Roth bringt das Gespräch auf Fragen der Restaurierung von Kunstwerken, die in seinem nächsten Roman eine gewisse Rolle spielen. Die Generaldirektorin versichert ihm, dass er mit seiner Darstellung einer Gemälderestaurierung lege artis vorgehe. Roth erzählt, Cornells Arbeiten seien ihm schon vor vielen Jahren ans Herz gewachsen, Aufenthalte in Venedig habe er immer genutzt, um das in der dortigen Guggenheim-Collection präsentierte Cornell-Werk zu betrachten und in seiner Tiefendimension zu ergründen.

Vor allem der Glaskasten mit dem die Zukunft voraussagenden Papagei und der Drehleier sowie die Box »Setting for a Fairy Tale« von 1942 haben es Roth angetan, in der ersten geschehe die Verbindung der Tierwelt mit der der Menschen auf engstem Raum, in der zweiten sei eine Juxtaposition von Natur und Kultur gegeben – aus den Dächern des Pariser Château de Madrid ragen kahle Zweige. Die Kunsthistorikerin Elizabeth C. Childs weist darauf hin, dass Cornell von seinem Kelleratelier aus die Welt erforschte. Das um 1939 entstandene Werk »Untitled (Fortune Telling Parrot for Carmen Miranda)« deutet Childs als zerbrochene Einheit von Musik und Melancholie: »Die Arbeit an seinen Schaukästen im Keller wurde ein Ersatz fürs Reisen, die Anordnung von imaginären Andenken, die die Aufregung einer Reise herbeiführen. ›Fortune Telling Parrot‹ lässt viele Assoziationen mit exotischen Reisen zu. Zunächst erinnert die Konstruktion selbst an eine Drehleier und evoziert die künstlerische Welt eines Gypsy-Musikers. Der Pagagei selbst ist ein allgemeines Attribut des umherziehenden Wahrsagers.«[40] Für die Kuratorin Sarah Lea sind die an der Vorderseite mit Glas versehenen Schaukästen Fenster, die den »Blick auf eine gewaltige Wanderlust eines unerschöpflich neugierigen Geistes«[41] freigeben.

Bei der Führung durch die Ausstellung sagt die Kunsthistorikerin Friederike Forst-Battaglia, der amerikanische Künstler sei ein »Benevenuto Cellini des Strandguts«. Cellini hat zwischen 1540 und 1543 im Auftrag von Franz I. von Frankreich aus Goldblech und Ebenholz ein Salzfass geschaffen, die weltberühmte »Saliera«, auf der Poseidon mit Dreizack das Meer und Amphitrite die Erde darstellen. Winde, die Tageszeiten und Tätigkeiten der Menschen bilden den Sockel der »Saliera«, Meer und Erde sind im Zusammenspiel vereint. Cornell habe sich im Gegensatz zu Cellini, so Friederike Forst-Battaglia, bei der Materialauswahl von den Gegenständen leiten lassen, die Spuren von Zerstörung und Zersetzung tragen, er habe in seinem Schaffen eine zu Cellini antipodische Welt aufleuchten lassen. Die Verbindung zwischen Cornell und Cellini sei der beiderseitige Wunsch, den Mikrokosmos in den Griff zu bekommen. Cornells Leben sei eine gerade Linie, zehn Jahre lang sammle er Ramsch. Er sei immer gereist, aber nur im Kopf, im Herzen, von Sehnsucht getrieben. Er habe manische, depressive, autistische, pedantische, erotomane Züge, der Bruder sei schwer geistesbehindert gewesen. Roth betont, Cornell habe sich um ihn bis zum Tod gekümmert, er habe mit Mutter und Bruder zusammengelebt. Cornell sei zunächst Textilvertreter gewesen und habe 1931 seine Arbeit verloren. Wenn Mutter und Bruder schliefen, habe er nächtens am Küchentisch sitzend Fotos aus Zeitungen und Reiseprospekten ausgeschnitten und Collagen angefertigt. Cornell sei, so die Ausführungen der Kunsthistorikerin, ein begeisterter Besucher der New Yorker Galerien gewesen. Bereits Anfang der 1930er Jahre wirke Cornell in einer Surrealismus-Ausstellung mit, dadurch werde er gleich in die Nähe von Dada und Surrealismus gerückt, er habe sich selbst dagegen gewehrt, sage, seine Kunst sei keine Über-Wirklichkeit, sie sei seine Wirklichkeit. Literarisch sei er von Hans Christian Andersen, den Brüdern Grimm und von Charles Perraults Märchensammlung »Histoires ou Contes du temps passé« (»Geschichten oder Erzählungen aus alter Zeit«) des späten 17. Jahrhunderts geprägt worden. Beim Anblick von Cornells frühen Arbeiten stellt Roth eine Beziehung zu Max Ernst und Marcel Duchamps her, Duchamps habe der Mona Lisa einen Spitzbart gemalt, Cornell teilte Gesicht und Hände der Mona Lisa, collagierte ihr Gesicht in eine Dose und die übereinandergelegten Hände in den Deckel. Im Gegensatz zu Duchamps, fährt die Kunsthistorikerin fort, gehe Cornell »mit den Alten Meistern wesentlich respektvoller um, er hat eine unglaubliche Bewunderung für unser schönes, altes, geplagtes Europa, sehnt sich ewig über den Ozean und kommt nie an. Ungestillte Sehnsucht, ungestillte Liebe auch.«[42]

Roth fühlt sich zu einer »shadow box« hingezogen, die einen Knaben aus der Dynastie der Medici zeigt: »Pinturicchio Boy« wird dieses zwischen 1942 und 1952 entstandene Werk ohne Titel genannt. Ein Knabe an der Schwelle zum Mann, der Blick ist in die Ferne gerichtet, als würde er ergründen wollen, welches Schicksal die Zukunft für ihn bereithält. In den Seitenfächern befinden sich Spiegel und collagierte Würfel aus Holz, ein Baedeker-Führer von Venedig und eine Metallspirale. Es sind Objekte, die die Wechselfälle des Lebens und die Vademecums der Reisen symbolisieren. Im unteren Teil der »shadow box« sind Architekturpläne zu sehen, auch sie stehen für zukünftige Projekte. Für die Kuratorin Sarah Lea erinnern die den Knaben umgebenden Gegenstände daran, »dass er der Gnade des Glücks oder Zufalls unterworfen ist, wobei in der Vielfalt der Bilder zu seinen beiden Seiten mögliche Schicksale aufflackern. Spielwürfelartige Formen im unteren Abteil unterstreichen die Bedrohung durch den Zufall, während die auf die inneren Glasscheiben gemalten Linien das Fadenkreuz des Zielfernrohrs eines Gewehrs evozieren.«[43] Roth zieht diese Deutung in Bann. Er beugt sich nach vorne, um wie ein Jäger die schwarzen Fadenkreuzlinien auf dem Gesicht des Knaben betrachten zu können. Er sagt zum Glaskasten hin: »Man hat auch das Gefühl, dass man selbst der Schütze ist, man bedroht sich selbst, man schießt als Erwachsener auf das Kind, das man einmal war.«

Am Ende des Rundgangs kehren wir zum »Soap Bubble Set« von 1941 zurück. Aus einer holländischen Tonpfeife steigen Seifenblasen auf. Die Seifenblasen sind runde Glasscheiben, sehen wie Objektträger für Mikroskope aus. Zwischen den Glasscheiben befinden sich Bilder von Schnecken und Ammoniten. Die Ammoniten sind Kopffüßler und leben ausschließlich im Meer, ihre Herkunft reicht weit in die Frühgeschichte der Erde zurück. Roth sagt, in diesem Kasten seien Strandspaziergänge zu sehen: »Genau das interessiert mich. Mein nächstes Buch fängt mit dem Strandspaziergang eines Menschen an, der diese Gegenstände aufhebt, er hat eine Bibliothek zu Hause, hat ein reiches Innenleben, da habe ich mich ein wenig an Cornell angelehnt. Das Zusammenspiel von Seifenblasen und Schnecken ist etwas Besonderes, das ist eine schöne Verbindung, die einem vielleicht auch hilft, die Welt ein wenig besser zu verstehen. Und wenn man noch weiter zurückgeht, kommt man zum Augenblick der Ewigkeit. Es fasziniert mich, dass man dreißig Jahre einen Koffer mit Briefen, Zeitungsausschnitten, Bildern und Bildchen füllt, die einem wichtig sind, und dazu eine Geschichte erfindet.« Für Emily Dickinson gehört dieses Füllen und Erfinden zum Handwerk des Dichtens: »This was a Poet – / It is That / Distills amazing sense / From Ordinary Meanings / And Attar so immense // From the familiar species / That perished by the Door – «[44] In der Übertragung von Gunhild Kübler lauten diese Verse: »Das war ein Dichter – / Jener nur / presst wunderbaren Sinn / Aus Landläufigem Inhalt – / Und lässt Essenzen rinnen // Aus den vertrauten Arten / Die welkten vor der Tür – «[45]

Ambulante Häutungen des imperialen Wien

Der Kunstkritiker und Publizist Karl Scheffler hat in seiner 1910 erschienenen »Berlin«-Studie die Bürger als materialistische Eigenbrötler gegeißelt und gegen Ende seine Reflexionen über das Schicksal der Metropole zu einer Überlegung gebündelt, die im Laufe der Jahrzehnte den Rang einer Maxime erhalten hat: »Berlin aber will Liebe auch gar nicht von seinen Bewohnern. Ist der Geist der Stadt nicht im tiefsten national, so ist er doch auch nicht sentimental. Wie mit einem Witzwort der Selbstironie hilft sich dieses hart determinierte Stadtindividuum über die verborgene Tragik seines Daseins hinweg. Über die Tragik eines Schicksals, das (…) Berlin dazu verdammt: immerfort zu werden und niemals zu sein.«[1] Bei der Donaumetropole hatte sich bis zum Zusammenbruch des Sozialismus im Gegensatz zur Stadt an der Spree eher die Empfindung eingestellt, Wien sei dazu verdammt, immerfort zu sein und niemals zu werden. Ganz davon abgesehen, dass Wien die Liebe seiner Bewohner will und höchst allergisch auf seine Kritiker reagiert.

Nach der Erkundung des südsteirischen Landstrichs ist Roth von der Peripherie ins Zentrum von Österreich aufgebrochen, um seine von Michel Foucault inspirierte Analyse der Macht, ihrer Hierarchien und Strukturen, an ausgewählten Institutionen fortzusetzen. Von seiner Wohnung aus, Am Heumarkt in der Nähe des Stadtparks gelegen, hat Roth seine Expeditionen unternommen, die ihn in Keller und ins Kanalsystem und empor zur Spitze des Stephansdoms geführt haben. Aus diesen Recherchen, zunächst für die Magazine der Hamburger Wochenzeitung Die Zeit und der Frankfurter Allgemeinen Zeitung unternommen, entwickelten sich eigenständige und erweiterte Essays, die in »Eine Reise in das Innere von Wien«[2] (1993) publiziert wurden. Dieses Buch bedeutete den Übergang vom Land in die Stadt und bildete als siebter Band den Abschluss des Zyklus »Die Archive des Schweigens«. Mit neun Essays über »Das k. k. privilegierte Hetztheater«, das Labyrinth der unterirdischen Kanalisation, die Leopoldstadt, die »Hitlervilla«, den »Narrenturm«, das »Haus der schlafenden Vernunft« in Gugging, den Stephansdom, das Heeresgeschichtliche Museum, die Justizanstalt Josefstadt – wegen der Kleidung der Häftlinge von Anfang an im Volksmund »Das Graue Haus« genannt – wurde die erste Annäherung an Wien unternommen.

In einem Abstand von ungefähr fünfzehn Jahren folgte die zweite Erkundung, sie wurde 2009 unter dem Titel »Die Stadt. Entdeckungen im Inneren von Wien«[3] veröffentlicht. Aus dieser Monographie ging die dreiteilige TV-Dokumentation »Die Stadt. Streifzüge durch Wien mit Gerhard Roth«[4] hervor, die die Regisseurin Elisabeth Scharang realisierte. Auf der 2014 erschienenen DVD sind zwei Überlegungen von Roth abgedruckt, die sich wie Wegweiser zu den beiden Herzkammern von Roths Werk verstehen lassen. In der ersten ist das Verlangen nach einer anderen Welt zu spüren: »Schon als Kind habe ich das Verhalten von Geisteskranken als Rebellion gedeutet. Ich habe manchmal eine geheime Sehnsucht nach dem Wahn und nach der Gedankenfreiheit der Geisteskranken.«[5] In der zweiten Maxime finden sich Anklänge an die japanische Ästhetik des *Wabi-sabi*: »Im Kleinen das Besondere entdecken. Im Hässlichen das Schöne finden.«[6]

Ende Januar 2016 kommen Gerhard Roth und seine Frau Senta nach Wien. Wir suchen zusammen an drei aufeinanderfolgenden Tagen Stätten und Institutionen auf, die für Roth eng mit der österreichischen Geschichte verknüpft sind. Für Roth ist es eine Rückkehr an einige jener Orte und Institutionen, die er in seinen Essays seziert hat.

25. Januar 2016

Die Abfahrt verzögert sich, Roth will unbedingt einen peruanischen Schal tragen, den er vom Musiker und Schriftsteller Ernst Molden bei einem Konzert geschenkt bekam. Es ist wie verflixt, der Schal hat sich gut versteckt, Senta Roth findet ihn schließlich in einer Schublade. Roth sagt, er lege auf solche Details Wert, der Schal aus Peru sei heute sein Reisebegleiter. Als erstes Ziel hat Roth die Gedenkstätte Heldenberg in Niederösterreich ausgewählt, eine Autostunde von Wien in der Gemeinde Heldenberg gelegen. Auf der Fahrt sagt Roth, er habe »Österreichs große Geschichte« durchleuchtet, »an diesem allgemeinen Bewusstsein der Größe« habe er sich »vergriffen«, er habe das zu einer Zeit getan, in der die kritische Betrachtung der Geschichte der Habsburger alles andere als eine Selbstverständlichkeit gewesen sei.[7]

Wir kommen auf Friedrich Nietzsches Schrift »Vom Nutzen und Nachteil der Historie für das Leben« zu sprechen, darin wird zwischen der monumentalischen, antiquarischen und kritischen Art unterschieden, die Vergangenheit zu betrachten. Ein Mensch, der Großes schaffen will, bemächtigt sich der Vergangenheit mittels der monumentalischen Historie, wer im Gewohnten und Altverehrten verharrt, pflegt eine antiquarische Geschichtsbetrachtung, »und nur der, dem eine gegenwärtige Not die Brust beklemmt und der um jeden Preis die Last von sich abwerfen will, hat ein Bedürfnis zur kritischen, das heißt richtenden und verurteilenden Historie«.[8] Für Nietzsche muss ein Mensch von Zeit zu Zeit die Kraft haben, »eine Vergangenheit zu zerbrechen und aufzulösen, um leben zu können«[9], doch da wir »nun einmal die Resultate früherer Geschlechter sind, sind wir auch die Resultate ihrer Verirrungen, Leidenschaften und Irrtümer, ja Verbrechen; es ist nicht möglich, sich ganz von dieser Kette zu lösen«.[10] Für Nietzsche ist die kritische Historie gleichsam der Versuch, sich a posteriori eine Vergangenheit zu geben, aus der man stammen möchte, »immer ein gefährlicher Versuch, weil es so schwer ist, eine Grenze im Verneinen des Vergangenen zu finden, und weil die

zweiten Naturen meistens schwächlicher als die ersten sind«.[11]
Für den mit der ersten Natur Kämpfenden gibt es den Trost,
dass »jede siegende zweite Natur zu einer ersten wird. -«[12]
Auf die Frage, ob er Arno Schmidts Kommentar zu Nietzsches
Geschichtsbetrachtung kenne, schüttelt Roth den Kopf. Am
Ende von »Tina *oder über die Unsterblichkeit*« heißt es: »*Vom
Nutzen und Nachteil* der Historie für das Leben‹ murmelte ich.
›*Sehr* richtig!‹ versetzte sie (= Tina) nachdrücklich: ›also Nach-
teil!‹ – «[13]

Roth hat den gefährlichen Versuch unternommen, in detail-
lierten Analysen aufzuzeigen, welche Gewalt und Grausamkeit durch die Herrscherdynastie der Habsburger in die Welt
gekommen ist. In einem 2013 von der Gedenkstätte in Auftrag
gegebenen Werbevideo wird der Heldenberg als »Berg der
Superlative«[14] gepriesen. An den Beginn der vom Bundesministerium für Bauten und Technik herausgegebenen Publikation »Der Heldenberg. Führer durch die Gedenkstätte für
Feldmarschall Radetzky in Klein-Wetzdorf, Niederösterreich« sind Verse des Feldmarschalls Conrad von Hötzendorf
als Motto vorangestellt: »Du altes Österreich, schlumm'r in
Ruh', / Lorbeer und Eichenlaub decken dich zu. / Wenn sie
dich schmähen, lass es geschehen, / Einstens wird man dich
besser verstehen.«[15] Gunther Martin, der Verfasser der Broschüre, schreibt, die gesamte Anlage sei um Radetzkys »über-
ragende Einzelpersönlichkeit«[16] gruppiert, die Gedenkstätte
sei früher häufig »Österreichs Walhalla«[17] genannt worden, sie
sei »eine Ruhmesstätte für eine ganz große Gemeinschaft – die
Armee – und im weiteren Sinn auch für Kaiser und Heerführer
der Vergangenheit. Zudem kündigte sich in der Bestimmung –
als Feldherrengrabmal – bereits der pompöse Totenkult der
2. Hälfte des 19. Jahrhunderts an.«[18] Die Broschüre zitiert
am Schluss in Großbuchstaben eine Inschrift in der Radetzky-Gruft: »Nicht wir, die Geschichte, die die Wahrheit an den
Tag bringt, bleibt unser Richter, und es gibt nichts Erheben-
deres auf Erden, als ein vorleuchtendes Beispiel zu werden.
Des Lebens Höchstes ist die Tat.«[19]

Hubert Michael Mader führt in seiner Studie »Die Helden vom Heldenberg« an, was die Tat eines österreichischen Sturmangriffs – wenige Jahre nach Radetzkys Tod – auf das Dörfchen Chulm am 3. Juli 1866 für Folgen hatte. Sie kostete »in nur 20 Minuten rund 10000 österreichischen Soldaten das Leben. Alle 60 Sekunden starben 500 von ihnen.«[20] Die Streitkräfte der Habsburger hatten kein »Schnellfeuergewehr«, der Kriegsgegner Preußen war moderner ausgerüstet, Österreich wird bei Königgrätz besiegt.

An jenem regnerischen Vormittag Ende Januar 2016 sind wir die einzigen Besucher der Gedenkstätte. Die Alleen mit den Büsten der Herrscher sind durch den Regen wie in eine irreale Ferne gerückt. Wir bleiben neben dem Radetzky-Denkmal stehen und sehen zur Statue der Klio hoch. Die Schutzpatronin der Historiker ist eine der neun Musen, Tochter des Zeus und der Mnemosyne, Muse der Heldendichtung und Geschichtsschreibung, ihre Attribute sind die Papyrusrolle und der Griffel. In der Säulenhalle und den drei Alleen wird der Teilnehmer des italienischen und ungarischen Feldzugs von 1848/49 gedacht. Roth sagt, er sei zum Heldenberg »gern bei Schlechtwetter gekommen, das erzeugt eine völlig andere Atmosphäre. Kälte, Eis und große Pfützen passen zum Vergehen der Zeit, und es passt auch gut dazu, dass man diese Statuen zuerst immer von hinten sieht, man erkennt an der Konstruktion, diese Herrscher sind auch Marionetten.« Für Roth seien es »kleine Etappen der Erkenntnis« gewesen, als er Ende der 1980er Jahre nach Wien gezogen sei und angefangen habe, die Spuren der Habsburger zu erkunden: »Ich bin auch mehrfach in die Kapuzinergruft gegangen und habe dann das Kunsthistorische Museum aus diesem Blickwinkel betrachtet, später war ich oft im jüdischen Teil von Wien, natürlich auch im Stephansdom. Man sieht dort an den Außenwänden die Vernichtung der Türken als Triumph dargestellt, verständlich aus der damaligen Situation, aber heute ist es fast schon eine Beleidigung, wenn ein Türke sieht, wie seine Landsleute, die Wien erobern wollten, ausgepeitscht und hingerichtet wurden. Es gab damals keinen

Staat, der nicht nationalistisch war, alle Staaten waren nationalistisch, aber die Monarchie – ›Bella gerant alii, tu felix Austria nube‹ – war im Wesentlichen zusammengeheiratet. Das hat mich mit Österreich versöhnt, dass es wenigstens vorgezogen hat, auf friedlichem Weg die Länder zu annektieren und nicht zusätzlich Blut vergoss.«[21]

Wir gehen durch die Alleen mit den Büsten, und aus Roths Gedächtnis sprudelt die Chronologie der Herrscher. Roth fühlt sich in der Dynastie der Habsburger zu zwei Außenseitern hingezogen. Er zeigt auf die Büste von Kaiser Ferdinand und sagt, sie sei geschönt: »Ferdinand hatte einen Hydrocephalus, einen Wasserkopf, er war der Vorgänger von Kaiser Franz Joseph, er hat es geschafft, Metternich nach Hause zu schicken. Metternich war der unumschränkt Mächtige und ist ihm eigentlich vorgesetzt worden, er sollte laut Kaiser Franz I. die Regentschaft weiterführen. Ferdinand hat mit Ende dreißig Maria Anna, Prinzessin von Savoyen, zur Frau bekommen, er soll bis zu fünfzig epileptische Anfälle pro Tag gehabt haben, doch das glaube ich nicht, auch bei der Hochzeit sei er zusammengebrochen. Trotz dieses Mankos war er ein sehr geschickter Tischler, er hat sich auch zum Gärtner ausbilden lassen, er muss sehr intelligent gewesen sein. 1848, als alles zusammenzubrechen drohte, hat man ihn gebeten zurückzutreten und die Regentschaft dem gesunden achtzehnjährigen Franz Joseph zu überlassen, der die Herrschaft tatsächlich übernommen hat, und Ferdinand ging nach Prag, wo schon Rudolf II. vor ihm gewesen war. Als Abgedankter war er später freier Geschäftsmann, und als freier Geschäftsmann hat er ein riesiges Vermögen erworben, er hat es den Habsburgern vererbt, d. h. dem Kaiser Franz Joseph, und mit diesem Geld haben sie das gesamte Militär mit Uniformen neu ausgerüstet. Durch den Handel besaß Ferdinand auch Schiffe, und als Kaiser Franz Joseph die Schlacht in Solferino in Italien verloren hatte, ein furchtbares Gemetzel, nach dem der Beobachter Henri Dunant das Rote Kreuz gegründet hat, teilte man die Niederlage Ferdinand, ›dem Gütigen‹, wie er im Volksmund hieß, mit, und er sagte nur: Das hätt' ich auch noch zusammen-gebracht.«

Roth zeigt auf eine andere Büste und erläutert, es handle sich um Rudolf II. Gemeinsam mit Ferdinand, dem Gütigen, sei Kaiser Rudolf II. der für ihn interessanteste Habsbur-ger: »Er regierte in Prag im Hradschin und hatte eine riesige Sammlung von Wunderdingen, wie man das damals genannt hat, also das Horn von einem Einhorn, siamesische Zwillinge von Stierlein, Goldmünzen, Fundstücke aus dem asiatischen Raum und Südamerika, ausgestopfte und präparierte Tiere, aber auch eigens angefertigte Maschinen: automatische Trink-becher oder Spieluhren. Kaiser Rudolf II. war sehr empfäng-lich für Johannes Kepler, er ließ sich von ihm die Zukunft vor-aussagen. Guiseppe Arcimboldo malte für ihn, er beschäftigte auch den englischen Mathematiker und Alchemisten John Dee am Hof, der in seiner Mitte des 16. Jahrhunderts erschienenen Schrift ›Monas Hieroglyphica‹ aus den sieben Planeten und dem Widder-Tierkreiszeichen ein Symbol für die Einheit der Welt entworfen hatte. Dee versprach Kaiser Rudolf II., Gold für ihn zu erzeugen, konnte sein Versprechen aber nicht einlösen. Die erstaunlich großartige Sammlung Rudolfs II. wurde später einer der Grundsteine für die naturwissenschaftliche For-schung. Für Rudolf II. hatte die Sammlung den Sinn, dass man anhand ihrer Gegenstände und Kunstwerke Gottes Schätze auf Erden sehen könne. Rudolf II. sah sich dadurch selbst als gott-gleichen Schöpfer im Kleinen. Im Kunsthistorischen Museum gibt es eigene Räume mit Teilen der einstigen Wunderkammer der Habsburger, sie beruhen im Wesentlichen auf Erzherzog Ferdinand II. von Tirol und Rudolf II.«

Wir steigen zur Grabstätte des Feldmarschalls Radetzky hinab, der in vielen Schlachten Aufstände blutig niederschlug und dafür sorgte, dass die k. u. k.-Monarchie in ihrer Substanz weder angegriffen noch dauerhaft beschädigt wurde. In der Gruft sind neben Radetzky auch der Heereslieferant Joseph Gottfried Pargfrieder (um 1782–1863) und Feldmarschall Maximilian Alexander Freiherr von Wimpffen (1770–1854) bestattet. Pargfrieder ließ 1949 diese Gedenkstätte in seinem Schlosspark bei Kleinwetzdorf, in der Gemeinde Heldenberg gelegen, nach dem Vorbild der Walhalla bei Regensburg errichten. Pargfrieder belieferte die Armee mit Lebensmitteln und Stoffen und war außerdem als Darlehensgeber tätig. Er erwarb sich dadurch ein Vermögen, so dass er die im spätklassizistischen Stil gehaltene Gedenkstätte errichten konnte. Auf der Gruft steht in goldenen Buchstaben: Hier arbeitet die Natur an der Verwandlung des Menschen.

Roth nimmt neben Radetzkys Grab auf einem Stuhl Platz und betrachtet die Gedenktafel mit den Schlachten, die Radetzky in seinem langen Leben geschlagen hat. Die Orte und Jahreszahlen sind mit goldenen Lettern und Ziffern appliziert, die Tafel ist, so Roth, eine lange Kette der Grausamkeit. Roth wirft einen traurigen Blick auf diese Gedenktafel und sagt, Radetzky sei nach Italien geeilt, um das Leben von Garibaldis Mitstreitern auszulöschen. Radetzkys Auszeichnungen kommentiert er mit den Worten: »Das Goldene Vließ war die höchste Auszeichnung, die zu vergeben war. Auch der Maria- Theresien-Orden, die höchste Auszeichnung für Tapferkeit, wurde ihm verliehen, alles für Mord und Totschlag. Der Maria-Theresien-Orden wurde vergeben, wenn jemand ohne Befehl von oben, also auf eigene Faust, im Sinne des Monarchen und des absolutistischen Reiches eine Heldentat vollbrachte, die gut ausging, d. h., es war Belohnung dafür, dass jemand gegen den strengen Befehlskodex des Militärs verstoßen hatte, wenn er dadurch eine Schlacht positiv beeinflusste. Johann Joseph Wenzel Anton Franz Karl Graf Radetzky von Radetz wurde 1766 in Böhmen geboren und ist 1858 in Mailand gestorben, er ist über neunzig Jahre alt geworden, und der Herr hier, Maximilian Alexander Freiherr von Wimpffen, ist im 85. Lebensjahr gestorben, d. h., es muss ihnen nicht schlecht gegangen sein, von Radetzky weiß ich, dass er sehr viele Schulden hatte.« Armeelieferant Pargfrieder übernahm die Schulden von Radetzky und Wimpffen unter der Bedingung, dass die beiden Feldmarschälle sich in Pargfrieders Gedenkstätte begraben ließen.

Auf dem Rückweg nach Wien bringen Senta und Gerhard Roth mich beim Heeresgeschichtlichen Museum vorbei. Roth sagt, im Laufe der Jahre habe sich die Sicht auf die Kriege der österreichischen Geschichte geändert, als er seine Reportage über das »Arsenal« schrieb, habe man Kriege und Schlachten noch glorifiziert. In einer Ausstellung werden im »Arsenal« die Objekte des Untergangs der österreich-ungarischen Monarchie präsentiert: das Auto, in dem Thronfolger Franz Ferdinand und seine Frau Sophie in Sarajewo vom Anarchisten Gavrilo Princip am 28. Juni 1914 erschossen wurden, und die blutbe-fleckte Generalsuniform. In einem Filmdokument ist zu sehen, wie Kaiser Franz Joseph I. 1916 im Sarg über Stufen auf die Straße getragen wird, die Begräbniskutsche steht bereit. Zwei Jahre später verschwindet mit dem Ende des Ersten Weltkriegs die k. u. k.-Monarchie von der politischen Landkarte.

27. Januar 2016

Beim Pförtner des Naturhistorischen Museums sind wir mit Hofrat Martin Lödl verabredet. Roth hat mit dem Zoologen und Leiter der Insektenabteilung bereits viele intensive Dis-kussionen über die Schöpfung und die Entstehung der Arten geführt. Lödl ist ein fröhlicher Wissenschaftler, er freut sich über alles, was sich regt, und gleichzeitig sieht er es mit einem kalten Blick. In seiner siebenhundert Seiten umfassenden Stu-die »Fatales Design« (2009) hat er sich gegen das »intelligente Design« gestellt.[22] Lödl ist ein barocker Gelehrter, der es liebt, die Genres zu wechseln. In seinem Debütroman »hundetöten« (1999)[23] hat er eine Anatomie der menschlichen Destruktivität entworfen.

Der Besuch im Naturhistorischen Museum beginnt bei den Tierpräparatoren. Eine Mitarbeiterin ist gerade damit beschäf-tigt, einem Pinguin die Haut abzuziehen. Roth nimmt regen Anteil an der Häutung und fragt die junge Frau, ob sie Gefühle für den Pinguin habe. Die Präparatorin verneint. Roth nimmt die Antwort in sich auf. Man spürt, dass er selbst anderer Mei-nung ist, nach einigen Minuten sagt er mitten in die Häutung

113

hinein, er leide mit der geschundenen, erledigten Kreatur. Roth berührt die Haut des Pinguins, sieht in die kleinen, starren Augen. Roth will von der Mitarbeiterin wissen, wie lange sie brauche, um einen Pinguin zu präparieren. Einen Monat, antwortet sie, und zieht dem Pinguin weiter die Haut ab.

Auf dem Weg in den nächsten Raum kommen wir an einem großen Löwen vorbei, der sich auf den Hinterbeinen erhebt und die Vorderpfoten wie im Angriff dem Vorübergehenden entgegenstreckt. Die Mitarbeiter im nächsten Raum haben Krähen vor sich auf dem Tisch liegen. In der Nähe eines weißen Wolfs, in dessen Fell viele Nadeln stecken, hängt eine Leiste mit fünf Fuchsköpfen. Oberpräparator Robert Illek sagt, die Fuchsköpfe seien für eine Ausstellung hergestellt worden, blicke man genau hin, könne man erkennen, dass sie unterschiedliche Glasaugen hätten. Der Oberpräparator fragt Roth, welcher der fünf Füchse Menschenaugen aus Glas habe. Roth sieht sich die Fuchsköpfe der Reihe nach an und liegt mit seiner Antwort richtig. Roth fragt nach, wie derart unterschiedliche Tier- und Menschenaugen hergestellt werden. Illek holt eine Broschüre, in der Hunderte von Glasaugen abgebildet sind. Zu den Augen der Säugetiere, Vögel, Fische, Reptilien und Amphibien kommen die Menschenaugen, schwarze und transparente Glasaugen sowie Sonderanfertigungen hinzu. Die Menschenaugen werden mundgeblasen, sind rund oder in Schalenform, mit und ohne rote Adern erhältlich, sie sind nicht für medizinische Zwecke bestimmt. Bei der Bestellung von Puppen- und Figurenaugen kann die gewünschte Irisgröße bestellt werden.

Während Roth die Fuchsköpfe aus der Nähe betrachtet, stellt sich ein Bild aus seinem Roman »Der Stille Ozean« ein: »In diesem Augenblick erschien der Fuchs. Ascher hatte seinen Blick von der Hand abgewandt und sah ihn aus dem Unterholz auftauchen. Er brach zwischen den Blättern hervor, zögerte, machte zwei Sätze, um zu fliehen, wurde aber mitten im Sprung von einem Schuss getroffen, der ihn sich überschlagen ließ. Der Jäger, der ihn getroffen hatte, war grauhaarig, mittelgroß und hatte ein blasses, faltiges Gesicht. Er ging ohne Hast zum Fuchs hin und tat, als hörte er die Zurufe der Jäger und Treiber nicht, die neugierig aus dem Wald kamen, bückte sich und packte ihn beim Schwanz. Es war ein noch junger Fuchs. Sein Fell leuchtete rot, der Bauch und die Schnauze waren weiß, auf den Läufen und Ohren hatte er schwarze Flecken. Seine Zunge hing aus dem Maul wie eine große Himbeere.«[24] Der Fuchs ist im »Stillen Ozean« mit dem Tod verbunden, im »Landläufigen Tod« mit dem Beginn des Lebens. Im Kapitel »Die Schöpfung« heißt es: »Schwerelos schwebt der Fuchs im Abendrot«.[25]

Hofrat Lödl bringt uns mit dem Lift in sein unter dem Dach gelegenes Büro. Auf dem Schreibtisch türmen sich Bücher, Zeitschriften und Papiere. An der Wand, auf der Plastikschiene über den elektrischen Leitungen, hat Lödl Zitate von Philosophen wie Bertrand Russell und Dichtern wie Elias Canetti angebracht, die sich um den Tod drehen. Abgesänge auf und Anklagen an einen fernen Gott. Ein phantastisches Bühnenbild zu der nun folgenden Diskussion über Gott und die Welt. Im Mittelpunkt der dreistündigen Debatte steht die Erörterung der Theodizee, jener Frage, warum es Leid gibt, wenn Gott gut und allmächtig ist. Lödl erläutert das »fatale Design« und vertieft die Paradoxien des Unendlichen, Roth sieht die Religionen als vielstimmige Antwort auf das Schweigen des Universums, und der Verfasser wirbt mit dem italienischen Philosophen Andrea Emo dafür, Gott als den schwachen Punkt eines jeden Systems zu sehen.

Nach dem intensiven Gespräch blickt Lödl auf seine Zitatensammlung an der Plastikschiene und ruft uns zu: »Canetti: ›Aber ich verfluche den Tod. Ich kann nicht anders. Und wenn ich darüber blind werden sollte, ich kann nicht anders, ich stoße den Tod zurück. Würde ich ihn anerkennen, ich wäre ein Mörder.‹« Er fährt fort zu signieren, dann ruft er mit Mayröcker: »Der Tod ist ekelhaft. Er ist ein Eklat, ein Skandalon, eine Frivolität, eine Schmach, eine Verdammung und eine Herabsetzung des menschlichen Lebens.« Und mit Casanova löst sich das dritte Donnerwort aus Lödls sanguinischem Gesicht: »Der Tod ist ein Ungeheuer, das einen aufmerksamen Zuschauer aus dem Welttheater vertreibt, noch bevor das Stück, das ihn ungemein fesselt, zu Ende ist.«

Nach dem dreifachen Memento mori zeigt uns Lödl in der obersten Etage Schmetterlinge aus allen Teilen der Welt. Er bringt Roth einen Schaukasten nach dem anderen an den Tisch. Roth bestaunt die Schmetterlinge, setzt die Lupenbrille auf, die Lödl ihm gibt, und betrachtet Rumpf und Flügel genau. Roth verweist auf Wladimir Nabokov und seine Leidenschaft für Lepidopterologie und fügt hinzu, auch in ihm gäbe es die Schmetterlingsseite. Der Arzt Ascher präpariere im »Stillen Ozean« Schmetterlingsschuppen, die Flügel kämen ihm wie pelzige Stoffe vor, er entdecke an den Rändern Härchen und feinste Farbschattierungen.[26]

Vom Naturhistorischen Museum fahren wir zum Uhrenmuseum, wo Direktor Rupert Kerschbaumer uns bereits erwartet. Während der Taxifahrt sagt Roth, er sei beinahe ein Dreivierteljahrhundert auf der Welt, die Jahre seien im Flügelschlag der Schmetterlinge vergangen. Manchmal denke er an den Beginn und das Ende von Dylan Thomas' Gedicht »Fern Hill«: »Now as I was young and easy under the apple boughs / About the lilting house and happy as the grass was green, (…) Time held me green and dying / Though I sang in my chains like the sea.«[27]

Auf drei Etagen sind im Uhrenmuseum im Zentrum von Wien etwa tausend Uhren ausgestellt, drei- bis viertausend weitere Objekte befinden sich im Depot und warten auf eine Präsentation. Am Beginn der Ausstellung widmet sich das Uhrenmuseum der Zeitbestimmung durch Sand- und Sonnenuhren, astronomische Uhren messen die Bewegung der Gestirne. Auf der ersten Etage ist auch die über siebenhundert Kilogramm schwere Türmeruhr des Stephansdoms ausgestellt, die aufgrund von Temperaturschwankungen in der Bestimmung der Zeit schwankte. Zwanzig bis dreißig Minuten konnte die Türmeruhr vorgehen oder sich verspäten. Im nächsten Stockwerk befinden sich die Exponate aus der ersten Hälfte des 19. Jahrhunderts: Bilderuhren und kleinste Pendeluhren. Auf der dritten Etage kann man Uhren aus dem 19. und 20. Jahrhundert betrachten und studieren, wie der Imperativ der Zeit sich für die Bürger immer mehr verfeinerte. Wir kommen auf die Bedeutung der Zeit für das Zusammenleben zu sprechen. Der Verfasser erwähnt, der Soziologe Norbert Elias habe in seiner Studie »Über die Zeit« (1984) darauf hingewiesen, dass ein Kind in einem hoch zeitregulierten und industrialisierten Staat des 20. Jahrhunderts sieben bis neun Jahre brauche, um »die Zeit zu lernen« und das eigene Fühlen und Verhalten entsprechend darauf abzustimmen. Roth sagt, er habe als Kind wissen wollen, was sich in der Uhr verberge, er habe also eine Uhr zum Leidwesen seines Bruders zerlegt und anschließend nicht mehr reparieren können. In seiner Autobiographie »Das Alphabet der Zeit« habe er diese Uhr Jahrzehnte später von einem Uhrmacher wieder zusammensetzen lassen. Er wollte, sagt er, dem inzwischen verstorbenen Bruder wenigstens im Buch eine heile Uhr zurückgeben.

Seinen Essay über das Uhrenmuseum nannte Roth »Eine Reise in die vierte Dimension«. Dem ersten Kapitel »Zeit und Wahn« stellt er ein Zitat aus dem Werk »Der cherubinische Wandersmann« von Angelus Silesius voran, in dem die Utopie beschworen wird, dass die Fragmente des irdischen Lebens zu einer Einheit gebündelt werden und ewig bestehen bleiben: »Wenn das Vollkomm'ne kömmt, so geht das Stückwerk hin, / Zeit eilt *hier*, *dort* leb und bleib ich, was ich bin.«[28]

Direktor Kerschbaumer spricht über die verschiedenen Zeitzonen, die es in Europa gab. Im 19. Jahrhundert bestimmten innerhalb Europas fast zwanzig Zeitzonen das Zusammenleben, auf Reisen mussten Diener die Uhr der Herrschaft dem jeweiligen Landstrich anpassen. Die Staaten erwarben erst allmählich das Monopol, die Zeit zu bestimmen. Die Bedeutung der Zeit für das Gemeinwesen erklärt Kerschbaumer uns anhand einer japanischen Pfeileruhr. In Japan hatten im 19. Jahrhundert die Stunden im Sommer eine deutlich andere

Länge als im Winter, die Temporaluhren waren deshalb keine kreisrunden Uhrwerke, sondern längliche Holzkästen, auf denen das Gewicht – die Zeit – von oben nach unten wanderte. Die Mondschau hatte einst die japanische Gesellschaft in ihrer Zeitstruktur bestimmt: Bashō dichtete von einem »Mond der Buddhalehre«, Naturbetrachtung und die Gewissheit des Glaubens bildeten eine Einheit.

Roth interessiert sich für Uhren, aus denen Musik erklingt, er lauscht der Bilderuhr mit dem Stephansdom, aus der das Geläut der Pummerin-Glocke zu vernehmen ist. Die Pummerin ist die größte Glocke Österreichs und mit einem Gewicht von 21 383 Kilogramm auch die schwerste. Die alte Pummerin wurde vor über zweihundert Jahren gegossen und ist von 1711 bis 1945 in Betrieb gewesen. Als der Stephansdom am Ende des Zweiten Weltkriegs brannte, stürzte sie in die Tiefe. Seit 1957 hängt die neugegossene Pummerin, bei der Material von der abgestürzten Glocke verwendet wurde, am Nordturm des Stephansdoms. Das Geläut der Pummerin ist nur an hohen kirchlichen Festtagen, beim Tod des Papstes oder bei der Wahl eines neuen Oberhaupts der katholischen Kirche zu hören. Zum Jahreswechsel wird das Geläut der Pummerin im Fernsehen übertragen, die Pummerin läutet das neue Jahr ein.

Die Instrumente der Zeitmessung und die der Musik hat Roth im »Stillen Ozean« als Gegenstände eines sinnentleerten Mikrokosmos dargestellt. Die Uhren und Musikinstrumente, die Ascher vom Bestatter gezeigt werden, haben ihre Funktion und Bedeutung für die Gemeinschaft verloren. Der Bestatter treibt Ascher bei der Besichtigung seines Museums voran, er führt ihn »zu mehreren drehbaren Glasstürzen, in denen die verschiedensten Uhren aufgehängt waren, vom Nürnberger Ei, wie er behauptete, bis zu Uhren, deren Zifferblätter unter Vergrößerungsgläsern lagen, alten Datumsuhren, Uhren mit sich drehenden bildlichen Darstellungen, mit Ketten aus Damenhaar, Taschensonnenuhren, die er so rasch aufzählte und erklärte, dass Ascher nicht verstand, welche der Bezeichnungen zu welcher Uhr gehörte. Dabei drehte er den Glassturz, dass die Uhren klimperten und schaukelten, und während er noch über die Uhren redete, hatte er begonnen, Musikinstrumente in die Hand zu nehmen und sie herzuzeigen: Blasinstrumente, Zithern, Ziehharmoniken, Harfen und Geigen in allen Größen, die er zum Teil mit Preiszetteln ausgestattet hatte (...).«[29] Nicht nur im Zentrum, so könnte man sagen, auch an der Peripherie ist die Zeit aus den Fugen geraten.

28. Januar 2016
Nach dem Wechsel vom Land in die Stadt ist Roth immer wieder ins Freud-Museum in der Berggasse 19 gegangen. Es ist Roth ein großes Anliegen, das Freud-Museum auch im Rahmen der Recherchen für dieses Buch aufzusuchen. Roth meint zum Vorstandsvorsitzenden Peter Nömaier, der uns durchs Museum führt: »Ich weiß nicht, ob das Freud-Museum im Augenblick schon so sehr touristisch ist, dass man sich nicht mehr in die jüngste Vergangenheit einfühlen kann, aber es waren schöne Zeiten, als ich Anfang der 1980er Jahre hierhergekommen bin. Es war noch verträumt, es kamen noch nicht so viele Besucher, dieser Eindruck ist im Kopf hängen geblieben. Hier steht der Koffer mit dem Aufkleber ›Wien Westbahnhof – London‹. Freud konnte aufgrund der Hilfe der Pariser Millionärin Marie Bonaparte fliehen. Er ist zunächst nach Paris und von dort weiter nach London gereist. In London habe ich auch das Sigmund-Freud-Museum besucht, es hat die größere Sammlung, aber hier in Wien ist es ein historisch-magischer Ort, das spürt man immer noch.«[30] Roth bedauert, dass von den etwa dreitausend Antiken aus Freuds archäologischer Sammlung in Wien nur wenige zu sehen sind, und fährt fort: »Freud hat diesen wunderschönen Satz geschrieben: Wenn man kein Stück mehr zu einer Sammlung hinzufügt, ist die Sammlung tot. Das bringt den Sammlerwahn auf den Punkt.«

Wir sprechen über Freuds letzte Tage in Wien. Am 11. März notierte Freud: »Finis Austriae«. Sein letzter Brief von Wien aus ging am 4. Juni 1938 an Stefan Zweig, Freud schrieb, er breche heute nach London auf, und Zweig antwortete ihm zwei

Wochen später, nun sei er in Sicherheit, Archiv, Bücher und Sammlungen gerettet. »Als Freud gezwungen wurde«, sagt Roth, »das Land zu verlassen, hat ihm die Gestapo eine vorformulierte Erklärung zur Unterschrift vorgelegt, mit der er bestätigte, dass er von der Gestapo ›mit gebührender Rücksicht und Achtung‹ behandelt worden sei. Freud fügte seiner Unterschrift die Bemerkung hinzu: ›Ich kann die Gestapo jedermann auf das Beste empfehlen!‹« Die Quellenlage für Freuds Kommentar zu seiner Vertreibung aus Wien ist nicht gänzlich gesichert.

In Freuds Werken suchte Roth nach einer theoretischen Vertiefung seines intuitiven Zugangs zu den Sprachwelten des Wahnsinns und ihrer agrammatikalischen Struktur. Roth interessierte es auch, Wissen über die Verweigerung zu sprechen und den im Schweigen liegenden Widerstand zu erwerben. Im »Landläufigen Tod« spricht der Bienenzüchtersohn Franz Lindner nur ein einziges Wort. Es ist ein Nein zu einer von Hierarchien geprägten Welt, es ist ein Nein zur Zergliederung des Sozialgefüges in Herrscher und Unterdrückte. Dieses Nein ist ein fernes Echo jener Weigerung, die Bartleby, der Kopist, in Hermann Melvilles Erzählung »Bartleby, the scrivener« (»Bartleby, der Schreiber«) mit den Worten »I would prefer not to« (»Ich möchte lieber nicht«) äußert. Diese Erzählung entstand nach dem Roman »Moby Dick«, den Roth als »meine Bibel« sieht.

»Es ist«, fährt Roth fort, »bei Freud immer wieder dasselbe, auf der einen Seite diese dunkle Welt des Unbewussten, auf der anderen Seite nahezu eine idyllische Umgebung, in Wien, aber auch in London. In London noch stärker – mit dem wunderschönen Garten. In London waren gerahmten Fotografien aus dem Salzkammergut zu sehen, wo er Ferien gemacht hatte, Freud im Trachtengewand, das Trachtengewand hat er nach London mitgenommen.« Peter Nömaier sagt, er finde das Foto, auf dem Freud mit Tochter Anna im Trachtengewand zu sehen ist, herrlich ironisch, einerseits war Freud ein Welten umstoßender Denker, gleichzeitig war er auf seine Art sehr konservativ, er ist ins Salzkammergut in Trachtenkleidung gereist, wie man dies damals getan hat. Roth greift diese Bemerkung auf und fügt hinzu, Freud sei zur Sommerfrische auch auf den Cobenzl gefahren. »Nur über gesellschaftliche Zustände kann man die Träume verstehen und versuchen, sie nachzuvollziehen. Die Sexualwelt ist sehr eng an das gesellschaftliche Leben gebunden, trotzdem ist dieser Weg eines Wissenschaftlers zur Traumdeutung epochal. Früher haben die orientalischen Traumdeuter in die Zukunft geblickt, Freud war der Erste, der die Träume nicht für die Zukunft, sondern aus der Vergangenheit gedeutet hat. Vor Freuds Traumlehre fragte man immer, was bedeutet ein Traum für die Zukunft. Freud schrieb, er ergebe sich aus dem Ist-Zustand. Es sind Ängste vor dem, was kommen könnte, Resultate von Verzweiflungen und Verletzungen, aber auch von unerfüllten Begierden. Neben den Analysen zur frühkindlichen Sexualität war die Traumdeutung der zweite elementare Stein.«

Auf die Frage, ob Roth viel träume, antwortet er, wenn er schreibe, träume er wenig oder gar nicht: »Höre ich zu schreiben auf, werde ich von Träumen heimgesucht, beim Schreiben kann ich meine geheimen Gedanken offenbar abarbeiten, die sich in mir bilden, wenn ich nicht arbeite, dann kriege ich sie in der Nacht vom Gehirn zurück.«

Ist es also besser zu schreiben? »Das Leben wird durch das Schreiben auf der einen Seite einfacher, andererseits ist es natürlich nicht schmerzfrei, wenn ich Verschiedenes aus mir heraushole. Ich habe in ›Das Alphabet der Zeit‹ über meine Kindheit und Jugend geschrieben und über meine Eltern, das war das einzige Buch, bei dem ich paradoxerweise permanent Albträume und Schuldgefühle hatte.«

Kehren Träume wieder? Freud hat z. B. über den Maturatraum geschrieben, er suche einen immer wieder heim: »Den Maturatraum hatte ich auch lange Zeit. Das letzte Mal vielleicht vor fünf Jahren – ich hatte in Wirklichkeit schon die Matura bestanden und musste noch als 70-Jähriger im Traum dafür lernen und glaube, als hätte ich sie noch nicht abgelegt.«

Was hat es mit dem Flugtraum für eine Bewandtnis? »Dass du an einen Abgrund kommst, du erschreckst dich, du musst hinunter, und auf einmal stürzt du ab. Ich habe mir am folgenden Morgen intensiv vorgenommen, dass ich im nächsten Traum fliegen kann, lange vergeblich, und eines Nachts ist mir das aber doch gelungen. Ich wurde verfolgt und bin an einem Abgrund in die Tiefe gesprungen und konnte auf einmal fliegen. Ich hatte wunderschöne Flugträume, zwei, drei Mal – dann war es mit dieser Art von Träumen plötzlich vorbei.«

Sind Sie heil auf dem Boden aufgekommen? »Manchmal hat der Flug ziemlich lange gedauert, bis ich auf einmal wusste, ich muss wieder zurück auf die Erde, weil ich schon im Aufwachen bin. Ein paarmal ist mir eine Landung geglückt, ansonsten bin ich in der Luft geblieben und plötzlich aufgewacht. Dann wollte ich aber weiterfliegen. Vielleicht weil ich gelernt hatte, im Traum zu fliegen.«

Sie waren dem Tod dreimal sehr nahe. Hatten Sie auch Träume vom Tod? »Nein, gar nicht. Es wundert mich, weil ich einiges erlebt habe, was an Belastungen im Leben auf einen zukommen kann, aber vom Tod habe ich nie geträumt. An den Tod habe ich im Alltag immer gedacht und habe ihn offenbar durch das Denken abgearbeitet.«

Vorstandsvorsitzender Nömaier überreicht Roth die Publikation »Freud's Travel – Freuds Reisen«. Darin ist Daniela Finzis Essay »Ferne Zeiten: Sigmund Freud auf Reisen« publiziert, und darin sind u. a. Fotos von 1938 abgebildet, die Freud in Wien am Fenster des Orient-Expresses und vor dem Hotel Esplanade in London zeigen. Ihren Text beginnt Finzi mit einem Zitat aus der 1913 erschienenen Schrift »Zur Einleitung der Behandlung«, in dem dargelegt wird, wie eine Patientin oder ein Patient zur »freien Assoziation« angeregt wird: »Sagen Sie also alles, was Ihnen durch den Sinn geht. Benehmen Sie sich so, wie zum Beispiel ein Reisender, der am Fensterplatze eines Eisenbahnwaggons sitzt und dem im Inneren Untergebrachten beschreibt, wie sich vor seinen Blicken die Aussicht verändert. Endlich vergessen Sie nie daran, dass

Sie volle Aufrichtigkeit versprochen haben, und gehen Sie nie über etwas hinweg, weil Ihnen dessen Mitteilung aus irgendeinem Grunde unangenehm ist.«[31]

Freud litt, wie Finzi ausführt, an einer Eisenbahnphobie. Freuds zehn Jahre jüngerer Bruder Alexander war einer der Verkehrsexperten der Monarchie, Kaiserlicher Rat und Professor, und gab ab 1897 ein ausführliches »Eisenbahn-Stationsverzeichnis« von Österreich-Ungarn heraus.[32] In den Jahren von 1895 bis 1904 unternahmen die beiden Brüder viele Reisen gemeinsam, und Alexander Freuds pragmatische Herangehensweise verringerte Freuds Reiseangst: »Wurde in der zweiten Hälfte des 19. Jahrhunderts der Diskurs über die Gefährlichkeit und Schädlichkeit des Eisenbahnreisens breit geführt, so ist anzunehmen, dass Alexander Freud diesen um eine sachliche Position bereicherte und Sigmunds Bedenken wegen der ›täglich berichteten Eisenbahnunfälle‹, die ›einem Familienvater- und -mutterpaar nicht gerade viel Lust dazu machen können‹, zerstreute.«[33] Detlev von Liliencron thematisierte in »Der Blitzzug« die Angst vor der Beschleunigung des Lebens und den daraus resultierenden Zugunfällen und Zusammenstößen: »Quer durch Europa von Westen nach Osten / Rüttert und rattert die Bahnmelodie / Gilt es die Schnelligkeit schneller zu kosten? / Kommt er zu spät an im Himmelslogis? / Fortfortfort fortfortfort drehn sich die Räder / Rasend dahin auf dem Schienengeäder, / Rauch ist der Bestie verschwindender Schweif, / Schaffnerpfiff, Lokomotivengepfeif«.[34] Gegen Ende des 1903 entstandenen Gedichts kommt die Angst vor der Vernichtung zur Sprache: »Steht da der Tod mit der Bombe zum Wurfe?«[35] Roth hat dieses Gedicht, schreibt er dem Verfasser, in der vierten Klasse der Mittelschule auswendig vorgetragen.

Die Metapher des Reisens, aber auch die Verweise auf reale oder geträumte Fahrten ziehen sich, so Finzis Darstellung, wie ein roter Faden durch Freuds Schriften: »Dazu kommt, dass die äußerliche Ausbreitung und Entdeckung stets mit einer innerlichen Ausdehnung einhergehen – die Erfahrung des Anderen ist ein maßgebliches Moment für die (Neu-)Erfahrung des

Eigenen. Tatsächlich stellt das sinnliche Erfahren des Neuen und Unbekannten, wie es das Reisen vorzüglich ermöglicht, ein zentrales Motiv des neuzeitlichen Selbstverständnisses dar.«[36] Für Freud waren die Reisen auch ein Überwinden von Grenzen, die ihm die Herkunft gesetzt hatte. Da er als junger Arzt über kein Kapital verfügte, überlegte er, nach England oder vielleicht sogar nach Amerika oder Australien auszuwandern, wenn er sich in Wien nicht rasch etablieren könne. An Romain Rolland schrieb Freud, dass er daran gezweifelt habe, je Athen sehen zu können: »So weit zu reisen, ›es so weit zu bringen‹, erschien mir außerhalb jeder Möglichkeit. Das hing mit der Enge und der Armseligkeit unserer Lebensverhältnisse in meiner Jugend zusammen. Die Sehnsucht zu reisen war gewiss auch ein Ausdruck des Wunsches, jenem Druck zu entkommen, verwandt dem Drang, der so viel halbwüchsige Kinder dazu antreibt, vom Hause durchzugehen. Es war mir längst klar geworden, dass ein großes Stück der Lust am Reisen in der Erfüllung dieser frühen Wünsche besteht, also in der Unzufriedenheit mit Haus und Familie wurzelt. Wenn man zuerst das Meer sieht, den Ozean überquert, Städte und Länder als Wirklichkeiten erlebt, die so lange ferne, unerreichbare Wunschdinge waren, so fühlt man sich wie ein Held, der unwahrscheinlich große Taten vollbracht hat. (…) Es sieht so aus, als wäre es das Wesentliche am Erfolg, es weiter zu bringen als der Vater, und als wäre es noch immer unerlaubt, den Vater übertreffen zu wollen.«[37]

Es ist sicherlich auch ein Beweggrund für Roths Reisedrang gewesen, sich aus der Enge der Verhältnisse zu befreien, der Welt der Eltern und ihrer Umgebung zu entkommen. Im »Landläufigen Tod« heißt es im letzten der »Sieben nicht abgeschickte(n) Briefe aus dem Irrenhaus«[38]: »Ja, ich bin ein Reisender, nur als Reisender kann ich das Bedrückende der Umgebung ertragen.«[39] Verfasst hat diese Briefe der stumme Franz Lindner.

Wir kommen auf die höchst ambivalente Beziehung von Freud zu Wien zu sprechen. Freud hatte des Öfteren seinen

Empfindungen Ausdruck verliehen, »wie ekelhaft«[40] ihm Wien ist, es ist »ein Elend, hier zu leben«[41]. Kehrte Freud von Reisen nach Wien zurück, ergriff ihn schnell »der ganze Missmut des Wienertums«[42], »diese Stadt macht die Seele wund und legt wieder alles bloß, was sich in zwei Monaten zu überhäuten begann«[43]. Roth fügt hinzu, das Häuten und Überhäuten von Wien habe seine Erkundungen geprägt, immer wieder habe er die wunde Seele der Stadt gespürt, sie habe ihn selbst wund werden lassen. Er habe sich oft gefragt, ob es unter der Haut dieser imperialen Stadt eine andere Geschichte gebe, eine Geschichte des Widerstands, eine Geschichte des Nicht-Einverstandenseins mit den hierarchischen Institutionen. Freud habe in seinem Wirken Wege in die Freiheit aufgezeigt.

In Roths Text »Berggasse 19« (1989) begegnet der Ich-Erzähler »einem eindrucksvollen Herrn mit Hornbrille und dunklem Anzug«, seine »Augen waren groß, dunkel und durchdringend, die Wangen eingefallen, der Mund schief, der Bart weiß«. Der alte Herr sagt, »es war seit je mein größter Wunsch, mit Ihnen zu sprechen, Herr Roth«. Ein Luftzug dringt ins Museum ein, wirbelt alles durcheinander. Der Besucher stürzt in »ein schwarzes, endloses Loch«. Der alte Herr erscheint wieder und betrachtet »meinen Flug mit den rasend kreisenden Gegenständen«: »Im selben Augenblick ordneten sich die Dinge, die Wand mit dem älplerischen Tapetenmuster schloss sich, die Statuetten flogen zurück in den Schrank, der sich wieder aus Splittern zusammensetzte.« Der alte Herr nimmt den Besucher in seinen Gedächtnisraum auf und gibt ihm den Rat: »Weshalb befragen Sie nicht wie Jung das I GING, wenn Sie wissen wollen, was als nächstes geschieht?«[44] Der Raum des Archäologen geht in Flammen auf, und der Glasboden zersplittert.

15. März 2016

Roth organisiert für den Verfasser eine Führung durch das Josephinum, das Wachsmodelle von Menschen zeigt, denen die Haut abgezogen wurde, deren Muskeln und Organe freiliegen. Ruth Koblizek, die Kuratorin der Bildersammlung, erzählt, wie schwierig der Transport der Wachsmodelle von Florenz nach Wien gewesen sei. Die Modelle mussten mit Tieren über die Alpen transportiert werden, in Linz wurden sie auf Schiffe verladen und nach Wien gebracht, wo sie nun in den originalen Vitrinen aus Rosenholz und venezianischem Glas ausgestellt sind. Während der einstündigen Führung sucht der Verfasser immer wieder eine Antwort auf die Frage, warum Roth will, dass diesem Institut ein Besuch abgestattet werde, in dem Professoren früherer Generationen die Gelegenheit hatten, ihre Anatomievorlesungen an Wachsmodellen zu veranschaulichen.

Im Essay »Eine Enzyklopädie des menschlichen Körpers. Das Josephinum und das Museum der Gerichtsmedizin« thematisierte Roth nicht nur den medizinischen Zugriff auf den Menschen, sein Fokus richtete sich auf die Obduktion und die Häutung. Bei der »Mediceischen Venus«, einem Wachsmodell einer jungen Frau, deren Oberkörper ohne Haut und Knochen ist, weist Roth darauf hin, dass man die einzelnen Organe herausnehmen könne, »um sie zu studieren oder zu sehen, was hinter ihnen verborgen liegt«.[45] Roth bezieht sich in seinem Essay auch auf die verschiedenen Obduktionsdarstellungen in der bildenden Kunst. Vor allem die Präsenz des Todes auf den Gemälden »Die anatomische Vorlesung des Dr. Nicolaes Tulp« und »Die anatomische Vorlesung des Dr. Joan Deijman« sowie Herbert Boeckls »Dr. Fritz Paul leitet eine Obduktion« zogen ihn an. Von den beiden 1632 und 1656 entstandenen Rembrandt-Gemälden fühlte sich Roth regelrecht hypnotisiert. Seit der Zeit als Medizinstudent steht eine gerahmte Kunstkarte von einem der Rembrandt-Gemälde auf seinem Schreibtisch: »Wenn ich einen Blick daraufwerfe, bin ich abwechselnd der bärtige Dr. Tulp mit Hut, Universitätsprofessor und Bürgermeister von Amsterdam, der mit Hilfe des anatomischen Atlas' von Vesalius den Arm des Adriaen Adriaensz (Aris Kindt) seziert, und der Leichnam jenes Diebes und Landstreichers, welcher am 31. Januar 1632 gehängt wurde.«[46] Man könnte im Anschluss an diese Überlegung sagen, Roth beschwöre in seiner Literatur eine Einheit von Häutern und Gehäuteten, von Schindern und Geschundenen.

Mit den Häutungen wurde Roth früh vertraut. In Interviews hat er immer wieder darauf hingewiesen, dass er am Beginn des Medizinstudiums Sezierkurse absolvieren und die Haut von Menschen ablösen musste. Roth zieht von den Menschen und ihren Landstrichen eine äußere Membran ab, um in tiefere Schichten blicken zu können.

Das Schreckensbild einer Häutung ist Tizians um 1575 entstandenes Gemälde »Schindung des Marsyas«. In ihrer Analyse betont die Kunstwissenschaftlerin Daniela Bohde, dass dieses Bild mehr als das Schreckensbild des 20. als des 16. Jahrhunderts gesehen wurde und oft mit Picassos »Guernica« verglichen wurde. Der Satyr Marsyas hat einen Wettstreit mit Apoll verloren und wird bei Tizian im Gegensatz zur antiken Bildtradition kopfüber an einen Baum gebunden. Mit dieser Darstellung wird Marsyas, so Bohde, eher mit dem Martyrium eines Heiligen, insbesondere mit der Kreuzigung des Apostels Petrus, in Verbindung gebracht. Die Ergebnisse der jüngsten Forschung richten den Blick vor allem auf die »Transzendenzlosigkeit der Materie«: »Ihr Thema ist nicht die aus den Erscheinungen herauszukristallisierende Idee, sondern die Präsenz der Körper, sowohl – und nicht unabhängig voneinander – als Ort der Gewalt wie der Subjektivität. Nicht von ungefähr fasziniert diese neue Forschung Tizians Konzept des menschlichen Körpers mehr als das seiner Antipoden, der florentinischen und römischen Maler. Denn Tizians Interesse gilt weniger dem stabilen anatomischen Gerüst des Körpers, das seiner Durabilität und Selbstbehauptung dient, als vielmehr seiner farblich differenzierten, changierenden Haut, dem sensiblen Ort einer diffusen Subjektivität und eines osmotischen Austauschs mit dem farblichen Umfeld beziehungsweise, auf der fiktiven Ebene, mit dem sozialen und natürlichen Milieu.«[47] In früheren Deutungen, die aus dem Geist einer christlich-neuplatonischen Weltdeutung kamen, wird die Häutung des Marsyas als eine Erlösungstat gesehen: Das Innere wird freigelegt, und damit kommt eine schöne Seele oder ein Schatz zum Vorschein, für die Welt bislang nicht zu sehen.[48] Man könne an diese beiden Interpretationslinien anknüpfend sagen, dass Roths Häutungen sowohl den Schmerz einer Landschaft oder eines Körpers zeigen als auch vom Impuls angetrieben werden, eine verborgene Schönheit bloßzulegen. Die Subjektivität steht für Roth auf keinem sicheren Gerüst oder Fundament, sie ist von der Zerstörung bedroht. Oder, um es mit Versen der Kärntner Dichterin Christine Lavant zu sagen: »auf Erden sind die Wunder / oft den Wunden nah«.[49]

Der Psychiater Leo Navratil ist auch von Häutungen angezogen gewesen. Im Traum steht die Häutung für den Wunsch nach einem neuen Leben, die alte Haut möge einem abgezogen werden, eine neue möge nachwachsen. Für das von Fritz Raddatz initiierte »ZEIT-Museum der 100 Bilder« schrieb Navratil über »Die Marter des Sisamnes« aus dem Diptychon »Das Urteil des Cambyses« des niederländischen Malers Gerard David (ca. 1460–1523), das für die Schöffenkammer des Brügger Rathauses in Auftrag gegeben wurde; heute ist es im Groeningemuseum Brügge zu sehen. In der »Marter des Sisamnes« (1498) ist für Navratil eine »Folter ohne Gefühl« dargestellt: »Der Inhalt des Bildes geht auf eine Legende zurück, die uns Herodot überliefert hat. Der persische König Cambyses habe seinen Richter Sisamnes töten und ihm die Haut abziehen lassen, weil er für Geld einen ungerechten Urteilsspruch gefällt hatte. Der König hat hierauf befohlen, mit der Haut des Geschundenen einen Richterstuhl zu bespannen, und habe den Sohn des Sisamnes zu dessen Nachfolger ernannt. (…) Was mich an diesem Bild zum Nachdenken veranlasste, ist die seltsame Unberührtheit, mit der die hohe Gesellschaft das Geschehen verfolgt und die Folterknechte ihre Arbeit ausführen. Das scheint mir ein psychologisches Phänomen, das einer Erklärung bedarf. Der Mensch hat offenbar die Fähigkeit, Gefühle ganz auszuschalten und Handlungen, die ihm geboten scheinen oder befohlen werden, ohne innere Anteilnahme durchzuführen.«[50] Man kann von Gerard Davids »Marter des Sisamnes« über

Tizians »Schindung des Marsyas« und William Turners »The Fall of Anarchy« eine Linie zu Anselm Kiefers Häutungen der Landschaften ziehen. Für einige Arbeiten der »Walhalla«-Ausstellung (White Cube, London, 2016) hat Kiefer Blei über die Landschaften gegossen, in denen die Türme der Sieben Himmelspaläste stehen, und anschließend das Blei teilweise oder vollständig von der Leinwand gerissen.

Nach der Lektüre des Gesprächs, das Claude Bonnefoy mit Michel Foucault 1968 führte und das 2012 auf Deutsch unter dem Titel »Das giftige Herz der Dinge« erschien, begann der Verfasser zu verstehen, dass Roth in seiner Loslösung aus der Welt des Vaters eine ähnliche Erfahrung wie Foucault gemacht haben muss. Der französische Sozialwissenschaftler stammte aus einem medizinischen Milieu, das »im Allgemeinen und ganz besonders in der Provinz tiefgreifend konservativ« war und noch ins 19. Jahrhundert gehörte. In diesem Milieu genoss die Rationalität »ein fast magisches Ansehen«, es ist ein »Milieu, dessen Werte denjenigen des Schreibens entgegengesetzt sind«: »Tatsächlich ist der Arzt – und insbesondere der Chirurg, schließlich bin ich Sohn eines Chirurgen – nicht derjenige, der spricht, sondern derjenige, der zuhört. Er hört der Rede der anderen zu, jedoch nicht, um sie ernst zu nehmen, nicht, um zu verstehen, was sie eigentlich sagen will, sondern um anhand dieser Rede die Anzeichen einer ernsthaften Krankheit nachzuverfolgen, das heißt einer Krankheit des Körpers, einer organischen Krankheit. Der Arzt hört zu, allerdings nur, um die Rede des anderen zu durchdringen und auf die stumme Wahrheit seines Körpers zu stoßen. Der Arzt spricht nicht, er handelt, das heißt, er tastet sich vor, er greift ein. Der Chirurg bringt die Verletzung am schlafenden Körper zum Vorschein, er öffnet den Körper und näht ihn wieder zu, er operiert; all das schweigend, in der absoluten Reduzierung der Worte. Die einzigen Worte, die er äußert, sind die knappen Worte der Diagnose und Therapie. Der Arzt spricht nur, um mit einem Wort die Wahrheit zu sagen und das Rezept auszustellen. Er benennt und er verschreibt, das ist alles.«[51]

Zum Verhaltenscodex eines Arztes, so Foucault, gehört es vom 19. Jahrhundert an, beinahe schweigend die Krankheit aufzuspüren. Roth hat auf diesen schweigsamen Habitus, den sich auch sein Vater zu eigen gemacht hatte, mit einer immensen Produktion von Romanen und Essays, von Theaterstücken und Fotobänden geantwortet. Man kann die Doppelhelix »Die Archive des Schweigens« und »Orkus« als Roths Antwort auf das Schweigen der Gesellschaft nach dem Zweiten Weltkrieg und das Verschwiegene des Vaters verstehen.

Für seine Häutungen der österreichischen Geschichte, betont Roth, habe er über die Jahre hinweg massiv Kritik einstecken müssen, die breite Öffentlichkeit sei nicht an einer kritischen Darstellung von Österreichs Historie vor, während und nach dem Zweiten Weltkrieg interessiert gewesen, gerade in der Waldheim-Zeit sei ihm eine Welle der Kritik entgegengeschlagen. Dem Verfasser kamen bei Roths Worten Martin Pollacks Studie »Kontaminierte Landschaften« (2014) in den Sinn. Pollacks Intention ist es, den als schön empfundenen Landschaften unter die Haut zu sehen, die verdrängte und verschüttete Wahrheit auszugraben und ans Licht zu bringen. Pollack geht es darum, »gewisse Mechanismen und Vorgangsweisen und die Auswirkungen, die sie auf die Landschaften hatten und haben, aufzuzeigen. (...) Denn auch wir selber leben in kontaminierten Landschaften. Mit Massengräbern, von denen noch nicht einmal alle bekannt sind. Auch hier, in Österreich, in unseren Gegenden, im Burgenland, in der Steiermark, in Oberösterreich und anderswo wurden im zwanzigsten Jahrhundert Menschen ermordet und anschließend verscharrt, namenlos. Auf dass sie keiner finde. Das Ziel war stets dasselbe, immer und überall: Die Gräber, in den meisten Fällen nichts anderes als Gruben, oft riesigen Ausmaßes, manchmal ein paar Stockwerke tief, randvoll gefüllt mit hastig übereinandergeworfenen oder auch ordentlich gestapelten Leichen, sollen unsichtbar werden, sie sollen im wahrsten Sinn des Wortes aufgehen in der Landschaft. Die namenlosen Opfer sollen für immer aus der Welt geschafft werden. Restlos.

Keiner soll eine Kerze an ihrer letzten Ruhestätte entzünden, Blumen oder Kränze niederlegen, ein Gebet verrichten, in welcher Sprache auch immer. (…) Die kontaminierten Landschaften sind überall. Das gilt auch für die Landschaften der Kindheit.«[52]

Die Reise ist eine »Reise zu den Toten«, wie der Untertitel des letzten Bandes des »Orkus«-Zyklus heißt. Der Titel dieses Bandes lautet wie der des gesamten Zyklus: »Orkus«. Es geht in die Unterwelt hinab, in jenes Reich, in dem die Toten bestraft oder gefoltert werden. In Roths Orkus wird die Obduktion durchgeführt, wird aufgeschnitten und diagnostiziert. In diesem Zusammenhang helfen zwei weitere Reflexionen von Foucault, Roths Schreiben zu deuten. Im Gespräch mit Claude Bonnefoy spricht Foucault auch über seine Herkunft, Prägung und die Wahl seines Weges. Foucault fragt sich, ob er »auf dem weißen Blatt Papier dieselben aggressiven Zeichen« ziehe, die sein Vater während der Operation in den Körper der anderen schnitt: »Ich habe das Skalpell zum Federhalter gemacht. Ich bin von der Effizienz der Heilung zur Ineffizienz der freien Äußerung übergegangen; ich habe die Narbe auf dem Körper durch das Gekritzel auf dem Papier ersetzt; ich habe das Unauslöschbare der Narbe durch das absolut auslöschbare und durchstreichbare Zeichen der Schrift ersetzt. Vielleicht müsste ich sogar noch weiter gehen. Vielleicht ist das Blatt Papier für mich der Körper der anderen.«[53] Für Foucault ist beim Schreiben die Nähe zum Tod der anderen von Bedeutung, schreiben heißt, »dass man durchaus mit dem Tod der anderen zu tun hat, aber im Wesentlichen hat man mit den anderen zu tun, insofern sie schon tot sind. Ich spreche in gewisser Weise über den Leichnam der anderen. Ich muss zugeben, dass ich ihren Tod ein wenig postuliere. Wenn ich über sie spreche, befinde ich mich in der Position eines Anatoms, der eine Autopsie vornimmt. Mit meinem Schreiben durchlaufe ich den Körper der anderen, ich schneide ihn auf, ich hebe die Häute und Schichten ab, ich versuche die Organe bloßzulegen und indem ich die Organe freilege, versuche ich schließlich, den Herd der

Verletzung, den Herd des Übels, dieses Etwas, das ihr Leben und ihr Denken ausgezeichnet hat und das in seiner Negativität letztlich alles organisiert hat, was sie gewesen sind, zum Vorschein zu bringen. Dieses giftige Herz der Dinge und der Menschen – im Grunde war es genau das, was ich immer offenzulegen versucht habe.«[54]

Der Soziologe Didier Eribon hat in seiner »Michel-Foucault«-Biographie der »Öffnung der Leichname« ein eigenes Kapitel[55] gewidmet und kommt darin auf »die Kraft und die befreiende Gewalt« zu sprechen, die das Werk von Bataille auf Foucault ausgeübt hat. Durch Bataille wurde für Foucault »die traditionelle philosophische Sprache gesprengt« und dadurch »die Idee des sprechenden Subjekts« pulverisiert: »›Das ist das genaue Gegenteil der Bewegung, die seit Sokrates die abendländische Weisheit gebildet hat: jener Weisheit versprach die philosophische Sprache die heitere Einsicht einer triumphierenden Subjektivität, die sich in der Sprache gebildet hat.‹ Während Bataille wahrscheinlich den ›Raum der Erfahrung‹ definiert, ›in der das sprechende Subjekt, anstatt sich auszudrücken, sich aussetzt, seiner eigenen Endlichkeit entgegengeht und sich mit jedem Wort an seinen Tod verwiesen sieht.‹«[56]

Roths Interesse gilt den Schattenseiten der menschlichen Existenz. Sein literarisches Schaffen nimmt den Anfang von Endpunkten her, er geht den Weg zurück, um die Faktoren zu benennen, die eine pathologische Entwicklung bedingt haben. Er folgt in seiner Welt- und Menschensicht einer Überlegung von Erich Fromm, dargelegt in der Studie »Anatomie der menschlichen Destruktivität«: »Obwohl Freud wiederholt darauf hinwies, dass die Macht des Todestriebes reduziert werden könne (…), blieb seine grundsätzliche Auffassung doch: Der Mensch wird beherrscht von einem Impuls, entweder sich selbst oder andere zu zerstören, und er kann dieser tragischen Alternative kaum entrinnen. Aus dieser Annahme des Todestriebes folgt, dass die Aggression ihrem Wesen nach keine Reaktion auf Reize ist, sondern ein ständig fließender

Impuls, der in der Konstitution des menschlichen Organismus wurzelt.«[57]

Die Gesellschaft und ihre Institutionen werden von Roth abgehört und abgeklopft, die Suche richtet sich nach dem Krankheitsherd, der sich im sozialen Körper verborgen hält, bald ausbrechen wird oder bereits ausgebrochen ist und die fragile Ordnung des Zusammenlebens in Mitleidenschaft zieht. Um die Krankheitsherde einer Gesellschaft zu finden, geht Roth die Epochen und Stationen zum Ausgangspunkt einer Verheerung zurück, er sucht gleichsam den Erreger, der einen Staat befallen und die gesellschaftliche Entwicklung an den Rand des Abgrunds getrieben oder sogar in den Untergang gestoßen hat. Für den Germanisten Uwe Schütte befindet sich Roth in Wien »auf Visite bei einem an Körper und Geist erkrankten Patienten«.[58] Die Resultate der an neun Institutionen durchgeführten Visite ergeben »eine präzise Krankengeschichte der Stadt«[59]: »Seine Diagnose ergibt zwei dominierende Problemkomplexionen – das Pathologische und das Kriminelle. Dieser Befund über das politische und kulturelle Zentrum Österreichs – den ›Wasserkopf Wien‹, wie die Stadt in der Provinz genannt wird – lässt sich natürlich auf das gesamte Land ausweiten. (...) Die Thesen Foucaults über die disziplinierenden Funktionen der Justiz und der Medizin bestätigend, demonstriert Roth, wie diese Institutionen durch die Aufklärung mit dem notwendigen Wissen und den effektivsten Techniken ausgestattet wurden, um nonkonforme Individuen erfassen, segregieren und ausgrenzen zu können.«[60]

Bei der Erstellung einer Krankheitsgeschichte ist es in einem gewissen Sinn leichter, wenn der (soziale) Körper bereits tot ist. Die Ursachen und Gründe für Zerstörung und Tod können leichter benannt werden, wenn die zu erforschende Figuration in ihrem Prozess bereits abgeschlossen ist. Der abgezogenen Haut einer Gesellschaft schreibt Roth sein Porträt ein. Seine Literatur ist vom Wunsch beseelt, in die Tiefenstrukturen einer Person, eines sozialen Gebildes oder eines Staates zu gelangen. Dass bei diesen Häutungen auch eigene Haut abgerissen wird, nimmt Roth nicht nur in Kauf, sondern nutzt die eigene Vulnerabilität fürs Schreiben – für sein »J'accuse«. Roths Schreiben ist das eines Moralisten, es ist Klage und Anklage. Die Anatomie des Sozialen und ihre Vermittlung im Subjekt ist das Zentrum von Roths schriftstellerischer Existenz.

18. März 2016

Wir beschließen die Wien-Exkursionen mit einem Telefonat über Anselm Kiefer. Mit den »Besetzungen« (1969), auf denen Kiefer den rechten Arm zum Nazigruß erhebt, sagt Roth, habe er lange Zeit nichts anfangen können, erst durch kontinuierliche Beschäftigung habe sich ihm auch diese Seite von Kiefers Universum geöffnet. Roth sieht in Kiefers Werken »die Spuren der Asche am Boden, die Überbleibsel sozusagen, sie machen selbst wieder Bilder, es gelingt ihm, aus hingeworfenen Farbtupfen einen Sternenhimmel zu schaffen, es gelingt ihm, mit diesen Erdsprüngen ganz alte Zeiten, uralte Zeiten wieder ins Gedächtnis zu rufen. Ich sehe darin etwas, was auch ich die ganze Zeit im Kopf habe, den Fragmentcharakter dessen, was wir derzeit besitzen und was eines Tages davon vielleicht übrigbleiben könnte.«[61]

Kiefer ist für Roth ein Künstler, der die hebräisch-griechisch-römische-christliche Tradition, die Wurzeln dieser Entwicklung, Teile davon, ausgräbt: »Er kommt mir vor wie ein Archäologe, der diese Fundstücke, die er mit Hilfe seiner Fantasie erzeugt, aber gleichzeitig aus seinem Unbewussten herausgegraben hat, zu Tage fördert. Dasselbe geschieht mit mir, wenn ich diese Bilder ansehe: Ich habe immer dieses Gefühl, archäologische Fundstücke aus unserem kulturellen Kreis zu sehen – nach einer Zerstörung. Es ist so, als ob eine riesige Zerstörung diese Kulturwelt vernichtet hätte, und das, was wir hier sehen, sind sozusagen die letzten Fundstücke, die letzten erhaltenen Teile, die auf eine mirakulöse Welt vor der Katastrophe hindeuten. Es kommt alles zum Vorschein, das Hebräische, der Zweite Weltkrieg in diesen kleinen Flugzeugmodellen, aber auch in den großen Flugzeugen oder in Unterseebooten, schließlich auch in den ›Besetzungen‹, es kommt unsere Sprachkultur zum Vorschein, mit den Bildern über die Buchstaben und über die Bücher selbst. Ich finde unglaubliche Dinge wie die Bleibücher, oder bei den Buchstaben diese Druckmaschine, aus der Sonnenblumen wachsen, oder die Bleitafeln mit verwischten Inschriften.«[62]

Nach der Eröffnung von Anselm Kiefers Wiener »Holzschnitte«-Ausstellung, zu der Roth krankheitshalber nicht kommen konnte, führen wir ein zweites, längeres Telefonat.[63] Der Verfasser erzählt Roth, dass Kuratorin Antonia Hoerschelmann in ihrem Essay darlegt, der Widerstand des Holzes fordere Kiefer heraus, das Fließen des Rheins oder das Fallen des Schnees aus dem starren Material herauszuschneiden.[64] Die Kuratorin berichtet in ihrem Essay von einem Gespräch mit Kiefer in Paris, in dem der Maler ihr sagte, dass er sich am liebsten mit Dingen beschäftige, die sich an sich nicht gestalten ließen. Kiefer arbeitet für Hoerschelmann an jenem Punkt, »in dem im Nichts der Moment vor einem Anfang und nach einem Ende zusammentreffen, (…) dort liegt auch sein entgrenzter Raum, voll dicht gefüllter Leere. Der Raum, den Anselm Kiefer in den Holzschnitten erschafft, öffnet sich an der Schwelle zwischen Vision, Illusion und Realität.«[65]

Am Beginn der Ausstellung, erzählt der Verfasser Roth, stehe auf einem großformatigen Holzschnitt ein kleiner Junge in einem tiefverschneiten Wald und blicke dem Betrachter direkt in die Augen; der Betrachter stehe durch diesen Blick an der Schwelle zur eigenen Kindheit. Kiefer beschwöre eine Welt, sagt Roth, in der das schöpferische Potential eines Menschen noch nicht durch Erziehungsmaßnahmen deformiert worden sei.

Japan: Im Bann der Wanderdichter und die Ästhetik des *Wabi-sabi*

Dr. Konrad Feldt in Gerhard Roths Roman »Der Plan« (1998), Angestellter der Österreichischen Nationalbibliothek, gerät in den Besitz eines Teils der letzten Seite der Originalpartitur von Mozarts »Requiem«, auf dem die letzten Worte geschrieben stehen: »quam olim d:c:« (für »quam olim da capo«, was soviel bedeutet wie »wie einstmals noch einmal«). Oberaufseher Glaser hatte eine Ecke der letzten Seite abgerissen und sie Feldt in einem Kuvert übergeben, bevor er sich in der Bibliothek mit einem Schuss in den Mund das Leben nahm. Feldt sollte das Kuvert innerhalb der Institution weitergeben, doch er behält es für sich und schmiedet einen Ausstiegsplan. Feldt, ein Liebhaber von Landkarten des 16. und 17. Jahrhunderts, verändert mit einer Reise nach Japan das Mapping seines in engen Bahnen verlaufenden Lebens. Er legt über die eigene zerrüttete Wiener Existenz die soziale Organisation des fernöstlichen Landes, in der die Atomisierung des Individuums noch nicht so weit wie in Europa vorangeschritten zu sein scheint.

Feldt ist mit 35 Jahren in der Mitte seines Lebens angekommen. Er verwirrt sich in einem Gestrüpp von Verbrechen, die mit dem Versuch einhergehen, das kostbare Stückchen Papier, »die Blaue Mauritius jedes Autographenhändlers«[1], für eine Million Dollar in Japan zu verkaufen. Mit dieser Summe will er sich eine Existenz fern von Österreich aufbauen, es schwebt dem von einer Lesesucht befallenen Aussteiger vor, ein Antiquariat in London, Paris oder New York zu eröffnen. Feldt versteht eine Bibliothek als »eine geistige Speisekammer«[2], doch die dort gelagerten Vorräte stillen seinen existentiellen Hunger nicht mehr. Ein noch stärkerer Impuls treibt Feldt von den

Büchern fort, er will von der Lektüre zum sogenannten Leben kommen.

Im realen oder imaginären Gepäck hat Feldt jene Bücher bei sich, die ihm am Herzen liegen. Das zentrale, die Handlung vorantreibende Werk ist Dantes »Göttliche Komödie«. In dieses Buch legt Feldt den Papierausriss ein, genau an der Stelle im XXIV. Höllengesang, in dem beschrieben wird, wie Diebe von Schlangen zerdrückt werden. Den Asthmatiker Feldt verbindet mit Dantes Schreckensvision auch der Horror, keine Luft mehr zu bekommen. Im XXIV. Gesang muss der Wanderer konstatieren: »Die Lunge war des Atems völlig bar.« Er zwingt sich aufzustehen, »die Atemnot lässt sich beheben«: »Auf sprang ich dann und fühlte, dass ich weise / Mehr Atem jetzt, als ich zuvor empfand, / Und sprach: ›Geh! ich bin stark und kühn zur Reise!‹«[3] Dantes Versepos evoziert bei Feldts Aufbruch die Ahnung einer Zerstörung, die sich in Japan ereignen wird. Mit dem Abstieg in die innere Hölle beginnt eine Wanderschaft, in der Feldt in der Fremde mit dem Wunsch nach Auslöschung konfrontiert wird.

Feldt kommt auf der Reise die bisherige Rezeption der Bild- und Schriftkultur abhanden, er sieht sich dem »Rebuscharakter seiner Wahrnehmungen«[4] ausgesetzt, der damit zu tun hat, dass Feldt, der japanischen Sprache nicht mächtig, die japanischen Schriftzeichen nur als Bilder sehen kann, die Schriftzeichen werden zu Piktogrammen ohne Bedeutung, zu einer Leerstelle. Da den Schriftzeichen keine Information zu entnehmen ist, erfährt die Welt der Bilder einen Schub ins Maßlose. Der Blick verliert sich »in der Auflösung seiner Wahrnehmungen, sie tropften, spritzten, zischten, stäubten, sickerten, schillerten: Körper, Köpfe, Menschen, Taubenschwärme, elektronisches Spielzeug, Masken, Teedosen. Ein fortlaufend zerfallendes Ganzes umgab ihn und schützte ihn, wie er es empfand, mit einem dem Wahn ähnlichen Zustand.«[5] Das Bewusstsein ist der Fähigkeit beraubt, zwischen den Bildern und den Schriftzeichen eine grundsätzliche Differenz zu erkennen.

Fern der Heimat fragt sich Feldt, wie er das abgerissene

Stück Papier mit Mozarts Handschrift gebrauchen kann, um ein Verbrechen zu begehen, das er als ein Verbrechen an seiner Heimat versteht. Umso unbegreiflicher wird für Feldt die Frage auch deshalb, weil seine Herkunft eine andere Sprache zu sprechen schien: »Seine Familie war immer mit Österreich, dem österreichischen Habsburgerreich vor allem, verbunden gewesen. Sie hatte dem Kaiser gedient, sein Großonkel, der Leibarzt des Kaisers, Joseph Kerzl, hatte sogar seine Memoiren vor der Drucklegung vernichten lassen, letztendlich der ärztlichen Schweigepflicht gehorcht und nicht der Verpflichtung gegenüber der Wahrheit vor der Geschichte. Niemals hatte ein Familienmitglied etwas Unehrenhaftes getan. Keiner war den Nazis auf den Leim gegangen, nicht einmal auf den Ständestaat und Dollfuß war jemand hereingefallen, da sie sich immer nur dem Kaiser und der Monarchie verpflichtet gefühlt hatten. Selbst sein Vater war nie etwas anderes gewesen als ein Anhänger der konstitutionellen Monarchie. In seiner tiefsten Seele hatte er immer die Rückkehr des Thronfolgers Otto erhofft.«[6] Denkt Feldt in Japan an seinen Vater, fällt es ihm schwer, ihn in seiner politischen Prägung und Ausrichtung zu verstehen. Feldt selbst verachtet die Politik grundsätzlich, sie erscheint ihm »altmodisch und vulgär – sie hatte etwas von der Atmosphäre einer Großveranstaltung mit volkstümlicher Musik«.[7] Am eigenen Leib erfährt er, dass Österreich ihm keinen Halt mehr gibt.

Roth hat Feldt, dem Sohn eines schweigsamen Militärarztes, mit Bedacht diese Anbindung an die österreichische Geschichte gegeben, wie er in einem ORF-Gespräch mit Kritiker Günter Kaindlstorfer erzählte. Er habe ihn als »Spätgeborenen der Familie Trotta«[8] gesehen, als einen Nachfahren aus dem Figurenarsenal von Joseph Roths Romanen »Radetzkymarsch« und »Die Kapuzinergruft«: »In der Nationalbibliothek ist noch etwas von diesem habsburgischen Geist vorhanden, und dieser Feldt lebt nun als eher unpolitischer Mensch in dieser Bibliothek und begeht an diesem historischen Gedanken einen Verrat. Und der Verrat ist, dass er ein Heiligtum dieser Bibliothek verkauft, und zwar an die Moderne verkauft, an ein Land, das der Inbegriff des Kapitalismus ist (...).«[9]

Auf einen zweiten Bezug zur Geschichte Österreichs kommt Feldt während eines Vortrags in Japan zu sprechen. Er hat für seine Rede Dias vorbereitet, die u. a. die Einbände der Bücher von Prinz Eugen von Savoyen zeigen. Mit diesem Rekurs auf den »edlen Ritter«, wie Prinz Eugen im Volkslied genannt wird, schließt sich auch der Kreis zu einer solipsistischen Philosophie: »Prinz Eugen, der das Habsburgerreich mitgeschaffen, vergrößert und militärisch abgesichert hatte, war mit dem Philosophen Leibniz befreundet gewesen. Leibniz widmete ihm sogar sein Hauptwerk, die *Monadologie.*«[10] Leibniz hat in seinem 1714 veröffentlichten Werk in neunzig Paragraphen eine Kosmogonie entworfen, in der Gott die Urmonade ist, alle anderen Monaden können nur von Gott geschaffen bzw. vernichtet werden. Der Zusammenhalt der fensterlosen Monaden wird durch eine prästabilisierte Harmonie gewährleistet. Das Axiom, das eigene Leben in einer göttlichen Harmonie eingebunden zu sehen, ist Feldt längst abhandengekommen, wobei nicht zu erfahren ist, ob er sich selbst je einmal darauf bezogen hat.

Feldts Japantrip könnte man als eine Reise durch den Korpus der »Göttlichen Komödie« verstehen, zumindest durch das Inferno, denn für diesen Einzelgänger gibt es weder ein Purgatorium noch ein Paradies, geschweige denn eine Beatrice, auf die alle Empfindungen gerichtet sind. In Feldts Denken gibt es keine zahlenmystische Aufladung des eigenen Lebens oder gar eine Anbindung an die himmlischen Sphären der Liebe. Welche Seite Feldt in der »Göttlichen Komödie« auch aufschlägt, sie kommt ihm »zu bedeutungsvoll«[11] vor. In Feldts Leben und bei seinen Affären dominiert der Blick eines kalten Begehrens, es ist ein Blick, dem der Wunsch nach Spiegelung eingeschrieben ist. Im Sinne eines destruktiven Narzissmus ist es zu deuten, dass für Feldt Dantes Werk »vielleicht nicht mehr als ein Fetisch«[12] ist.

Roths labyrinthischer Roman ist eine Reise durch zahlreiche Texte. Bilder und Passagen aus Werken von Baudelaire,

Borges, Camus, Dante, Inoue, Melville, Shakespeare, Musil, Rimbaud, Pessoa, Sartre, Swift, Poe und anderen treiben wie Partikel im Bewusstseinsstrom des Reisenden dahin. Außer den Büchern der erwähnten Autoren werden auch Gemälde bekannter Künstler in die Existenzanalyse einbezogen. William Turners »Interieur in Petworth« kommt Feldt ebenso in den Sinn wie Gustave Dorés Illustrationen zur »Göttlichen Komödie«, Günter Brus' »Irrwisch«, Parmigianinos »Selbstbildnis im Konvexspiegel« sowie Cy Twomblys Werke. Es ist der Strom der abendländischen Literatur und der bildenden Kunst, der in einer existenziellen Notsituation beschworen wird. Literatur und Kunst scheinen jedoch für den Außenseiter ein Anker ohne Halt zu sein. Feldt irrt auf entsetzliche Weise allein durch die Welt, er wird erschossen und erlebt das Sterben als eine Befreiung vom letzten Asthmaanfall. Mit dem eigenen Verscheiden löst sich auch die letzte Spur des Autographen auf. Während des Sterbens fällt »ein kleines Stück Papier unbemerkt aus der Hand des Gaijin in den aufgewühlten Straßenstaub und verschwand im Schmutz und der Dunkelheit der Nacht«.[13]

In seinem Text »Planspiele der Auflösung« weist der Germanist Gerhard Fuchs darauf hin, das erste den Handlungsfortgang kommentierende I-Ging-Zeichen im Buch bedeute »Lü – Der Wanderer«[14] und empfehle Vorsicht und Zurückhaltung. Das »zweite, ironischerweise im Buch nur abgebildete und (von Feldt) nicht mehr dechiffrierte Hexagramm ›Kan – Das Abgründige, das Wasser‹«[15] bedeutet eine »doppelte Gefahr«[16]: »Selbst die vielen Hinweise auf Dantes ›Göttliche Komödie‹ (…), die sich als roter Faden durch den ›Plan‹ ziehen und sogar die Abschnittsstrukturierung bestimmen (34 Unterkapitel analog zu Dantes ›Inferno‹) und die als Höllenfahrt eine mythologische, intertextuelle Kontrastfolie zu Feldts abenteuerlichem Erlebnisbericht bilden, sind weniger eine weltliterarische Nobilitierung eines ›Cocktails aus Sex & Crime & Road Novel‹ als Ausdruck einer konsequenten Strategie der Kontrastierung und Brechung von Erzählebenen, die durch die Etablierung eines semantischen Schwebezustands eine identifikatorische (und damit ausweglose) Fixierung verhindert.«[17]

Roth kehrt, so Ulrich Greiners Einordnung, mit dem Japan-Roman zu den Anfängen zurück: »Schon in seinen frühen Büchern wie ›Der große Horizont‹ (1974) und ›Ein neuer Morgen‹ (1976) war er den furchtbaren Energien unserer Zeit auf der Spur: der Krankheit, dem Verbrechen und der Entfremdung des Individuums in einer Welt, der alles gleichzeitig und gleichgültig erscheint.«[18] Greiner sieht in seiner Rezension »Mozart auf der Reise nach Japan«, publiziert in der Wochenzeitung »Die Zeit«, in Roth den eigensinnig zähen Aufzeichner einer zerfallenen Wirklichkeit, die Herkunft der Sprache komme vom Protokoll und Bericht und erschaffe das »suggestive, detaillierte Bild einer Welt, in der das Reale und das Phantastische ineinander übergehen. Das Zufällige erscheint bedeutsam, und das Geplante erweist sich als bedeutungslos. Das Verbrechen sitzt mitten in der Normalität, und das Normale wird brüchig. Der kalte, parataktische Realismus Gerhard Roths bringt die Farben zu einem irrealen Leuchten, als hätte ein Polarisationsfilter die Zwischentöne beseitigt.«[19]

In der ORF-Sendung »Ex Libris«, in der Roths Roman mit Interviewpassagen vorgestellt wurde, betonte Kritiker Kaindlstorfer, dass die Reise in Roths Werk ihre Fäden spinne. Roth erläuterte hierzu: »Ich glaube, dass die Reise in der Literatur überhaupt eine große Rolle spielt. Von der Odyssee angefangen, sind die literarischen Werke über die Jahrhunderte immer wieder von der Reiseliteratur bestimmt gewesen. Natürlich, eine Reise ist eine Veränderung des Alltags, und im Hinterkopf hat man das Gefühl, dass man von einer Reise nicht zurückkehrt. (…) Diese Fahrt ist auch eine Fahrt ins Imaginäre. Für die Hauptfigur Konrad Feldt, einen besessenen Leser, spielt das Imaginäre eine ebenso große Rolle wie das Reale, wie die Wirklichkeit.«[20]

Für Kaindlstorfer lässt Roth den seit seiner Kindheit asthmakranken Protagonisten Feldt eine Reise in das eigene Halb- und Unbewusste antreten, es ist eine Reise, die letztlich in den Tod führt. Während der Lektüre, so der Rezensent, habe er immer wieder an Thomas Manns 1913 publizierte Novelle »Der Tod in Venedig« denken müssen.[21] Für Roth gab es »zwei Haupteinflüsse«, einerseits »Der Tod in Venedig«, »ein Buch, das ich schon seit vielen, vielen Jahren im Kopf habe, und das andere sind einfach Joseph-Conrad-Abenteuergeschichten, die vordergründig Reiseerzählungen sind, oder eben wie gesagt Abenteuergeschichten«.[22] Dem Roman hat Roth als Motto eine Passage aus einem Joseph-Conrad-Brief an Cunningham Graham vom Februar 1899 vorangestellt: »Die Gesellschaft ist ihrem Wesen nach kriminell, wenn es anders wäre, würde es sie nicht geben. Egoismus allein hält alles aufrecht – absolut alles – alles, was wir hassen, alles, was wir lieben.«[23]

Das zweite Motto des Buches, eine Passage aus Roland Barthes' »Das Reich der Zeichen«, hat Roth kurz vor der Drucklegung auf den Korrekturfahnen gestrichen. Dieses Zitat hätte auf die Unabänderlichkeit des Schicksals verwiesen – Feldts Leben wäre demnach als eine Pachinkokugel zu verstehen gewesen, die im schnellen Fall dem Blick entzogen wird und letztendlich für immer verschwindet: »Pachinko ist ein kollektives und einsames Spiel. Die Automaten stehen in langen Reihen. Jeder der Spieler, die da aufrecht vor ihren Tafeln stehen, spielt für sich, ohne seinen Nachbarn anzusehen, mit dem er gleichwohl auf Tuchfühlung steht. (…) Für den westlichen Spieler geht es nach dem Abschuss der Kugel vor allem darum, die Bahn der fallenden Kugel (über Stöße, die er mit der Maschine ausführt) Schritt für Schritt zu korrigieren. Für den japanischen Spieler ist mit dem Abschuss der Kugel bereits alles getan (…). Der Pachinko reproduziert insgesamt auf mechanischer Ebene das innerste Prinzip der *alla-prima*-Malerei, die es will, dass der Strich in einer einzigen Bewegung ein für allemal gezogen wird und dass er wegen der Beschaffenheit des Papiers und der Tusche niemals korrigiert werden kann. Ebenso kann die ausgestoßene Kugel nicht mehr aus der Bahn gebracht werden (es wäre eine unwürdige Grobheit, wenn man am Apparat rüttelte, wie es unsere westlichen Mogler tun): Ihre Bahn ist durch einen blitzartigen Stoß vorherbestimmt.«[24] Mit einem blitzartigen Stoß hat Feldt sich selbst aus seinem früheren Leben katapultiert. Der vorherbestimmte Stoß reißt ihn in den Untergang.

Roth fokussiert in seinem Japan-Roman auf Bilder, die *on the move* entstehen und eine filmische Qualität haben. Feldts Blick gleitet wie ein Kameraauge an der Welt der Waren vorüber: »Sie fuhren an den unzähligen beleuchteten Bürsten- und Schuhgeschäften, Fahrradreparaturwerkstätten, Drogerien, Insekten- und Schmetterlingshandlungen, Badeutensilien-, Sushi- und Juwelierläden, an Dentisten, Fotohändlern und Elektroverkäufern vorbei, und an den einstöckigen alten Häusern, die wie Schachteln mit Dächern wirkten. In den Geschäften stapelte sich Pappkarton auf Pappkarton, und zumeist verkauften alle Läden einer ganzen Straßenzeile das gleiche: Krawatten, Brillen, Obst oder Schreib- und Papierwaren, Bekleidungsstücke und Snacks, Bettwäsche, Vasen und Stühle, wodurch der Eindruck eines universalen Magazins entstand. (...) Farbige Zierlampions wechselten jetzt mit beschrifteten roten, weißen, gelben und grünen Fahnen auf den Gehsteigen ab, ein buntes, wehendes Schriftzeichenlexikon. Er erinnerte sich daran, etwas Ähnliches in dem Film *Blade Runner* gesehen zu haben; der amerikanische Regisseur, Ridley Scott, hatte ganze Straßenzüge aus Tokyo im Studio nachbauen lassen, um die utopische Atmosphäre des Romanstoffes zu erzeugen. Aber der Eindruck, den er jetzt davon erhielt, war noch überwältigender, da er die Dimensionen der Stadt am eigenen Körper erfuhr.«[25]

Unterwegs gesammelte Erfahrungen sind seit den Wanderdichtern ein zentraler Topos der japanischen Literatur[26]. Matsuo Bashō (1644–1694), der berühmteste japanische Dichter, ist bis kurz vor seinem Tod immer wieder zu Wanderungen aufgebrochen und hat sich den auf der Reise gemachten Impressionen verschrieben. Die Werke »Oku no hosomichi«, auf Deutsch »Auf schmalen Pfaden durchs Hinterland«[27], 1689 entstanden und 1702 in Kyoto im Erstdruck erschienen, und die von 1680 bis 1694 entstandenen Haibuns, Haikus im Prosastil, die der

Übersetzer und Herausgeber Ekkehard May 2015 unter dem Titel »Haibun«[28] publizierte, sehen die Wanderschaft als eine Conditio humana. »Auf schmalen Pfaden durchs Hinterland« beginnt mit Gedanken zu »Reisevorbereitungen«, die das Los des Menschen in eine kosmische Dimension rücken: »›Sonne und Mond, Tage und Monate verweilen nur kurz als Gäste der ewigen Zeiten‹, und so ist es mit den Jahren auch: sie gehen und kommen, sind stets auf Reisen. Nicht anders ergeht es den Menschen, die ihr ganzes Leben auf Booten dahinschaukeln lassen, oder jenen, die mit ihren am Zügel geführten Pferden dem Alter entgegenziehen: tagtäglich unterwegs, machen sie das Reisen zu ihrem ständigen Aufenthalt. Viele Dichter, die vor uns lebten, starben bereits auf der Wanderschaft. Meine Gedanken hören dennoch nicht auf, wohl angeregt durch den Wind, der die Wolkenfetzen jagt, um das stete Getriebenwerden zu schweifen – ich weiß schon gar nicht mehr von welchem Jahr an.«[29]

Bashōs Haibun »Worte, Kyoriku zum Abschied fortbegleitend« kreist um das Thema von Aufbruch und Reise, und auch die drei Haikus, die den Haibun beschließen, thematisieren Reiseerfahrungen. Kyoriku, ein Offizier in Staatsgeschäften, kehrt über den Kiso-Weg in seine Heimat zurück, er sitzt auf einem Postpferd, im Gurt steckt das Langschwert, ein junger Samurai begleitet den in Malerei und Dichtkunst gebildeten Mann. Bashō beschwört bei Kyorikus Anblick die Utensilien eines Wanderdichters: »Seit alten Zeiten haben Menschen, die Empfindungen für Dichtkunst hegen, einen Tragekorb auf den Rücken geschnallt, ihre Füße in Strohsandalen gequält, unter einem zerschlissenen Flechthut Frost und Tau ertragen und Freude darüber empfunden, die Wahrheit der Dinge zu erfahren, in dem man diese Mühe auf sich nahm.«[30] Die drei Haikus lauten: »Ähnele im Herzen / den Blüten des *shii*-Baumes!-/ Reise auf dem Kiso«, »Werde im Herzen / ähnlich den Kastanienblüten – / auf der Kiso-Reise!« und »Lerne von den Mühen / der Menschen auf der Reise! – / Fliegen auf dem Kiso«[31]. Für den Übersetzer Ekkehard May steckt eine ganze Weltanschauung in diesem Haibun: »Die Wahrheit über die Welt und die eigene Existenz ist nur erfahrbar durch Mühe, Erdulden und das unmittelbare Erleben *auf dem Wege*. Die Wanderung ist nicht nur die große Metapher, sie ist *Erkenntnismittel* (...).«[32]

Der Japanologe Nobuyuki Yuasa schreibt in seiner Einleitung zu »The Year of My Life«, dass im Gegensatz zu Bashō der japanische Dichter Issa (1763–1828) ein grundsätzlich anderes Verständnis der Reise hatte. Für Bashō war die Reise eine Disziplin des Verzichts und eine Übung in Einsamkeit. Erst in der Einsamkeit unterwegs kam die fundamentale Einsamkeit des menschlichen Lebens zum Ausdruck. Für Issa hingegen »war der Weg eine Verknüpfung, die ihn noch näher an andere Menschen band. Die erfahrene Einsamkeit als Reisender diente nur dazu, um ihn noch stärker an das glückliche Zuhause zu erinnern, das er hinter sich gelassen hatte. Und es ist charakteristisch für ihn, dass er während des Unterwegsseins ständig einen Freund suchen sollte, mit dem er die Nacht verbringt (...)«.[33]

In seinem Essay »Issa, der Teedichter« betont Thomas Immoos, dass der Dichter und Mönch Saigyō (1118–1190), auf den sich Bashō immer wieder bezieht, vor allem »die Einsamkeit auf der Wanderschaft, das geruhsame Versenken in das eigene Ich« suchte, während Issa »sehr auf die Beziehung zu andern Menschen angelegt« ist: »Der Anblick des Meeres erinnert ihn unmittelbar an seine früh verstorbene Mutter.« Nach dieser Überlegung zitiert Immoos folgenden Haiku von Issa: »Wenn ich am Meer steh, / steigt aus dem Wellengewoge / das Mutterantlitz.« Issa selbst sah sich in einer engen Beziehung zu Saigyō: »Wir wissen nur, dass sobald die Bettlertasche am Hals und das Bündel an der Schulter hing, Issas Schatten ihn unmittelbar an die Tuschzeichnungen des berühmten Mönchdichters Saigyō erinnerte.« Issa war über zehn Jahre auf der Wanderschaft, und dieses Unterwegssein als Wanderdichter zeigt für Immoos, in welcher Tradition Issa sich sah. Bereits die Zenmönche in China zogen »die Betrachtung auf der Wanderschaft dem Hocken im Lotussitz«[34] vor.

Auf die Frage nach der Bedeutung der Wanderung in der japanischen Kultur antwortete der Germanistikprofessor von der Tokioter Meji-Universität und Roth-Übersetzer Tsuneo Sunaga dem Verfasser, er müsse diese Frage von neuem überlegen, momentan würde er phantasieren, dass die Wanderschaft, wie am Beginn von Bashōs Wanderbuch erklärt, »einem wandernden Blick« folge, »einem jeden Morgen von Neuem anfangenden, nämlich vergänglichen; jeder Wanderer sollte einen Antipoden des Autochtonen verkörpern, der einen festen unbewegten Boden unter seinen Füßen hat und seinen Fuß auch nicht davon loslassen kann. Jeder Wandernde verfügt über eine freie Sehweise, die Sekunde um Sekunde je ein neues Bild entfalten könnte, wogegen er aber seinen eigenen Halt einbüßen müsste. Wandernde Dichter sollen keinen festen Schreibtisch haben, wie Bashō postulierte; nach jeder momentanen, durch Eingebung gegönnten Schaffensarbeit soll der Arbeitstisch umgestoßen und weggeschmissen werden. Das Wandern soll dem Haikai-shi, dem Haiku-Dichter, so eine immer erneuerte und auch immer dessen Sinn und Blick erneuernde Gelegenheit gönnen, womit der Weg vor dem Wandernden immer eine neue Schönheit, eine lebensgefährliche inklusiv, eröffnen könnte; und somit eines Dichters Lust sei. Jeden Tag, oder genauer vielleicht, jeden Abend genießt man eine je einmalige Begegnung und trägt in der Runde seinen Teil bei, man kann die nächste Zeile beruhigt dem Nächsten überlassen. Und so wird ein Band mit 36 Zeilen geschaffen, und morgen kommt wieder eine neue Begegnung, eine andere, mit einem ganz anderen Band. Man nennt eine derartige Arbeit manchmal eine Literatur der Runde. Übrigens genieße ich alle Monate auch eine solche Runde; und zwar einen Nachmittag zum Renku, Kettengedichte.«[35]

Wie Tsuneo Sunaga weist auch der Japanologe Haruo Shirane in seiner Studie »Traces of Dreams. Landscape, Cultural Memory and the Poetry of Bashō« (1998) darauf hin, die Reise in Bashōs Werk als eine Metapher für die Haiku-Imagination zu verstehen: »Bashōs Poetik des ›Unveränderlichen und stets sich Ändernden‹ verweist auf ein Streben, von Bashō die ›Wahrheit der poetischen Kunst‹ genannt (…), das eine unaufhörliche Vorwärtsbewegung erfordert. Reisen bedeutet eine ständige Anstrengung, Neuland zu entdecken und neue Sprachen sowie fortwährend nach neuen Blickwinkeln auf die Natur, die Jahreszeiten und die Landschaft zu suchen, den Trägern des poetischen und kulturellen Gedächtnisses. (…) Gleichzeitig jedoch bedeutet Reisen für Bashō, wie für seine mittelalterlichen Vorgänger, die Dichter-Priester, eine Bewegung durch die Zeit, ein Zurückverfolgen der Fußstapfen der Ahnen (…), die nicht nur zu einer Quelle spiritueller und poetischer Inspiration werden, sondern zu einer kulturellen Verpflichtung. Reisen ist sowohl ein Mittel gewesen, um kulturelle Identität zu erweitern und zu erwerben.«[36]

In der zweiten Hälfte des 19. Jahrhunderts war die Übernahme japanischer Ausdrucksformen eine wichtige Strömung in der bildenden Kunst Europas. Der Japonismus erregte die Salons und die Gemüter, die Ästhetik des *Wabi-sabi* veränderte den Blick auf die Welt. Dieser Doppelbegriff hat eine lange Geschichte. *Wabi* lenkt die Aufmerksamkeit auf die Mühen eines einsamen Lebens inmitten der Natur. *Sabi* hingegen bedeutet fröstelnd, ausgezehrt oder verwelkt. Um das 14. Jahrhundert bekommen die beiden Begriffe eine positive Konnotation. Die Abgeschiedenheit wird von den Asketen als Ideal gepriesen, im Abgezehrten und Verwelkten wird eine eigene Ästhetik entdeckt. Die verbrauchten Gegenstände müssen sich nicht mehr beweisen. Heute wird *Wabi-sabi* als ein Begriffspaar gebraucht, das sich wechselseitig definiert. Geprägt ist die Geisteshaltung des *Wabi-sabi* von einer Einsicht in die Vergänglichkeit alles Irdischen. Von der mächtigen Baumkrone bleiben im Winter nur ein paar dürre Äste zurück, vom Sitz eines Herrscherhauses nur die grauen Reste des Fundaments. *Wabi-sabi* steht dem *objet trouvé* (gefundener Gegenstand) und dem *objet pauvre* (armseliger, gebrauchter Gegenstand) nahe, ist eine vom Zen-Buddhismus inspiriere *arte povera* des Ostens. Um ein Bespiel für diese Ästhetik zu nennen: Ein Nagel, in ein

Holzbrett geschlagen, ist im Laufe der Jahre rostig geworden und hat seine Spuren in der Maserung des Holzes hinterlassen.

Ganz in diesem Sinn ist Roth für den Künstler Martin Behr ein »Entdecker von herber Schönheit im Alltäglichen, sein Gespür für die Allgegenwart der Geschichte und die Allmacht der Vanitas ist ausgeprägt. Eine von vielen Metaphern dafür? Rost. Roth dokumentiert Rost auf Schiffen, auf Tafeln, auf Gerätschaften. In seiner Heimat und in fernen Ländern. Der perspektivisch eingeengte Korrosionsprozess erinnert bei diesen Aufnahmen an abstrakte Gemälde, an sinnliche Farblandschaften. Ähnlich wie in seinen Texten ist er bemüht, das Übersehene, das Vergangene, das im Laufe der Zeit unklar Gewordene, das im Stadium der Vergessenheit Befindliche, das Verdrängte sichtbar zu machen und für die Nachwelt zu konservieren.«[37] Behr exemplifiziert diese philosophische Haltung anhand von Fotografien, die Roth vorwiegend im Herbst und Winter von Krähen aufgenommen hat: »Immer wieder Krähen. Auf Bäumen sitzend, im Flug, allein oder in Gruppen, sich vom Schnee am Boden farblich deutlich abhebend oder – Suchbildern gleich – im Geäst verschwindend. (…) Man ist versucht, diesen Produkten des Roth'schen Blicks eine melancholische Grundhaltung zuzuschreiben. Die poetischen Stillleben aus dem menschenleer gewordenen Park stehen für die Bereiche Phantasie und Gefahr, berichten vom (Über-)Leben in der kahlen, unwirtlichen Natur, von der Vergänglichkeit des Seins.«[38] Das Sich-Auflösen und Verschwinden von Lebenswelten, die Rückkehr der von den Menschen geschaffenen Gegenstände in den Kreislauf der Jahreszeiten bewegt Roth in seinem gesamten Werk.

Doch nicht nur zu den Haikus, Haibuns und der Ästhetik des *Wabi-sabi* fühlt Roth sich hingezogen, er erörtert in »Der Plan« auch die Wahrnehmungsstruktur eines japanischen Dichters, der ab Mitte der 1970er Jahre im deutschsprachigen Raum eine große Rezeption erfuhr. Feldt geht in Japan die Impressionen durch, die Bücher in ihm hinterlassen haben. Bei Yashushi Inoues Erzählung »Das Jagdgewehr«, »das er monatelang in seiner Jackentasche mit sich getragen hatte, roch er kalte Luft, sah die Maserung eines aufgeschlagenen Steines und ein Lippenpaar so nahe vor den Augen, als wollte es seine Lider küssen. Ein Gefühl des Entspanntseins wie nach getaner Arbeit, wenn der Körper von Müdigkeit schwer wurde, der Verstand hingegen das Gewicht der Vorausplanung verlor.«[39]

Im Kapitel »Ryokan (Die Welt des toten Dichters)« trifft Feldt den Germanistikprofessor Shuichi Inoue, den Sohn des Dichters Yashushi Inoue (1907–1991). Feldt erzählt Shuichi Inoue, dass seine besondere Aufmerksamkeit und Zuneigung der Erzählung »Das Jagdgewehr« gelte, aber auch »Meine Mutter« und die Kindheitsgeschichte »Shirobamba« hätten ihn berührt. Durch die Begegnung mit Inoues Sohn ruft Feldt sich in Erinnerung, was ihm am Werk des japanischen Dichters nahegegangen ist: »Im *Jagdgewehr* bewunderte er besonders Saikos Brief, in dem diese ihren ehemaligen Geliebten an ihren Ehebruch erinnerte. Das Paar war in einem Hotel abgestiegen, mit einem Fenster zum Meer. Gegen Mitternacht öffnete der Liebhaber die Läden, und beide entdeckten ein Fischerboot, das so hell brannte, als hätte man es mit einer Fackel angezündet: ›Wir wollen Verbrecher sein!‹ sagte der Liebhaber, und die Frau antwortete ihm: ›Ja, weil wir nicht anders können, als Verbrecher zu sein, wollen wir große Verbrecher sein! Solange wir leben, wollen wir alle betrügen.‹ Wie oft hatte er diese Stelle gelesen, sich an dem Buch festgehalten, als er zu einer schwierigen Prüfung angetreten war oder einer späteren Geliebten seine Zuneigung gestanden hatte.«[40]

Am Ende des Romans entfacht Roth einen Weltuntergang, die Erde bebt. Feldt kommt durch Schüsse von Polizisten um. Es ist, als wäre dieser Japan-Reisende erleichtert, dass andere sein Ende herbeigeführt haben, das Chaos ist verschwunden. Feldts Aufbruch und Ende könnte man mit einer Kapitelüberschrift des Romans deuten: Den Prozessen des Verschwindens und Verlöschens sind »Grundrisse der Schönheit und der Angst«[41] eingezeichnet.

»Auf Reisen denkt man intensiver ans Sterben«
In einem erloschenen Vulkan

Welche Reise stand am Beginn Ihres siebenbändigen Zyklus »Orkus«, nach den »Archiven des Schweigens« die zweite Hälfte Ihrer Doppelhelix?

Die erste Reise führte mich zum Neusiedlersee, dort verbrachte ich für den Roman »Der See« Monate, ich fuhr mit den Fischern immer wieder auf den See hinaus, begleitete in einem Elektroboot einen Jäger in die »Schluichten«, so heißen die schmalen Wege durch den Schilfgürtel, war bei einer Entenjagd dabei.

An den Beginn dieser dunklen Vater-Sohn-Geschichte haben Sie drei Zitate von Joseph Conrad, Peter Weiss und August Strindberg als Motti gesetzt. Über den Zitaten steht: »Im Land der Mörder«. Das Zitat von Peter Weiss aus »Gegen die Gesetze der Normalität« lautet: »Allem war das Gefährliche genommen, oder besser, das Gefährliche war versteckt unter einer verlogenen Unschuld. Es lag an uns, sich entweder dem Außenwerk anzupassen und nützliche Staatsbürger zu werden, oder nach dem Gefährlichen zu graben und sich dabei zu verbrennen.«

Ich besuchte, um nur ein Beispiel zu nennen, in der Gegend um den Neusiedler See den Jüdischen Friedhof in Frauenkirchen. An der Busstation vor dem Friedhof, im Inneren des Wartehäuschens, entdeckte ich ein riesiges Hakenkreuz, es war offenbar schon jahrelang dort. Später fuhr ich noch einmal dorthin, und das Hakenkreuz war immer noch da.

Die nächste Reise führte Sie nach Japan?

Diese Reise war ungeheuerlich, ich wurde von österreichischen Germanisten, die in Japan lehrten, geladen und las dort an Universitäten. Eine Universität brachte ein wunderbares Buch heraus, von dem ich zwei Exemplare besitze, ich glaube, es war die Keio-Universität. In dem Buch waren die 100 international »wichtigsten« Schriftsteller jener Zeit versammelt, mit dem Roman »Landläufiger Tod« war ich in die Auswahl aufgenommen worden. Es handelte sich um Schriftsteller, die in den Augen der Herausgeber das Schreiben veränderten. Von Österreich waren Elfriede Jelinek, Peter Handke und ich vertreten. Ich las an den Universitäten und diskutierte lange mit den Studenten. Für die Japaner war es ungewohnt, dass jemand einen kritischen Blick auf das »eigene« Land wirft und seine Geschichte kritisch analysiert, das kam ihnen noch immer wie ein Verrat vor. Die Japaner waren in dieser Hinsicht noch nicht sehr weit, sie waren noch immer in ihrer geistigen Opferrolle gefangen: sie die Guten, die anderen die Schlechten. Aber dadurch war der Zulauf zu den Veranstaltungen auch enorm, es wurden Hörsäle und Kameras zur Verfügung gestellt, die aufnahmen, was ich las und mit den Studenten diskutierte.

Wie haben Sie die Studierenden erlebt?

Die Studenten waren alle sehr »folgsam«, »angepasst«, ich lernte leider keinen Rebellen kennen. Alles war sehr autoritätsgesteuert, alles musste man »richtig« machen. Japan und seine Menschen haben mich aber dennoch beeindruckt. Der Vulkan Aso bei Kumamoto hat einen Durchmesser von fünfzig Kilometern, er ist erloschen, und man kann mit dem Auto in ihn hineinfahren. Auf dem Grund befinden sich Geschäfte, Supermärkte und Gasthäuser. Im Aso selbst gibt es drei andere Vulkane, sie sind noch tätig, einer ist so hoch, dass man dort im November Ski fahren kann. Wir stiegen den eigentlichen Vulkan Aso im riesigen Krater bis zur Spitze hoch, wir marschierten wie durch Dantes Hölle, Stiegen hinauf, Stiegen hinunter, aus dem Vulkan dampfte und rauchte es, die Schutzhäuser waren wie Wartehäuschen gebaut, aber sie waren aus Beton. Es kommt nämlich immer wieder zu Unfällen: Gesteinsbrocken werden herausgeschleudert und verletzen die Besucher.

Hatten Sie Angst?

Nein. Es war unglaublich kalt, aber ich wollte von dort nicht weggehen, obwohl ich fror. Der Vulkan Aso war eine magische, beeindruckende Entdeckung. Wir gingen im Vulkankrater in ein Gasthaus, dort zog man gerade lebende Fische auf einen Holzspieß, die sich windenden Fische wurden sodann über dem Feuer gebraten. Ich konnte keinen Fisch essen, aber alle Übrigen verspeisten ihn gerne, die Japaner sogar mit Begeisterung, sie lachten, wenn der Fisch sich noch bewegte. Da ich das Lachen überhaupt nicht verstand, wurde mir erklärt, dass es in der Vergangenheit immer wieder vorgekommen sei, dass Gäste aus anderen Landesteilen, vor allem Samurais und Fürsten, mit Hilfe von Fischen vergiftet worden seien. Aus diesem Grund hatte es sich eingebürgert, dass alle Fische lebendig gebraten werden, keiner macht sich heute darüber auch nur einen Gedanken. Im Anschluss an unser Essen wurde es lustig, wir tranken Rotwein, es gab drei, vier Jahre alten Beaujolais, es waren irrsinnig teure Weine, die eigentlich noch im Jahr der Traubenlese getrunken gehören. Der Reisschnaps, der Sake, schmeckte mir nicht. Ich gab Eiswürfel in das Glas und trank wieder: Wie ein Hauch Wodka schmeckte er jetzt. Er hatte zwar noch seinen typischen Geschmack, nur herrlich verfeinert. Wir hielten uns drei, vier Stunden im Restaurant auf und tranken mehrere Flaschen leer. Beim Hinausgehen sahen wir, dass an anderen Tischen viele Gäste sich ebenfalls schon Sake und Eis hatten kommen lassen.

Sie lasen zuerst an der international renommierten Keio-Universität?

Ja, und danach in Tokio an einer anderen Universität, an der es während der Lesung zu einem Erdbeben kam. Einige Studenten hockten schnell unter den Tischen, und der anwesende Germanist sagte laut, jetzt würde die Angst spürbar. Ich saß auf einem Podium und sah, dass das Wasser aus meinem Glas herausspritzte – so stark wackelte der Tisch. Ich wusste nicht, was ich machen sollte, und blieb sitzen. Das Erdbeben hörte dann jählings auf.

Im Roman »Der Plan« dauert das Erdbeben neun Sekunden und hat eine Stärke von drei bis vier auf der Richterskala.

Dann plötzlich Ruhe, Stille. Sie alle kamen unter den Tischen wieder hervor, und ich sagte, ich hätte mir immer schon gewünscht, dass die Erde bebe, wenn ich lese, danke schön. Für diesen Kommentar wurde ich bejubelt. Um den guten Ausgang zu begießen, luden die Veranstalter mich in ein Kellerlokal ein, dort nahmen wir einen Imbiss und tranken Bier. Es war wie in einem Edel-Heurigen, lange Tische und Bänke, alles schön möbliert, die meisten Tische waren für bestimmte Leute reserviert. Es gab einen Glasschrank, in dem waren die angebrochenen Sakeflaschen der Stammgäste aufbewahrt. Irgendwann traten drei Menschen ein: ein Riese, der einzige wirklich große Mensch, den ich in Japan sah, er war 1,85 bis 1,90 Meter groß. Das ist für einen Japaner außerordentlich. Er kam in Begleitung einer Frau und eines Mannes herein. Neben mir saß der Übersetzer von Thomas Manns Werk, der bei meiner Lesung anwesend gewesen war, und wollte gerade Senta und mir Japan als das ursprüngliche Paradies erklären.

Österreich haben Sie gerade nicht als Paradies dargestellt.

Ich zog das Foto-Buch »Im tiefen Österreich« heraus und zeigte es ihm. Er sagte, es setze die alte bäuerliche Welt mit dem Paradies gleich. Plötzlich kamen, wie gesagt, diese drei Menschen herein, und der Thomas-Mann-Übersetzer begann mit den dreien zu reden und sagte uns zwischendurch ehrfürchtig, der große Mann sei der Präfekt der Bezirkspolizei, die Frau und der Mann seine Sekretärin und sein Sekretär. Der Germanist zeigte auch dem Polizeipräfekten mein Buch, dieser blätterte darin, machte dabei ein strenges Gesicht und legte es nachdenklich zur Seite. Er stand plötzlich auf, verbeugte sich und befahl dem Wirt, er möge die beste Flasche Sake bringen, ich und er müssten so lange Sake trinken, bis einer von uns aufgebe. Die Studenten flüsterten mir auf Deutsch zu, ich solle augenblicklich aufhören, Bier zu trinken, und zusehen, dass ich so viel wie möglich esse. Es wäre für mich, stellte sich heraus, auch keine Schande gewesen, nur ein Glas zu trinken und es dabei bewenden zu lassen, aber der Sake war hervorragend. Nach dem ersten Glas gab die Sekretärin auf und nach dem dritten Glas der Sekretär, und zuletzt – es war nur noch wenig Sake in der Flasche – der Polizeipräfekt. Ich war noch in relativ guter Verfassung. Der Übersetzer erläuterte mir, dass der Polizeipräfekt japanischer Judo-Meister im Schwergewicht gewesen sei und der japanischen Nationalmannschaft angehört habe, er sollte 1984 bei den Olympischen Spielen in Los Angeles teilnehmen, verletzte sich aber und habe daher den Olympiatitel nicht gewinnen können.

Was hatte der ehemalige Judoka mit Ihnen vor?

In einer kurzen Rede sagte er, während wir noch tranken, es tue ihm sehr leid, dass ich mit meiner Frau nach Tokio gekommen sei, er hätte mir sehr gern die geheimen Häuser der Stadt gezeigt, die Bordelle. Es gibt in Japan Hotels, die mit allen möglichen Merkwürdigkeiten ausgestattet sind, zum Beispiel ein Kinderzimmer, ein Rokokoraum, ein römischer Raum, oder das Zimmer ist als Raumkapsel mit entsprechenden Betten gestaltet. Es gehen vorwiegend Ehepaare dorthin, die meisten haben nur eine Einzimmerwohnung, und wenn sie ein Wochenende finden, an dem ihre Eltern oder Schwiegereltern auf ihre Kinder aufpassen, dann genehmigen sie sich ein Weekend in den geheimen Häusern der Stadt. Aber es gibt in den Hotels auch Zimmer für Prostituierte. Nach dem Essen sind Senta und ich die steile Treppe zur Straße hinaufgestiegen, oben warteten schon der Polizeipräfekt und sein Sekretär und verharrten in tiefer Verbeugung. Auch ich verbeugte mich, und sie verbeugten sich noch tiefer, bis ich ins wartende Taxi stieg.

Sind Sie trinkfest gewesen, wie wirkte der Alkohol auf Sie?

Wir wurden ins Hotel gebracht, unterwegs verlor ich schon leicht das Bewusstsein und schaffte es gerade noch bis zum Bett, wo ich noch im Mantel sofort einschlief. Am nächsten Morgen wachte ich »fertig angezogen« auf. Wir waren spät dran, erfuhr ich von meiner Frau, und ich musste – so wie ich war – zum Bahnhof eilen, um mit dem Shinkansen und dem IC-Zug in den Süden zu fahren. Als ich nach ungefähr zehn Stunden Fahrt in Kagoshima ankam, begrüßten mich schon am Bahnsteig der japanische Germanistikprofessor und zwei seiner Assistenten. Der Professor sagte, der österreichische Germanist Walter Ruprechter habe bei ihm angerufen und ihm erzählt, was in Tokio vorgefallen sei. Er freue sich darauf, dass auch wir zusammen eine Flasche Sake trinken würden. Ich ließ mich darauf aber nicht mehr ein. Die Japaner sind nicht sehr trinkfest, viele fahren jeden Freitag betrunken in der U-Bahn nach Hause. Es fehlt ihnen ein Enzym, die Aldehyddehydrogenase, dieses Enzym fehlt auch den Chinesen, den Indianern und Inuit. Es ist eine japanische Tradition, dass man zusammen mit dem Chef am Abend ausgeht, und an einem bestimmten Tag im Jahr können alle Untergegebenen dem Chef sagen, was sie von ihm denken, ohne dass er irgendetwas entgegnen darf. – Im Süden von Kagoshima gibt es den Vulkan Sakurajima, auch er war wie der Aso ungeheuerlich. Ich wollte auf diesen Vulkan hinauf, aber er war nicht zugänglich. Ich sah nur Rauchwolken aus dem Krater steigen. Der Friedhof in der Nähe war ganz mit Asche bedeckt. Es gibt dort oft Aschenregen.

In Ihrem Roman »Der Plan« schreiben Sie vom Rebuscharakter der Wahrnehmungen. Sie lassen Ihren Protagonisten Konrad Feldt fragen, ob die Landschaften vor dem Fenster nicht auch Bilderrätsel seien. Ist diese Wahrnehmung spezifisch mit der Ästhetik der japanischen Kultur verbunden?

Immer wenn ich in ein fremdes Land komme, ist diese Wahrnehmung da. In Japan war sie besonders stark: die Menschen haben eine andere Hautfarbe, es gibt andere Bauten, andere Speisen und Getränke, eine andere Geschichte, es gibt Erdbeben, Vulkane, riesige Wälder, riesige Teeplantagen, ein riesiges Tokio, in dem nicht« einmal alle Straßen einen Namen haben. Man muss dem Taxichauffeur oft genau erklären, wohin man will, das dauert immer ein wenig, bis der Fahrer sich zurechtfindet …, man muss ihm entweder ein Geschäft nennen, ein Gebäude, das deutlich zu sehen ist, eine größere Straße, die in der Nähe ist, und dann schafft er es irgendwie. Tokio ist wirklich ein Labyrinth. Natürlich haben mich die Kunstwerke dort enorm beeindruckt, die buddhistischen Klöster, die Friedhöfe.

Wie sehen die Friedhöfe auf dem Land aus?

Nach buddhistischer Lehre dürfen Gräber nicht besonders auffallen, nach schintoistischer Lehre werden die Toten auf dem Land entweder neben dem Wohnhaus begraben oder als Asche auf einem Brett im Wohnzimmer aufbewahrt. Merkwürdigerweise gibt es viele christliche Begräbnisse. Die Japaner sind die einzigen in Asien, die christliche Begräbnisriten annehmen, nachdem sie noch 1596 26 Missionare in Nagasaki gekreuzigt haben.

Der japanische Regisseur Masahira Shinoda hat Anfang der 1970er Jahre mit »Schweigen« einen bedrückenden Film über die Verfolgung zweier Missionare aus dem Jesuitenorden gedreht, die im 16. Jahrhundert Japan christianisieren wollten. Als ich den Film zum ersten Mal sah, war ich überrascht, dass Shinoda die japanische Gesellschaft wegen der Folterung der Jesuiten anklagte.

Heute geht die japanische Gesellschaft mit den Religionen eklektizistisch um, es gibt viele, die eine schintoistische Hochzeit mit schönem, traditionellem Gewand wählen, die Hochzeit wird sehr feierlich begangen. Es gibt von ein- und denselben Personen später oft ans Christentum angelehnte Gräber, auch wenn die drei Holzstäbe des Buddhismus danebenstehen. Die buddhistischen Klöster verlangen für die drei Stäbe so viel Geld, dass viele Hinterbliebene einfach darauf verzichten und die Gräber nur mit einem Stein und dem Namen des Toten darauf ausstatten. Ich besuchte auch das Grab von Yasushi Inoue. In der Nähe von Inoues Grab stand sein wunderschönes Landhaus, es wurde vom ursprünglichen Platz einfach abgetragen und an einer anderen Stelle in der Nähe wieder errichtet. Man kann es besuchen, und an dem Platz, an dem es vorher gestanden war, befinden sich jetzt ein schöner Garten und ein anderes Haus, das man ebenfalls besuchen kann.

Yasushi Inoues Grab befindet sich in der Nähe von Shizuoka?

Ja, in Yugashima, wir gingen den Weg bis zum Grab hinauf, wir sprachen mit seinem Sohn, dem Germanistikprofessor Shuichi Inoue, das alles ist mir sehr nahegegangen. Auf Reisen denkt man intensiver ans Sterben. Man empfindet es als ein Geschenk oder eine Strafe, dass einen das Schicksal dorthin führte, wenn man es so pathetisch sagen will. Ich verdiene nicht so viel, dass ich mir jederzeit eine Japanreise leisten kann, für mich ist eine Reise auch ein Abenteuer, dadurch schaue ich mich immer sehr gründlich um, wie die Menschen dort leben, was sie anders machen als wir. Wir sind mit unserer Form von Zivilisation kein Maßstab, das bilden wir uns nur ein.

In einem ORF-Interview haben Sie gesagt, dass Japan eine zwischen der Tradition und Moderne fast zerrissene Nation sei.

Es gibt in der Nähe von Tokio ein merkwürdiges Dorf: Als der Kaiser nach dem Zweiten Weltkrieg als Gott abdanken musste, schworen die Bewohner, sie würden am Dorfleben nichts mehr ändern, das Dorf solle vielmehr so bleiben, wie es unter dem Kaiser gewesen war. In dieses kleine Dorf hat man Senta und mich gebracht. Ein schöner Berghang war daneben, es war Herbst, und die Blätter waren bereits gelb gefärbt. Wir fuhren eine Straße bis zum Wald hoch, dort standen drei oder vier

Bänke mit Aussicht auf das Dorf, man sah Äcker und man sah neben jedem Haus die Gräber mit den Grabsteinen.

Wie war der Alltag?

Wir wurden von einer angesehenen Persönlichkeit zum Essen in ihr Haus eingeladen, und der Mann verbeugte sich vor mir, ich verbeugte mich zurück, er hat sich wieder verbeugt, und ich habe mich zurück verbeugt, bis mir der Germanist Ruprechter sagte, ich müsse damit aufhören, der Gastgeber müsse sich als Letzter verbeugen. Wir haben uns sicher fünf, sechs Mal gegenseitig verbeugt. Im Haus gab es ein Zimmer, dessen Boden ein Podium war, auf das man hinaufsteigen musste. Im Podium selbst befand sich eine viereckige Feuerstelle. Die Häuser in Japan sind allgemein sehr klein. Das Ehepaar und ihr Sohn zeigten uns ein, zwei Räume, ein Raum war eine vollgestopfte Bibliothek. Als ich meine Schuhe nach dem Eintritt in eines der langen Schuhregale stellte, kicherten alle, der Vater, die Mutter und die übrigen, und das Kichern hörte nicht mehr auf. Ich fragte Herrn Ruprechter, warum alle lachten. Er wusste es selbst nicht und fragte deshalb bei den Gastgebern nach. Unter großem Gelächter erklärten sie ihm und hierauf er mir, dass nur jemand seine Schuhe in dieses bestimmte Fach stellen dürfe, der um die Hand der Tochter anhalte. Ich hatte meine Schuhe nicht in den Gästeschuhschrank, sondern gedankenlos irgendwo hineingeschoben. Ich könnte noch andere, ähnliche Geschichten erzählen. Japan war wunderbar.

Sie sind noch ein weiteres Mal nach Japan gereist.

Der ORF drehte über meinen Roman »Der Plan« einen Beitrag. Mit dieser Reise sind auch wieder wunderschöne und wundersame Erlebnisse verbunden. Ich bin gern in Japan gewesen. Mein Bienen-Buch war zu der Zeit von Tsuneo Sunaga schon übersetzt. Von ihm wurde später auch »Eine Reise in das Innere von Wien« übertragen. In Wien habe ich japanische Touristen gesehen, die die japanische Ausgabe in der Hand hielten, um damit Wien zu erkunden. In Tokio machte ich auch ein Interview mit Kenzaburō Ōe für das Fernsehen. Camus schreibt in »Mythos von Sisyphos«: »Es gibt nur ein wirklich ernstes philosophisches Problem: den *Selbstmord*.« Ich bezog mich auf diese Überlegung und wollte von Kenzaburō Ōe wissen, was er über den Selbstmord denke. Er erwiderte, seine Sicht habe sich im Laufe der Jahre verändert, der Bruder seiner Frau, ein Filmregisseur, habe sich umgebracht, er habe erfahren, welches Leid die Hinterbliebenen zu tragen hätten. – Ich habe auch oft an Selbstmord gedacht, erst in den letzten zehn Jahren ist er für mich kein Thema mehr. Es hat mich berührt, was Kenzaburō Ōe sagte, seine Offenheit berührte mich. Er hat den Blick von der Entscheidung des Suizidärs auf das Leid der Hinterbliebenen gelenkt.

Das Gespräch wurde am 3. November 2015 in Pölfing-Brunn geführt.

Bilderstreit am Berg Athos
und in Istanbul

Ein erzwungener Aufbruch aus festgefügten Verhältnissen:
Der Bericht über eine Reise zum Berg Athos in Griechenland
soll dem Journalisten Viktor Gartner die berufliche Rehabilitie-
rung bringen. Gartner – er kommt bereits im Roman »Der See«
vor – wurde wegen eines Artikels, in dem er Waffengeschäfte
am Neusiedler See anprangerte, ohne sie juristisch einwandfrei
belegen zu können, in die Redaktion der Wochenendbeilage
einer Wiener Zeitung versetzt. Für das Magazin ist eine Reportage über die Mönchsrepublik geplant. Gartners Herabstufung
soll mit einem Porträt des serbischen Dichters Goran R., der
sich auf dem Berg Athos im Kloster Hilandar versteckt halten
soll, ein journalistischer Coup folgen. Er will, ohne dies mit
der Redaktion vereinbart zu haben, den Dichter treffen, er
hofft, mit einem Augenzeugen des Massakers von S., »bei dem
sechstausend bosnische Moslems ermordet worden waren«[1],
ins Gespräch zu kommen und dadurch an neue Informationen
zu gelangen. Mit dieser Exklusivstory will Gartner die Wert-
schätzung des Chefredakteurs zurückgewinnen.

In Thessaloniki angekommen, tritt die journalistische Arbeit
in den Hintergrund. Gartner wird von einer diffusen Leere
heimgesucht: »Seit seiner Kindheit war ihm klar, dass ihn ein
Universum der Gleichgültigkeit umgab, in dem alles nur vor-
läufig existierte. Ihm fielen die nebensächlichsten Details besonders dann auf, wenn eine Nachricht ihn niederschmetterte,
er in Gefahr war oder wenn er vor einer schweren Entscheidung stand. Die Einzelheiten erinnerten ihn immer an den
Tod, der ihn häufig beschäftigte wie auch an diesem Morgen,
als er beim Erwachen nicht gewusst hatte, wo er sich befand.«[2]
Gartner hat für seine »Reiseschilderung«[3] bereits eine Idee,

er will sie mit der Beschreibung des Skelettkopfs des Archä-
anthropus beginnen, dessen Alter auf etwa 800 000 Jahre ge-
schätzt wird. Dr. Bosič soll Gartner diesen Schädel zeigen,
doch es kommt anders. Bosič wird umgebracht, und Gartner,
der sich während der Tatzeit im Paläontologischen Institut auf-
hielt, gerät unter Mordverdacht. Gartner wird auf die Polizei-
direktion gebracht und verhört. Als er sich in einer Pause in
einem Spiegel betrachtet, sieht er darin schemenhaft ein von
Schwärze befallenes Gesicht, »als sei er selbst in Verwesung
übergegangen oder als sei er dabei, eine okkulte Gestalt anzunehmen, eine Geistererscheinung zu werden«.[4] Der Mordverdacht zieht dem Journalisten den Boden unter den Füßen weg
und setzt ihn einer Vielzahl von Sinneseindrücken und Überlegungen aus, die er nicht mehr zu einer stringenten Chronologie der Ereignisse bündeln kann. Das Vertrauen in die eigene
Wahrnehmung schwindet, es kommt zu einer immer stärkeren
Derealisierung der Umgebung, er wird »zu einem winzigen
physischen Teil der endlosen Schwärze«.[5]

Gartner stemmt sich gegen den drohenden Ich-Verlust. Er
sucht seine Umgebung nach Zeichen von Verfolgung und Verrat ab. Um der Verzweiflung Herr zu werden, praktiziert er die
Kulturtechnik des Aberglaubens, er findet Halt und Trost bei
Übergangsobjekten. Schon am Tag seiner Ankunft kauft er sich
in Thessaloniki ein Kunststoffmedaillon, eine »eingesargte
Heuschrecke«[6] in Bernstein, und kurz vor der Überfahrt auf
die Mönchsrepublik erwirbt er als zweites Vademecum eine
»Pilgermuschel«[7]. Um bei den Recherchen bestehen zu können
und nicht dem Zugriff der Geheimdienste zu erliegen, kauft
sich Gartner eine Steinschleuder, die er von da an immer mit
sich trägt. Er kämpft sozusagen als ein David des ausgehen-
den 20. Jahrhunderts gegen die Kriegsmächte im zerfallenen
Ex-Jugoslawien.

Im Gegensatz zu Gartners obsessiver Wahrheitssuche scheint
der Dichter Goran R. ein Abgesandter einer anderen Welt zu
sein. Er ist einer dichterischen Wahrheitsfindung verpflichtet,
die den Rückzug aus der realen Welt zur Folge hat, um über-

haupt überleben zu können. Der Internationale Gerichtshof in Den Haag sowie die serbische Regierung haben gegensätzliche Interessen an dem Dichter: Die Justiz will Goran R. zum Sprechen bringen, will wissen, was er gesehen hat, als es zum Massaker in Srebrenica kam, die serbische Regierung hingegen will, dass er schweigt. Goran R. ahnt, er bezahle mit dem Leben, würde er in Den Haag vor dem UNO-Kriegsverbrechertribunal aussagen.

Uwe Schütte weist in seiner Monographie »Unterwelten. Zu Leben und Werk von Gerhard Roth« (2013) darauf hin, dass sich Viktor Gartner und Goran R. mit höchst unterschiedlichen Perspektiven dem Massaker von Srebrenica nähern, einerseits ist es die »rationale-wissenschaftliche Welterfassung«, andererseits die »meditativ-spirituelle Weltanschauung«[8]: »Der Journalist sucht die sensationelle Exklusivstory, die die Interessen einer medialen Öffentlichkeit befriedigt und ihn professionell rehabilitiert. Der Dichter entzieht sich jeglicher Äußerung weniger aus persönlicher Rücksichtnahme oder politischem Kalkül, wie Gartner erfahren muss, als er den Dichter am Ende in Istanbul zu fassen kriegt: Zunächst einmal war er stark betrunken gewesen und hatte von den mörderischen Ereignissen nichts mitbekommen; allenfalls an Einzelheiten wie Gewehrsalven oder den Motorenlärm von Lastwagen kann er sich erinnern.«[9]

Die Erörterung der Frage, wie historische Wahrheit zur Darstellung zu bringen sei, durchzieht den gesamten Roman. Wechselnde Standpunkte lassen einen Sachverhalt und damit auch die Fragen nach Wahrheit und Gerechtigkeit in einem jeweils anderen Licht erscheinen. Eine weitere Problematik ergibt sich aus der Überlegung eines Imkermönchs, den Krieg als »ein Chaos von unzähligen Punkten«[10] zu sehen, denn durch diese Sichtweise werde einem Geschichtsrelativismus Vorschub geleistet: Jede Person könnte »ein Chaos von unzähligen Punkten« anders deuten und damit Fragen nach Verantwortung und Schuld im Nebel unzähliger Standpunkte auflösen. Schütte betont, welche Folgen die Verortung von

Goran R. im »realgeschichtlichen Kontext des Massakers von Srebrenica vom Juli 1995«[11] hat: »Da es die Absicht des Tribunals ist, ›General M., der das Massaker an den bosnischen Moslems befohlen hatte, des Kriegsverbrechens zu überführen‹ (…), unterstellt man Goran R. die Absicht, seinen Freund – bei dem es sich offenkundig um Ratko Mladić handelt – zu schützen. Mit diesem im Jahre 2011 tatsächlich festgenommenen und vor den Internationalen Strafgerichtshof gestellten Kommandanten der serbischen Armee ist Goran R. bekannt geworden durch seinen Freund, den ›Ministerpräsidenten der serbisch-bosnischen Republik, der Psychiater war und selbst Gedichtbände veröffentlichte‹ (…) – niemand anderen also als Radovan Karadzić, der bekanntlich nach Publikation des Romans verhaftet wurde.«[12]

Auf dem Berg Athos findet Gartner den Dichter nicht. Er bricht nach Istanbul auf, wo es zu einem Treffen mit Goran R. kommt. Der Dichter antwortet auf die Frage, was sich in »S.« ereignet habe, er frage sich selbst, was damals geschehen sei: »Ich weiß übrigens nicht, was ich mir davon nur eingebildet habe. Ich war halb verrückt vor Grauen … und ich erinnere mich bloß an Bruchstücke. Ich kann diese Bruchstücke nicht miteinander verbinden, aber die Journalisten werden gewiss daraus ein Bild konstruieren, das es nie gegeben hat. Wozu soll ich meine Eindrücke also preisgeben? (…) Und wenn ich tatsächlich so viel weiß, wie manche Journalisten herausgefunden haben, welchen Grund hätte ich dann, mein Leben aufs Spiel zu setzen. Um zu bezeugen, wovor ich seit Jahren gewarnt habe?«[13] Gegen Ende des Treffens will Gartner von Goran R. vor allem wissen, was dessen Leben sei: Flucht und Versteckspiel? Goran R. antwortet in sich hineinlachend, es sei wirklich seltsam, dass Stephan III. Decansky ihn eingeholt habe: »›Jedenfalls befinde ich mich jetzt in Istanbul, wie er.‹«[14]

Der Serbenkönig Stephan III. Decansky wurde im 14. Jahrhundert von seinem Vater Milutin scheinbar geblendet, lebte in einem Kloster auf dem Berg Athos und erlangte nach einer Segnung durch Erzbischof Nikolaus wieder sein Augenlicht.

Doch Stephan III. Decansky, der für Goran R.s Gedichtband »Ikonen« eine starke Inspirationsquelle war, hatte den Blinden nur gespielt. Gartner beginnt darüber nachzudenken, ob Goran R. sich, wie dessen Biograph Joannis Avramis behauptet, möglicherweise in dem Serbenkönig selbst porträtiert habe: »Er sei in Wirklichkeit durch die Gunst oder Ungunst des Schicksals ein Sehender, der sich aber zum Schutz blind stellen muss.«[15]

Gartner trifft Goran R. in Istanbul, in jener Stadt also, in der wegen der Ikonendarstellungen vor vielen Jahrhunderten der Bilderstreit ausgetragen wurde. Goran R. ist mit dem Inhalt, der Genese und Wirkungsgeschichte des byzantinischen Bilderstreits vertraut. Während des 8. und 9. Jahrhunderts kam es zu einem Streit über die Verehrung der Ikonen. Die Ikonoklasten, die Bilderzerstörer, lehnten sie ab, die Ikonodulen, die Bilderverehrer, stimmten ihr zu. Die Ikonoklasten hatten sich das Gebot zu eigen gemacht, sich von Gott kein Bild zu machen. Sie unterlagen. Der Dichter Goran R. ist ein Nachfahre der Ikonoklasten, er lehnt es ab, dass von den Ereignissen der Welt und von ihm selbst ein Bild gemacht wird, weil die Produktion von Bildern Menschen und Ereignisse simplifiziert.

Am Ende des Romans kehrt Gartner nach Wien zurück, schreibt, »von den zerstörten Bildern«[16] angeregt, die Reportage über die Mönchsrepublik. Er lässt zwei Filme entwickeln. Auf dem ersten Film, der den toten Literaturwissenschaftler und Goran-R.-Biographen Avramis im Obduktionsraum zeigen soll, findet Gartner nur ein Bild, darauf grelles Licht »und ein seltsames Stück weißes Leinen mit Ausbuchtungen, Hügeln, Falten. Man konnte meinen, es sei eine Schneelandschaft«.[17] Bei den Bildern des zweiten Films fragt Gartner sich, ob die Kamera vielleicht verrückt geworden oder beschädigt worden sei: »Keiner der Abzüge glich dem anderen, obwohl sich alle ähnlich waren. Die meisten oszillierten grünlich und bräunlich. Der chemische Prozess hatte zu früh geendet oder zu spät begonnen. Verschiedene Schichten hatten sich gebildet, Überlagerungen, Tönungen, Flecken, etwas Dreidimensionales

mit Vordergrund und Tiefe. Und während Gartner das Darge-
stellte zu entziffern suchte, blieb sein Auge an der Schönheit
der gedämpften Farben hängen, den schwarzgrauen Rinnspu-
ren der Gebilde, die ihn an eine Flüssigkeit zwischen zwei
Glasscheiben erinnerten.«[18]

Aufgrund einer Erkrankung des neuen Filmkritikers übernimmt Gartner für die Zeitung die Besprechung eines Films.
Auf dem Weg zur Pressevorführung sieht er an einem Kiosk
auf einer Titelseite ein Foto von Goran R. und liest, »dass der
gesuchte Dichter ›unserem Redakteur Viktor Gartner‹ erklärt
habe, Zeuge des Massakers in S. gewesen zu sein«.[19] Gartner
muss sich sagen, dass er benutzt wurde, außerdem enthält der
Bericht zahlreiche Fehler. Als kurz darauf im Kino »das erste
Bild«[20] auf der Leinwand erscheint, ist Gartner sofort gebannt:
»Es zeigte, durch die Windschutzscheibe eines fahrenden Autos, ein menschenleeres, großes Areal mit Neubauten, dem
sich die Kamera mit einem schnellen Zoom näherte.«[21] Der
Schluss führt den Roman in einer Kreisfigur an den Beginn zurück. Dort erinnert sich Gartner, in der Nacht vor seinem Aufbruch von einem Film geträumt zu haben: »Vielleicht musterte
er deshalb das Areal durch die Windschutzscheibe wie eine
Kinoleinwand. Das von Betongebäuden umgebene Gelände
lag verlassen da, und der kalte Regen und die Windstöße draußen ließen ihn schon jetzt frösteln.«[22]

Auf seiner Wahrheitssuche wurde Gartner mit der Frage
konfrontiert, wie er richten wolle, wenn er nur eine Seite sehe.
Im Roman werden zwei Kinofilme erwähnt, die sich mit der
mühsamen Suche nach der Wahrheit beschäftigen und deren Quintessenz einem Eingeständnis gleichkommt, dass die
Wahrheit kaum zu fassen sei. Die beiden genannten Filme sind
Akira Kurosawas »Rashomon« (1950) und Michelangelo An-
tonionis »Blow-up« (1966), beide spielen mit den Mitteln des
Films die Frage des Pilatus durch: Was ist Wahrheit?

Am Beginn von Homers Epos »Die Odyssee«, auf das Roth
in Interviews des Öfteren als Referenz für den Roman und
seine Arbeit insgesamt verwiesen hat, wird das Schicksal der

Menschen als ein von Leid geprüftes Dasein beschrieben: »Sage mir, Muse, die Taten des vielgewanderten Mannes, / Welcher so weit geirrt, nach der heiligen Troja Zerstörung, / Vieler Menschen Städte gesehn und Sitte gelernt hat / Und auf dem Meere so viel' unnennbare Leiden erduldet, / Seine Seele zu retten und seiner Freunde Zurückkunft.«[23] Ein dualistisches Verständnis von der heiteren Welt der Götter und dem bitteren Dasein der Menschen wird in Roths Roman jedoch nicht beschworen. Gartners Summe der Reise zum Berg Athos verbindet sich auch nicht mit den Tröstungen der christlichen Religion. Gartner spürt, dass er nicht in den Glauben der Mönche eintauchen kann, sein naturwissenschaftliches Weltverständnis wehrt sich gegen eine gläubige Hingabe. Durch Reise und Rückkehr kommt es zu einem Vertrauensverlust in die soziale Ordnung. Er erleidet das Schicksal von Individuen der europäischen Moderne, nahe jenen Befunden, die der französische Soziologe Émile Durkheim in seiner Studie »Der Selbstmord« im Abschnitt über den anomischen Suizid dargelegt hat.[24]

Roth greift im Roman »Der Berg« auf ein Modell zurück, das er in früheren Arbeiten erprobt hat. In seinem Essay »Im Reich der blinden Zeichen« betont Harald Miesbacher, Roth verwende bereits in den Romanen der 1970er und 1980er Jahre das »Modell des Reise- und / oder Kriminalromans«[25], ohne dabei jedoch »Reise- und Kriminalromane oder Politthriller herkömmlicher Art«[26] zu verfassen. Er »nützt allein, und zwar handwerklich virtuos, die Möglichkeiten des von den Gattungen jeweils angebotenen Instrumentariums und setzt dieses, indem er Erfahrungen aus seiner experimentell-formalistischen ›Debütantenzeit‹ nutzt, sehr kalkuliert ein.«[27] Roth verknüpft zur Erzeugung von Spannung inner- und außerliterarische Bezüge und lädt den Roman, den dritten Band des »Orkus«-Zyklus, mit diversen Motivkomplexen auf.[28]

In der Rezeption von Roths Roman wurde auch die Frage nach dem politischen Engagement von Dichtern gestellt und die Ästhetik der Darstellung diskutiert. Für die NZZ-Rezensentin Beatrice von Matt werfen im »Lichte dieses Buches (…) die serbisch-griechische Orthodoxie und die mit ihr verknüpfte Macht einen langen bedrohlichen Schatten aus. Gerhard Roth, bis jetzt als strenger Aufklärer bekannt, fordert nicht wie Handke ›Gerechtigkeit für Serbien‹, wohl aber selbst verantwortete Bilder und kühne Gedanken, auch im Zusammenhang mit symbolischen Orten des Bösen und den Geschehnissen dort, die einen mit ihrer Nähe und ihrer Scheusslichkeit erdrücken könnten.«[29] Für die Kritikerin geht der Roman in einen »Bericht über den Zerfall eines Weltbildes« über. Dieser Zerfall ereilt den Protagonisten auf einer gefährlichen Irrfahrt: »Statt schlüssige Erklärungen zu finden, gewahrt der Reisende allenthalben verschmierte Wände, Mauerflecken, abblätternde Farben, auf den Böden Rasterpunkte, die sich zu keiner plausiblen Ansicht verbinden lassen. Wolkig, unleserlich, fleckig, stinkend, undurchsichtig, labyrinthisch: das sind Begriffe, die seriell das Buch durchziehen, umhüllt von üppigen Beschreibungen modriger Unterwelten, von Verwesung, Düften, Fäkalien, Blutpfützen, fauligen Wassern. – Angesichts eines verrottenden Universums von Gleichgültigkeit und Tod eine sehr wienerische Wahrnehmung!«[30]

In Interviews zum Erscheinen des Buches im Frühjahr 2000 verteidigte Roth das Engagement von Peter Handke, er betonte, er schätze Handke für seinen Mut, mit dem er gegen die einseitige Verurteilung Serbiens aufgetreten sei, fügte jedoch hinzu, Handke habe allerdings keinen Unschuldigen verteidigt und sich von dem von der Weltöffentlichkeit angeklagten Politiker und dem Regime nicht distanziert. In der Zeitung »Die Welt« präzisierte Roth, dass Handke sich als »Anwalt« der serbischen Menschen sehe, »deren Anliegen er großartig beschreibt«. Für Roth stand Handke »mit Recht auf dem Standpunkt: Im Haus des Mörders leben auch gastfreundliche Menschen. Aber Milosević umgeht er. Den kann man aber nicht weglassen, sowenig man auch sonst Objektivität herstellen kann.«[31]

In einem Porträt von Christoph Hirschmann spricht Roth 1999 über seine Unsicherheit, wenn er im Fernsehen die Berichterstattung über »Jugoslawien und den Kosovo«[32] verfolge. Er spüre auch eine Skepsis gegenüber den Meldungen, die er schon zu Beginn des Jugoslawienkonflikts empfunden habe, »weil sich der Westen relativ frühzeitig auf die Seite der Kroaten und Slowenen gestellt hat«[33]: »Anfangs war noch von Lagern in Kroatien die Rede, davon hört man aber jetzt überhaupt nichts mehr. Dabei gab es im Zweiten Weltkrieg dieses berüchtigte Konzentrationslager Jasenovac in Kroatien, wo der ›Poglavnik‹ Ante Pavelić, der sogenannte ›Führer‹ der Kroaten, mit seiner Ustascha Hunderttausende Serben, aber auch Moslems und Juden ermordet hat – unter Aufsicht von Franziskanermönchen! Das wurde zwar von dem Historiker Vladimir Dedijer in dem Buch ›Jasenovac – Das jugoslawische Auschwitz und der Vatikan‹ dokumentiert, aber es wird bei uns totgeschwiegen. Tatsächlich hat sich dort ein gigantisches Inferno abgespielt. An diesem Konzentrationslager kann man nachvollziehen, welcher Hass zwischen den einzelnen Bevölkerungsgruppen in Jugoslawien schon damals herrschte.«[34]

Roth hat im Vergleich zu Handke eine wesentlich differenziertere Sicht, er ließ sich nicht hinreißen, am Grab eines brutalen Herrschers eine Rede zu halten, wie es Handke bei der Beerdigung von Milosević getan hat. Roth ist mit seiner behutsamen Reflexion, was ein Bild sei und welches Bild man sich von der Wirklichkeit machen könne, nahe den Ergebnissen, die Susanne Gelhard in ihrer Studie »Ab heute ist Krieg. Der blutige Konflikt im ehemaligen Jugoslawien«[35] (1992) einige Jahre vor dem Erscheinen des Romans publiziert hat. Und Roths Roman ist auch nahe dem Buch »Srebrenica – Notizen aus der Hölle«, das Emir Suljagić, ein damals knapp zwanzigjähriger Dolmetscher der Uno, 2005 in Zagreb veröffentlichte. Der erste Teil heißt »Überleben« und beginnt mit den Worten: »Ich habe überlebt. Ich hätte einen beliebigen Namen haben können, Muhamed, Ibrahim, Isak, das ist nicht wichtig, ich habe überlebt, viele haben es nicht. Ich habe überlebt, wie sie gestorben sind. Zwischen ihrem Tod und meinem Dasein gibt es keinen Unterschied, weil ich in einer Welt weiterlebe, die dauerhaft, unwiederbringlich von ihrem Tod gezeichnet ist. Ich komme aus

Srebrenica. Eigentlich komme ich von anderswo, aber ich habe es mir ausgesucht, aus Srebrenica zu sein. Nur von dort wage ich zu kommen, wie ich auch nur dorthin zu gehen gewagt habe, als ich nirgendwo sonst hinzugehen gewagt habe. Gerade deshalb glaube ich, dass der Geburtsort im Vergleich zum Sterbeort unwichtig ist. Ersterer sagt nichts über uns, er ist nur eine rein geografische Tatsache; der Sterbeort sagt alles über unsere Überzeugung, den Glauben, die Wahl, die wir getroffen und an die wir uns bis zum Ende gehalten haben, bis der Tod uns ereilt hat. Vielleicht ist das alles falsch, vielleicht kann man seinen Sterbeort ja gar nicht wählen, genauso wenig wie man den Geburtsort wählen kann. Doch sie sind dort gestorben, wo sie geboren wurden, wo sie in den Kriegsjahren Zuflucht gesucht und gefunden, wo sie Tag für Tag in einer gemeinsamen Agonie überlebt haben. Sie haben Srebrenica ausgesucht, um zu überleben, und das macht ihren Tod umso schrecklicher.«[36]

Zweites Satori – Jenseitsreisen

Die Steiermark scheint Empfindungen heraufzubeschwören, dass Menschen, die dort leben oder sich in diesem Landstrich aufhalten, das Verlangen überkommt, aus ihrem Körper auszutreten. Im Vorwort zu seiner Studie »Die dunkle Nacht der Seele. Nahtod-Erfahrungen und Jenseitsreisen« (2015) schreibt der Philosoph und Ethnologe Hans Peter Duerr, dass Peter Strasser ihn nach einem Vortrag im Missionshaus Mariatrost zum Grazer Bahnhof gebracht habe: »Als ich mich im leeren Abteil meines Zuges nach Salzburg zurücklehnte und die Augen schloss, um mich zu entspannen, spürte ich plötzlich, dass ich durch die Fontanelle meines Kopfes den Körper verließ. Mein erster Gedanke war, was wohl geschehen würde, wenn ich an die Abteildecke stieße, aber ich schwebte einfach durch sie hindurch, ohne irgendeinen Widerstand wahrzunehmen. Zunächst geriet ich in eine absolute Dunkelheit, in der nichts zu erkennen war, doch nach einer gewissen Zeit sah ich vor mir ein kleines mattes Licht, das immer größer wurde, so dass ich den Eindruck gewann, mich in einer Röhre oder einem Tunnel zu befinden, auf dessen Ausgang ich mich zubewegte. Und so war es auch – ich erreichte das Ende des Schachtes und blickte auf eine ebene Landschaft, die, so weit das Auge reichte, aus leuchtend grünen Wiesen bestand.«[1] Nachdem er in eine Prärie mit dichten Gräsern, Sonnenblumen und wilden Hyazinthen entführt und an einen Sonnentanz erinnert wurde, zieht es den Körper nach der Passage des schwarzen Tunnelschlunds wieder in sich selbst hinein.

Aus den Ergebnissen seiner Studie leitet Duerr einige kritische Bemerkungen zur Hoffnung auf Unsterblichkeit ab. Er verweist auf eine alte japanische Erzählung, in der der Gelehrte

Shikaiya Wasobioye aus Nagasaki auf die Insel der Unsterblichkeit kommt und darüber sehr erstaunt ist, auf dieser fernen Insel keine glücklichen und auch keine zufriedenen Menschen anzutreffen: »Vielmehr waren dort alle Lebenden unaufhörlich damit beschäftigt, die magische Kraft des Sterbens zu erlernen und die Eigenschaft giftiger Nahrung, zum Beispiel des sich im Korallenriff aufhaltenden Kugelfischs oder des Fleisches von Wassernixen zu studieren. Nachdem der Gelehrte zwanzig Jahre auf der Insel zugebracht hatte, war es ihm wie allen anderen sterbenslangweilig, doch auch ihm gelang es nicht, sich umzubringen. Dem entspricht unser altes Sprichwort: Der Optimist glaubt, dass die Menschheit eines Tages den Tod besiegen wird. Und der Pessimist fürchtet, dass ihr dies eines Tages gelingen könnte.«[2]

Im chaotischen Kosmos von Gerhard Roth können die Bienen einen Menschen dazu treiben, aus seinem Körper austreten zu wollen. In der »Dorfchronik zum ›Landläufigen Tod‹« (1985) findet sich eine Passage, in der der Austritt aus dem Körper eine Befreiung darstellt: »›Ich habe nicht die Absicht‹, schreibt der Sohn des Bienenzüchters, ›mich nochmals in eine ähnliche Situation zu begeben, indem ich die Königin mit einer Schnur am Hals festbinde und das Volk auf meinem Körper Platz nehmen lasse. Nicht, weil ich es für gefährlich halte, mich neuerlich in einen Zustand geistiger Abwesenheit zu begeben (den dieses Kunststück erfordert). Es ist schwer erträglich, auf nackter Haut Tausende von Beinchen eines fremden summenden und sirrenden Lebewesens zu fühlen, ohne das Empfinden tödlicher Bedrohung. Dieses Gefühl, sei es, dass man es Angst, sei es, dass man es Fremdheit nennt, vermochte ich nur durch einen äußersten Grad von geistiger Anspannung zu beherrschen, in dem ich gewissermaßen aus meinem Körper trat und diesen nur noch als eine Art Mantel empfand …‹«[3]

Vielleicht hängt der Wunsch, aus dem Körper auszutreten, mit dem Bedürfnis zusammen, zu einem Leben und Denken in Freiheit zu finden. Wolfgang Tietze stellt in »Das mikroskopische Gedankenglas« dem Kapitel »Ur-sprünge, Vor-Geschichten und Texte: rabelais, reuter, sterne, einstein, roth« ein Zitat aus Laurence Sternes »Tristram Shandy« voraus, das in diese Dimension weist: »Ich liebe die *Pythagoreer* (viel mehr, als ich je meiner lieben *Jenny* zu sagen wagen darf) wegen ihres ›*Sichlösens vom Körper, um richtig denken zu können*‹.«[4]

Mit dem Sichlösen vom Körper ist auch die Frage verknüpft, was mit der sterblichen Hülle zu geschehen habe. Für Michel Foucault ist der Friedhof im Gegensatz zu den gewöhnlichen kulturellen Orten ein anderer Ort, dessen Heterotopie je nach der »Synchronie der Kultur, in der er sich befindet, so oder so funktionieren«[5] kann. Der Friedhof ist mit der Gesamtheit der Stätten einer Stadt oder eines Dorfes verbunden, jeder Mensch hat auf dem Friedhof Verwandte. Es kommt zu einem Wandel der affektiven Beziehung: »Im Grunde war es natürlich, dass man in der Zeit, da man tatsächlich an die Auferstehung der Leiber und an die Unsterblichkeit der Seele glaubte, den sterblichen Überresten keine besondere Bedeutung zumaß. Sobald man jedoch nicht mehr ganz sicher ist, dass man eine Seele hat, dass der Leib auferstehen wird, muss man vielleicht dem sterblichen Rest viel mehr Aufmerksamkeit schenken, der schließlich die einzige Spur unserer Existenz inmitten der Welt und der Worte ist. Jedenfalls hat seit dem 19. Jahrhundert jedermann ein Recht auf seinen kleinen Kasten für seine kleine persönliche Verwesung; andererseits hat man erst seit dem 19. Jahrhundert begonnen, die Friedhöfe an den äußeren Rand der Städte zu legen. Zusammen mit der Individualisierung des Todes und mit der bürgerlichen Aneignung des Friedhofs ist die Angst vor dem Tod als ›Krankheit‹ entstanden. (...) Seither bilden die Friedhöfe nicht mehr den heiligen und unsterblichen Bauch der Stadt, sondern die ›andere Stadt‹, wo jede Familie ihre schwarze Bleibe besitzt.«[6]

Im Roman »Der große Horizont« (1974) besucht Haid mit O'Maley einen New Yorker Friedhof. Es regnet leicht. Der Anblick der grünen Wiesen, der viereckigen Grabsteine und steinernen Engel lässt Haid ruhig werden. Die Wolkenkratzer von Manhattan sehen »wie gigantische Grabsteine«[7] aus, es kommt

Haid vor, als vergrößere sich der Friedhof zum Horizont hin und als befinde sich zwischen den Lebenden und den Toten ein Niemandsland. In diesem Augenblick erinnert sich Haid an das zwischen 1820 und 1822 entstandene Gemälde »Wiesen bei Greifswald« von Caspar David Friedrich, das er vor Jahren in der Hamburger Kunsthalle gesehen hat. Die obere Hälfte nimmt der Himmel ein, Greifswald ist lediglich eine schmale Silhouette. Auf einem von der Sonne beschienenen Rasenstück springen Pferde, Gänse sind zu sehen, in einem Weiher spiegelt sich der Himmel: »Alles wirkte trotz der idyllischen Atmosphäre, die das Bild ausstrahlte, realistisch, bis auf die dunkle Zone des Vordergrundes, die durch eine Bodenwelle und Sträucher vom Hintergrund abgesondert war. Dieser dunkle Streifen machte die Stadt, den besonnten Rasenteppich und den von einem Lichtphänomen erhellten Himmel zu einer Vision. Es schien, als sei dieser Streifen die Realität, das Diesseits, die Schwere, die selbst das Gewicht des Blutes in den Adern fühlbar machte, während dahinter etwas Paradiesisches oder das Paradies sich selbst auftat. Haid war sich nicht sicher, ob dieses Paradies sich erst mit dem Tode aufmachen würde, es kam ihm vielmehr vor, als sei eine Kraft in ihm, die ihn dazu befähigte, aus dieser Schwere herauszutreten, in eine andere Form der Wirklichkeit. Als er das Bild zum ersten Mal gesehen hatte, hatte er sofort das Gefühl gehabt, dass er unmittelbar davorstünde, diese *Grenze* zu durchbrechen.«[8]

Während der Arbeit an der »Winterreise« (1978) durchbrach Roth selbst diese Grenze. Himmel und Erde öffneten sich für ihn zu einer von einem überirdischen Frieden bestimmten ganzheitlichen Schau des Universums. Roth bezeichnet diese Erfahrung als Satori. In wörtlicher Übersetzung bedeutet Satori »verstehen«, es bedeutet auch Urgrund oder Buddha-Natur. Ein Satori geschieht blitzartig, doch ihm geht meistens eine jahrelange Praxis im Buddhismus voraus. Ein Satori wird nicht in der Gemeinschaft der Nonnen oder Mönche vermittelt, sondern kann nur persönlich erfahren werden. Bei Roth dürfte die jahrelange, intensive Arbeit an den Manuskripten sowie die ständige Frage nach dem Sinn der Schöpfung zum Satori in der Südsteiermark geführt haben. Auch die ausführliche Beschäftigung mit dem Alten und Neuen Testament sowie die Überlegungen über das Offenbarwerden der Wahrheit könnten als Hintergrundfolie für diese Erfahrung gesehen werden.

Während eines Besuchs Anfang November 2015 in der Südsteiermark kommt Roth auf »das zweite Satori« zu sprechen, das er etwa fünfzehn Jahre nach dem ersten auf dem Berg Athos hatte. Das erste Satori, erzählt er, sei an einem grauen Tag geschehen, seine spätere Frau Senta sei in Graz gewesen, der Himmel habe sich geöffnet, und er habe gesehen, dass die Schöpfung gut sei, er habe die Ordnung der Schöpfung erkannt. Beim zweiten Satori sei er auf einem Stein am Ufer des Meeres gelegen, als die Wahrnehmung der Erde sich zu einem allumfassenden Aufgehobensein im Universum gewandelt habe. Dieses zweite Satori geschah, als er mit Freunden 1997 die Mönchsrepublik besuchte. Da Roth in einem Auto vom Kloster Pantokratoros zum nächsten Kloster Vatopediou mitfahren konnte, baten ihn die drei Reisegefährten, er möge ihre Rucksäcke mitnehmen. Nach der Ankunft im Kloster schleppte Roth die vier Rucksäcke über eine steile Treppe zwei Stockwerke hoch ins Gästezimmer und ließ sich, von der Anstrengung außer Atem, zu Boden fallen: »Sofort eilte aus einer Küche ein Mönch herbei, es war der Gästemönch, und er gab mir zu verstehen, ich möge ihm folgen. In der Küche saß ein strickender Mönch, ein Anblick, den ich nie vergessen werde. Vom strickenden Mönch bekam ich drei Stück Lukumi, süße Geleewürfel, und vom anderen einen Kaffee und ein Glas Schnaps. Seit meinem zwanzigsten Lebensjahr hatte ich keinen Kaffee mehr zu mir genommen. Als Medizinstudent hatte ich einmal 17 Espressi an einem Tag getrunken und daraufhin einen Herzstillstand erlitten, der mich für zwei Wochen ins Krankenhaus gebracht hatte. Ich nahm den Kaffee trotzdem zu mir. Als ich mich in der Küche langsam erholt hatte, sagte der Gästemönch, für meine Gefährten und mich gebe es zwei Möglichkeiten, im Kloster zu übernachten. Er zeigte mir den großen Schlafsaal mit vielleicht vierzig Betten, der Ausblick war wunderschön, man sah durch ein riesiges Fenster und eine Glastür aufs Meer hinaus. Ich bedankte mich und wollte schon in dem Saal bleiben, da sagte er, wenn wir zu viert seien, habe er auch ein Zimmer für vier Personen. Er zog eine Tür im Wäscheschrank auf, öffnete damit sozusagen eine Geheimtür, und dahinter lag das Zimmer. Ich fragte ihn als erstes, ob man von hier aus die Stundentrommel des Berges Athos höre, und er bejahte es. Ich entschied mich für diesen Raum, verstaute die vier Rucksäcke und ging, noch immer einigermaßen groggy, langsam zum Meer hinunter. Ungefähr zehn Meter vom Strand ragte ein kleines Felsenplateau aus dem glasklaren Wasser, so groß wie ein Doppelbett. Ich krempelte die Hosenbeine meiner Jeans hoch, stapfte zum Felsen und legte mich mit dem Rucksack auf ihn. Zwei Stunden schaute ich nur in den Himmel und aufs Meer. Ich hatte dort mein zweites Satori. Es war ein unglaubliches Gefühl des plötzlichen Verstehens von allem. Einmal ist ein Schiff vorbeigefahren, sonst war es still. Dreißig, vierzig Meter hinter mir gingen später ein paar Pferde an einer Mauer entlang und fraßen Grasbüschel, Möwen flogen ab und zu vorbei, einige Wolken, der Himmel war hellblau. Im Vergleich zum ersten Erlebnis war das zweite abstrakter, beim ersten kann ich mich an die Landschaft, in die ich gerade schaute, nur noch vage erinnern, beim zweiten ist mir speziell das Blau in Erinnerung geblieben, das Meer grünblau, der hellblaue Himmel, eine wunderbare Stille, die nur durch das Wasser und die Wellen rhythmisiert wurde. Es gab eigentlich keine Geräusche im eigentlichen Sinn, die Wassergeräusche gehörten zur Stille, waren mit ihr verbunden, das hat mich wirklich beeindruckt. Ich stieg vom Plateau herunter, wollte ein Pferd füttern, aber die Tiere waren sehr scheu, auch als ich ihnen Brot gab. Ich ging den Hang hinauf zurück, stumm und fast ohne Gedanken.«[9]

Während der Arbeit am Manuskript geht dem Verfasser die Frage durch den Kopf, ob Roth sich in »Der Plan« diesem Satori genähert habe. Von Roths Protagonisten Feldt wird gesagt, dass für ihn die »schwarzen, fremden Zeichen« auf den »weißen Leuchtflächen« der U-Bahn-Station Roppongi »Hinweise«, »Lichter und Botschaften aus einer anderen Sphäre«[10] waren, »aus einer paranoiden und zugleich wahren Welt, der er sich durch ein paradoxes Urteil zugehörig fühlte. (…) Durch die Schrift in Kanji und Kana wurde sein Orientierungsgefühl weiter irritiert, und diese doppelte Irritation verursachte in ihm das Gefühl, unter einer Droge zu stehen. Natürlich genoss Feldt die Stimulation heimlich. Er war nüchtern ›high‹, wie er sich sagte, er konnte die Dinge klar auseinanderhalten, doch waren sie mit einer im altmodischen Sinn romantischen Aura ausgestattet. (…) Menschen liefen, eilten, wandelten an ihm vorüber, wie er es nur nach Fußballspielen oder zur Rush-hour in New York kannte. Er fühlte sich jedoch nicht eingepfercht, sondern wie von einer sanften Meeresströmung erfasst, die ihn mit sich führte in eine dahinschwimmende Quallenwelt.«[11] Feldt sieht sich selbst als ein »mikroskopisches Partikelchen«[12] im hellerleuchteten und mit bunten Reklamen versehenen U-Bahn-Waggon schweben. Während man diesen Abschnitt als eine »Aufzeichnung eines medizinischen Experiments«[13] verstehen kann, wird der Abschnitt »Ein Ausflug nach Kitsine« im Untertitel als »Eine Epiphanie«[14] bezeichnet. Feldt überkommt die Empfindung eines plötzlichen Glücks: »Er atmete tief ein, stellte fest, dass sein Denken ausgesetzt hatte, und war sich sicher, dass er nie mehr wieder so etwas Vollendetes sehen würde wie das Sägewerk und den Sammler der Nachtfalter. In einem anderen Garten hingen an mehreren Holzstangen weiße Sweater und T-Shirts zum Trocknen, sie waren durch die Ärmel ›aufgefädelt‹ und schienen im Stillstand zu fliegen. Am Rand eines Zedernwaldes setzte er sich auf eine ausrangierte Sitzbank. Zu seinen Füßen lag ein zerrissenes Pornoheft mit Schwarzweißfotos. Zum Teil waren die Seiten mit Schrift bedeckt, zum Teil zeigten sie junge Frauen mit gespreizten Beinen. Und wieder dachte Feldt, noch nie etwas so Vollendetes gesehen zu haben wie diese jungen Mädchen in ihrer Schamlosigkeit. Glitzernd lag unter ihm das Dorf. Nach einer

Weile ließ sich ein Käfer auf seiner Hand nieder. Der Himmel war herrlich blau. Von weit unten hörte er das Kreischen einer Kreissäge, das die Lieder der Arbeiter übertönte.«[15]

Der Literaturwissenschaftler Gerhard Fuchs sieht die Auflösung von Feldts Ich-Grenzen als einen »ent- und verrückten Zustand ohne Vergangenheit und Zukunft«.[16] Feldt ist, wie es im Roman heißt, »von einem Gefühl (…) durchdrungen (…), dass er sich mit allem eins fühlte«.[17] Um dieses Gefühl des Einsseins zu deuten, führt auch Fuchs in seiner Analyse den Begriff des »Satori« ein: »Wie im Erleuchtungserlebnis des ›Satori‹ fließen die Gedanken- und Assoziationsketten ohne die Direktiven der interpretativen Symbolwelt. Die distanzlos erlebten Objekte, Ereignisse und Handlungen werden identifikatorisch im Moment ihres plötzlichen Erscheinens bejaht, sie verweisen auf nichts außerhalb ihrer selbst. (…) Das Geschehende wird während dieses mystischen Allheitserlebnisses als ›wunderbar selbstverständlich‹ aufgenommen (…).«[18] Für den Verfasser bleibt die Frage bestehen, ob das im Roman »Der Plan« beschriebene Satori auf einen Schöpfer oder ein schöpferisches Prinzip als Urgrund alles Seienden verweist, außerhalb der geschaffenen Welt. Roths Wahl des Wortes »Epiphanie« deutet in diese Richtung. Im Roman »Der Strom« bezeichnet Roth Konrad Feldt als den »Höllen- und Jenseitsforscher aus der Nationalbibliothek«.[19]

Beim nächsten Treffen in der Südsteiermark Ende Juli 2016 kommt Roth noch einmal auf dieses Satori zu sprechen. Wir unterhalten uns über die irdische Wanderschaft des Menschen und über die Prüfungen, die der Mensch als »homo viator« auf seiner Lebensreise zu bestehen habe.[20] Für Roth haben sich in den verschiedenen Kulturen unterschiedliche Jenseitsvorstellungen herausgebildet und damit auch die Frage, was mit den Bösen und den Guten geschehen werde. Dante hat, so Roth, in der »Göttlichen Komödie« die Strafen für ein verfehltes Leben dargestellt, die Leiden, die jemand erdulden müsse, der vom rechten Wege abgekommen sei und ein zu den Normen der katholischen Kirche deviantes Verhalten an den Tag gelegt habe. Die Aufgabe der Religionen sei es, so Roth weiter, den Menschen auf ihrer Lebensreise eine Orientierung zu geben.

Roths Annäherungen an die Religionen sind immer vom Impuls geprägt, den Horizont aufzureißen und neues Licht einfließen zu lassen, und seien es jene »Feuerzungen«, die Ascher im »Stillen Ozean« (1980) nach dem Tod eines Bauern sieht: »Früher war er, sobald der Tod eingetreten war, verschwunden, es war zum ersten Mal, dass er sitzen blieb. Dieser kleine, zusammengeschrumpfte, vom Leben getretene Bauer verbreitete im Tod keinen Schrecken mehr. Die Stille schien aus ihm zu kommen. (…) Das Sonnenlicht kam ihm jetzt weich und müde vor. Der Wind hatte nachgelassen. Er hörte Grillen zirpen, und als er auf den Herbstwald zuging, standen die Wolken über ihm wie Feuerzungen.«[21] In der »Apostelgeschichte« des Neuen Testaments wird das Pfingstwunder mit den Worten berichtet: »Als der Pfingsttag angebrochen war, waren alle an einem Ort beisammen. Da entstand plötzlich vom Himmel her ein Brausen, wie von einem daherfahrenden gewaltigen Wind, und erfüllte das ganze Haus, in dem sie saßen. Und es erschienen ihnen Zungen wie von Feuer, die sich zerteilten, und es ließ sich auf jeden von ihnen nieder. Und alle wurden vom Heiligen Geist erfüllt und begannen mit anderen Zungen zu reden, wie der Geist ihnen zu sprechen verlieh.«[22]

Auch in Roths Roman »Der Berg« gibt es Bezüge zum Alten und Neuen Testament. Der Undercover-Rechercheur Gartner sieht sich als einen Propheten, der die Wahrheit ans Licht bringen will. Er überschreibt sein zerrüttetes Leben mit einer Erzählung aus dem Alten Testament. Auf der ersten Überfahrt zur Mönchsrepublik Athos, die durch einen Sturm abgebrochen werden muss, überkommt Gartner »die Vorstellung, sich im Magen eines riesigen Fisches zu befinden«.[23] Mit diesem Bild wird das Schicksal des Propheten Jona beschworen, der nach Jahwes Wort nach Ninive gehen und der großen Stadt predigen soll, da ihre Bosheit zu Jahwe gedrungen ist. Jona macht sich auf, doch er flieht vor Jahwe nach Tarschisch, in den Augen der Hebräer das Ende der Welt: »Jahwe aber warf einen starken Wind auf das Meer, und es entstand ein gewaltiger Sturm, so dass das Schiff nahe daran war, zu scheitern«[24], wie es am Beginn des Buches Jona heißt. Jona wird von den Seeleuten ins Meer geworfen, weil sie ihn als den Schuldigen sehen, sie bringen ihn Jahwe als Opfer, und das Meer lässt von seinem Wüten ab: »Da bestellte Jahwe einen Fisch, um Jona zu verschlingen, und Jona war drei Tage und drei Nächte im Bauche des Fisches.«[25]

In Roths Roman ist der Sturm so stark, dass Gartner sich nicht mehr mitteilen kann, er wird nicht mehr gehört, es kommt ihm vor, als würde er sich in einem »schwimmenden Sarg«[26] befinden: »Nachdem Gartner schon jede Hoffnung aufgegeben hatte, wieder lebend aus dem Laderaum zu kommen, beruhigte sich der Wellengang, der Lärm des Schiffsmotors war wieder lauter zu hören, dazu das Glucksen des Wassers, das Rauschen des Regens vom Deck wie auch das Geschaukel und Gerüttel, das wieder den normalen Bewegungen eines dahinfahrenden Schiffes entsprach.«[27] Um halb drei Uhr in der Nacht erreicht das Schiff wieder Ierissos, der Sturm hat es zur Umkehr gezwungen.

Für die Exegeten des Alten Testaments thematisiert die Jona-Erzählung den Versuch, durch Bilder eine verstockte Menge zu belehren, ohne freilich ein Urteil über die historische Wirklichkeit der Ereignisse zu sprechen. Jesus greift im Matthäus-Evangelium das Jona-Gleichnis auf, um den Schriftgelehrten und Pharisäern zu antworten, als diese ein Zeichen von Jesus sehen wollen: »Denn wie Jona drei Tage und drei Nächte im Bauch des Seeungeheuers war, so wird der Menschensohn drei Tage und drei Nächte im Herzen der Erde sein.«[28] Die Bezugnahme auf Jesus geschieht im Athos-Roman durch eine spätere Passage, als es auf einer Wanderung von Kloster zu Kloster zur Erfahrung einer Verklärung kommt. Zunächst erblickt Gartner einen Wanderer, ohne dessen Gesichtszüge erkennen zu können. Kurze Zeit später sieht Gartner »den großen Wanderer«. Er verneint die Frage von Dr. Siegle, einem Ohrenarzt und Ikonenrestaurator, der mit Gartner unterwegs ist, ob er den Mann kenne. Dr. Siegle erwidert ihm daraufhin, der Mann folge ihnen seit einem Tag. Die beiden schweigen. Gartner dreht sich nach »dem großen Wanderer« um, »entdeckte ihn aber nirgendwo«.[29] Roth übernimmt für diese Passage Elemente aus der Erzählung von den Emmaus-Jüngern, die sich am Ende des Lukas-Evangeliums nach der Auferstehung Jesu Christi findet: »Und es begab sich, während sie miteinander sprachen und überlegten, nahte sich Jesus selbst und ging mit ihnen. Ihre Augen aber waren gehalten, so dass sie ihn nicht erkannten.«[30]

In einem verfallenen und von einem Brand zerstörten Kloster erhält Gartner von Dr. Siegle Erläuterungen über die Farbsymbolik der Ikonen. Das Weiß stehe für göttliches Licht, Verklärung und Auferstehung, Rot, besonders Purpur, für geistliche Herrschaft und den Äther, Dunkelbraun und Schwarz seien die Farben der Askese und der Trauer. Die Farbsymbolik mache auch deutlich, so Dr. Siegle weiter, dass eine Ikone »geschrieben« wird, und zwar »nach festen grammatikalischen Regeln«. Die Ikonenmaler verständen sich als Prediger, die hinter die Botschaft zurückträten, das »Überpersönliche und Nichtmaterielle« sei der Inhalt der Ikonen. Nachdem der bläuliche Schein eines chemischen Feuers verloschen ist, blickt Gartner durch das Mikroskop und meint, einen Baum zu erkennen. Dr. Siegle erklärt ihm allerdings, das Bild zeige »den thronenden Christus in einer Aureole, die von zwei Engeln emporgetragen würde. Die Gestalten darunter stellten die Gottesmutter, umringt von den zwölf Aposteln, vor einer Landschaft dar. Weiß gekleidete Engel wendeten sich den Aposteln zu und deuteten das Geschehen.« Gartner ist »beeindruckt, ja ergriffen vom Erscheinen dieses anderen Bildes aus der Schwärze.«[31]

Nach den Erörterungen zur Farbsymbolik löst Dr. Siegle weiter Schicht um Schicht von der für zerstört gehaltenen Ikone ab. Der Restaurator entflammt die Olifa, die Schutzschicht auf Leinölbasis, und Gartner sieht »das Bild sich rasch weiterverdunkeln, zunächst erlosch die hellste, dann die nächsthellere Schicht, bis sich schließlich ein neues Bild abzeichnete. Der

Schatten eines bärtigen Kopfes, der von einem Heiligenschein umgeben war und sich zu einer schwarzen Gestalt weiterentwickelte. (…) Gartner erstarrte (…) und murmelte entgeistert: ›Der Pantokrator.‹«[32] Dieses Abtragen der Schichten könnte man als ein Offenbarwerden der Wahrheit verstehen. In Martin Heideggers Deutung ist die Wahrheit die Unverborgenheit. Gartners Schau des Pantokrators könnte im Sinne einer unverhüllten Wahrheit gedeutet werden.

Die Diskussion der Darstellung des Göttlichen auf den Ikonen berührt auch die Frage, was Gottes Wesen sei und was von ihm ausgesagt werden könne. Die Ikonoklasten schreiben Gott selbst ein Wesen zu, das Bilder zerstört. In diesem Zusammenhang ist es sinnvoll, auf eine Überlegung des italienischen Philosophen Andrea Emo (1901–1983) zu verweisen. Emo hat 1959 in einem seiner philosophischen Fragmente geschrieben, dass Gott sich durch die Negation behauptet – »deswegen offenbart sich Gott nur, indem er sich verhüllt und verbirgt. Gott ist ikonoklastisch; er zerstört jedes Bild von sich und alle Bilder von uns. (…) Er will sich in keinem Bild wiedererkennen, wie überhaupt in keiner Vielheit (…). Er vermag sich in keinem Mythos wiederzuerkennen, weil er der höchste Mythos ist.«[33] Das Bild ist für Emo nur durch den Ikonoklasmus gerechtfertigt. Durch die Zerstörung eines Bildes kommt es zu einer Explosion von Freiheit.

Auf dieser Freiheit, die aus der Zerstörung eines Bildes hervorgeht, beharrt in »Der Berg« der Dichter Goran R., um leben zu können. Möglicherweise ist Gartner auch deshalb auf der Suche nach Goran R., weil dieser Dichter in seinem »Ikonen«-Buch nicht nur »Versuche der Rekonstruktion der Wirklichkeit«[34] schildert, sondern auch »phantastische Einblicke in unsichtbare Welten«.[35] Die Frage, die Roth anhand des Journalisten Gartner und des Dichters Goran R. auch erörtert, ist im Grunde genommen die zentrale von Kants Philosophie und Metaphysik, es ist die Frage nach den Bedingungen der Möglichkeit von Erkenntnis. Gartner vertritt in dieser Versuchsanordnung die Position des Naturwissenschaftlers, während

Goran R. die Welt in einer mystischen Schau zu erfassen versucht. Die Suchbewegungen der Vernunft und der Kunst oder des Glaubens werden in »Der Berg« als zwei grundverschiedene Perspektiven gesehen, um zu erkennen, was die Welt im Innersten zusammenhält.

In seinem Essay »In einer wildfremden Gegend« über den Roman »Landläufiger Tod« sieht Sebald Roths Metaphysik mit dem NS-Regime verknüpft. Sebald weist darauf hin, der Lebenslauf des Karl Gockel, »der, obschon einer der ärmsten und unscheinbarsten Bewohner des Dorfes, als junger Mann in das Räderwerk der Geschichte und schließlich ins Lager Mauthausen gerät, widerspricht der Utopie des Todes, denn die Zerstörung der Strafgefangenen in den Granitsteinbrüchen ist ein Exempel jener dystopischen Symbiose, über welche der Tod in das Leben eingeht, nicht aber das Leben in den Tod.«[36] Sebald betont im direkten Anschluss an diese Passage: »Daß Roth im vollen Bewusstsein dieser antimetaphysischen Erkenntnis die metaphysische Spekulation nicht aufgibt, sondern vielmehr auf ihr beharrt, ist einer der sowohl im ethischen als auch im ästhetischen Sinn produktivsten Widersprüche seines Romanwerks. Die metaphysische Erfahrung ist dabei zumeist eine, die sich über ein ganz und gar selbstvergessenes Schauen ergibt. (…) Der metaphysische Augen- und Überblick entspringt einer profunden Faszination, in welcher sich eine Zeitlang unser Verhältnis zur Welt verkehrt. Im Schauen spüren wir, wie die Dinge uns ansehn, verstehen, daß wir nicht da sind, um das Universum zu durchdringen, sondern um von ihm durchdrungen zu werden. Zu den Voraussetzungen einer solchen Erfahrung gehört (…) die Fähigkeit, sich selbst und gar alles vergessen zu können, die Entfernung des Subjekts also, im Schauen, aus der Welt (…).«[37]

Nicht nur die Erfahrung des Tragischen ist in Roths Werk präsent. Roth vollzieht einerseits eine Hinwendung zur Schutzlosigkeit, zur Angst und zum Ausgeliefertsein, andererseits auch eine Anbindung an Energiefelder, die jenseits der Willensentscheidung des Einzelnen liegen und das Erzählen erst ermöglichen. Es ist in Roths Œuvre, wie im Rekurs auf Horkheimers Sehnsucht nach dem ganz Anderen zu zeigen versucht wurde, durch radikale Erzählzäsuren auch die Öffnung in eine metaphysische Dimension präsent. Im »Grundriss eines Rätsels« hat Roth aus dem Alten Testament, aus dem »Buch Ezechiel«, eine Beschreibung aufgenommen, in der erläutert wird, wie Cherubim aussehen. Im zweiten Band der Venedig-Trilogie, erzählt Roth, beziehe er sich wieder auf das »Buch Ezechiel«, er schreibe eine moderne Version der Vision von Ez, 37, 1–14, in der das verdorrte Totengebein wieder lebendig wird. Die Bibelstelle lautet: »Und ich schaute, und siehe, Sehnen und Fleisch kam über sie, und Haut zog sich darüber, aber Odem war noch nicht in ihnen. Und er sprach zu mir dem Odem: So spricht der Herr Jahwe: Von den vier Winden komm, du Odem, und wehe diese Erschlagenen an, dass sie lebendig werden.«[38] In dieser Vision geht es um ein Zusammenfügen toter Glieder, um ein Zum-Leben-Erwecken, um ein Heilwerden. Roth hat in »Landläufiger Tod« mit dem Zusammenfügen der einzelnen Teile einer bombardierten Lokomotive die Rückkehr in die Welt vor der Zerstörung beschworen.

Der belgische Theologe Lieven Boeve schreibt in seinem Text »Der schwierige Dialog zwischen Glaube und Kultur. Jenseits des modernen und anti-modernen Dilemmas«, dass in der »*unterbrechenden Andersheit*«[39] »potenzielle Spuren Gottes«[40] zu finden sind. Für Boeve lässt sich bei genauerer Betrachtung erkennen, »dass die Unterbrechung von Erzählungen im Namen Gottes, die eigene miteingeschlossen, durch die Konfrontation mit Andersheit die gesamte Metaphorik und Dynamik der christlichen Erzählung durchzieht. Das zeigt sich beispielsweise auch bei wichtigen Motiven wie Berufung, Exodus, Wüste, Berg, Kreuz, Auferstehung, Bekehrung, Wallfahrt, usw. In keinem Fall ist es der christlichen Erzählung erlaubt, sich zu schließen. Denn genau dann bricht der Gott der Liebe die Erzählung auf. *Unterbrechung* funktioniert hier als eine *theologische Kategorie*. Letztendlich ist die Auferweckung des am Kreuz gestorbenen Jesus das Paradigma von Unterbrechung schlechthin. Gott unterbricht das von den religiösen und politischen Autoritäten initiierte Abschließen von Jesu Erzählung, indem er sie auf eine radikale Weise öffnet.«[41] Roth hält sein Werk für die Erfahrung des Anderen, das Hereinbrechen einer Emanation, offen.

Der Agnostiker Roth fühlt sich möglicherweise zu einer Paradiesvorstellung hingezogen, die Ezra Pound im Canto LXXIV entworfen hat: »Le Paradis n'est pas artificiel / but spezzato apparently / it exits only in fragments unexpected excellent sausage, / the smell of mint, for example, / Ladro the night cat;«[42] In der Übertragung von Eva Hesse lauten diese Verse: »Le Paradis n'est pas artificiel / doch anscheinend spezzato, nur stückchenweise vorhanden: / auf einmal erstaunlich gute Wurst, / der Duft nach Minze, zum Beispiel, / Ladro der Nachtkater;«[43]

Als Roth in seiner Jugend eine zweibändige Ausgabe der Briefe von Vincent van Gogh in die Hände bekam, entstand während der Lektüre der Entschluss, »unabhängig von meinem Alltag ein zweites Leben zu führen«: »Nach außen würde ich unauffällig bleiben, aber mein wahres Ich würde ich im Geheimen, in meinen Gedanken ausleben, auf der Suche nach dem Wahn, die zugleich auch eine Suche nach dem verlorenen Paradies ist.«[44] Van Gogh, schreibt Roth in »Orkus. Reise zu den Toten« (2011), sei ihm in jungen Jahren als ein Künstler erschienen, der das Unglück gesucht hatte, oder das Unglück »hatte ihn gefunden, weil er es begehrt hatte, um auf der Erde das Paradiesische zu entdecken und mehr und mehr vom Leben zu spüren – so viel er nur ertragen konnte. (...) Viele Jahre später sah ich im Ägyptischen Museum in Kairo auf einem Sarg, auf dessen Bodenbrettern ein Wegeplan für die verstorbene Seele gemalt war, der ihr zur Orientierung im Jenseits dienen sollte, ein buntes, naives Gemälde, das meinen jugendlichen Gedanken ähnelte wie die Zeichnungen und Gemälde, die Wörter und Sätze in van Goghs Briefen.«[45] – Es ist für eine »Reise ins Unsagbare«.[46] Oder um es mit einer Passage aus dem Roman »Das Labyrinth« (2005) zu sagen, in dem

Roth unter anderem über das Los des portugiesischen Dichters Fernando Pessoa (1888–1935) schreibt: »Vieles im Leben bleibt Geheimnis, vieles was überliefert wird oder nicht, hängt vom Grad des Vertrauens, das man nahestehenden Menschen entgegenbringt, und deren Aufrichtigkeit, ab. Es liegt auf der Hand, daß Pessoa sich die Leberzirrhose, an der er nicht einmal 50jährig starb, durch unmäßigen Alkoholgenuß zugezogen hat. Sein letzter Aufenthalt war das São Luis-Krankenhaus in Bairro Alto. Noch in seinem Todesjahr schrieb er in einem Brief: ›Ich entwickle mich nicht, ich reise.‹ Der Name Pessoa bedeutet im Portugiesischen ›Maske, Person, Niemand.‹ Die letzten Zeilen, die der Dichter, der niemand und alles war, hinterließ, sind die Botschaft, die jeder Reisende kennt, bevor er in ein fremdes Land aufbricht: ›I know not what tomorrow will bring.‹«.[47]

Venedig – Heterotopien von Meer, Medizin und Migration

30. April

Ein Dutzendmal ist Roth bereits in Venedig gewesen, Ende April 2016 reist er mit seiner Frau Senta ein weiteres Mal in die Lagunenstadt. Für zehn Tage beziehen die Roths die Wohnung der Literar Mechana, die die Dichterin Anita Pichler (1948–1997) der Verwertungsgesellschaft für Urheberrechte als Domizil für Recherchen österreichischer Schriftstellerinnen und Schriftsteller vererbt hat. Roth arbeitet an einer Venedig-Trilogie und sucht Schauplätze für die neuen Romane.

Mit seiner Frau Senta kommt Roth aus der Südsteiermark nach Italien, die Route führt sie über Klagenfurt. Der Romancier und Dramatiker Julien Green (1900–1998) ist in Klagenfurt in der Stadtpfarrkirche begraben. Von Green gibt es eine Erinnerung, die festhält, wie er als junger Mann beim ersten Besuch von Venedig überwältigt wurde. Es ist ein Hymnus, auf Deutsch publiziert im Werk »Meine Städte – Ein Reisetagebuch« (1986): »Ich war siebzehn Jahre alt. Als ich auf dem Markusplatz stand, glaubte ich, den Verstand zu verlieren. Nichts auf der Welt war mir je so herrlich schön erschienen wie diese Stadt, die man eines Tages zerstören wird, gerade weil sie zu schön ist. Die Luft war warm, und ich sah alles im Flimmerstaub einer triumphierenden Sonne. Wie ein Geblendeter ging ich durch Straßen und Straßen, einen Stadtplan in der Hand, den ich nie benutzte, weil ich mich lieber verlief, und von all diesem endlosen Hin und Her ist mir nur die Erinnerung an einen Schwindelrausch geblieben.«[1]

Roth kam als Jugendlicher zum ersten Mal nach Venedig, Roths Eltern waren mit ihren drei Söhnen Paul, Helmut und Gerhard Mitte der 1950er Jahre nach Italien gereist. Roth hatte die Eltern gebeten, in Italien Ferien zu machen, damit er sich von einer Nephritis erhole. Eine Nierenentzündung war mit einem Krankenhausaufenthalt verbunden gewesen, die Roth mit dem körperlichen Niedergang eines Zimmernachbarn konfrontierte. Als Reiseziel hatte der Vater Grado ausgewählt, für einen Tag fuhren die Roths nach Venedig.

Die Roths lagen mit ihrer Italienreise im Trend der Zeit. Mitte der 1950er Jahre setzte aus Deutschland und Österreich der Massentourismus nach Italien ein, beliebte Reiseziele waren Rimini und Jesolo. Aus den Trümmern des Zweiten Weltkriegs ging es, wie Till Manning in der Studie »Die Italiengeneration. Stilbildung durch Massentourismus in den 1950er und 1960er Jahren« ausführt, an die Adria und zur Capri-Sonne.[2] Die Italiensehnsucht wurde durch Schlager und Filme befeuert, die den Urlaub als ein Leben ohne Sorgen priesen und sexuelle Freizügigkeit verhießen. Friedel Hensch und die Cyprys brachten 1955 einen Schlager auf den Markt, der den Wunsch nach dem zumindest temporären Ausbruch aus den Ruinenstädten auf den Punkt brachte: »Ja, für eine Fahrt ans Mittelmeer, Mittelmeer, Mittelmeer, / geb' ich meine letzten Mittel her, Mittel her, ja her, / Und es zieht mich, weil ich ledig bin, ledig bin, ledig bin, / immer wieder nach Venedig hin, Venedig hin, ja hin.« Und in der ein Jahr später gezeigten deutschen Filmkomödie »Bonjour Kathrin« trällern Caterina Valente und Peter Alexander: »Komm ein bisschen mit nach Italien, komm ein bisschen mit ans blaue Meer, und wir tun, als ob das Leben eine schöne Reise wär'.« Diese Lust, mit den Schlagern und Segnungen der Populärkultur nach Italien zu reisen, ist ein fernes Echo auf die »Grand Tour«, die als Bildungsreise ein typisches Phänomen des 18. Jahrhunderts war. Attilio Brilli schreibt in seiner Studie »Als Reisen eine Kunst war« (2012), »dass die Grand Tour mit all ihren Mühen und Wonnen im Grunde eine Metapher der Reise durch das Leben sei«.[3]

Am Beginn des 20. Jahrhunderts stimmte Filippo Tommaso Marinetti, der Begründer des Futurismus, im Manifest »Contro Venezia passatista« den Abgesang auf Venedig an. Für den

Schlag gegen Venedig führte er 1910 das Wort »Passatismus« ein[4], von »passato«, was vergangen und überholt bedeutet: »Wir lehnen das alte Venedig ab, das entkräftet und von jahrhundertelanger Wollust geschwächt ist, obwohl auch wir es einst in unseren sehnsüchtigen Träumen liebten und besaßen. Wir lehnen dieses Venedig der Touristen ab, diesen Markt der Antiquitätenfälscher, diesen Magneten des Snobismus und der Dummheit aus aller Welt, dieses Bett, das Karawanen von Liebenden durchgelegen haben, dieses edelsteingeschmückte Sitzbad für kosmopolitische Kurtisanen, diese *cloaca maxima* des Passatismus. Wir wollen diese faulige Stadt heilen, diese prächtige Wunde der Vergangenheit zum Vernarben bringen. (...) Es komme endlich das Reich des göttlichen elektrischen Lichts, um Venedig von seinem käuflichen Mondschein (...) zu befreien.«[5] Ezra Pound gefiel Marinettis Attacke, er spielte im gleichen Jahr Venedig gegen New York aus, gegen New York »wirkt Venedig wie eine schäbige Theaterkulisse. New York spielt im Freien. Und was Venedig angeht: Wenn Mister Marinetti und Konsorten dereinst diese ehrwürdige Stadt fertiggemacht haben werden, dann werden wir uns auf dem Schwemmland von Jersey ein neues Venedig bauen und selbes als Tearoom benutzen.«[6]

Roth ist bei seiner ersten Venedig-Reise im gleichen Alter wie Julien Green bei seinem ersten Aufenthalt, aber die Lagunenstadt zog ihn erst in späteren Jahren in ihren Bann. Der Markusplatz bleibt Roth, wie er in der Autobiographie »Das Alphabet der Zeit« (2007) schreibt, als riesiges Kirchenschiff in Erinnerung, der hitzeblaue Himmel erscheint ihm wie ein Deckenfresko, der Sinn der goldenen Mosaiken des Markusdoms bleibt ihm verschlossen: »Ich konnte das prunkvolle Schatzkästchen nicht öffnen und sehen, was in ihm verborgen war. Ich konnte auch nicht die Darstellungen an den Wänden und in der Kuppel entziffern, dafür reichten meine Bibelkenntnisse nicht aus. Ich erkannte – obwohl andächtig schauend – in dem verwinkelten, riesigen Gebäude nur einen Tempel sinnloser Schönheit. Die Mosaiken erschienen mir wie totes Leben, wie etwas Archäologisches, längst Vergangenes, das von einer untergegangenen Kultur Zeugnis ablegte. Das Bauwerk war erstarrte Zeit, seine Heilsbotschaft hatte sich aufgelöst, edel und ewig stand es da, einem monströsen präparierten Goldkäfer gleich, von dem nur noch der Chitinpanzer erhalten ist. Ich betrachtete den Markusdom als ein Museum, das sich selbst ausstellt, und wieder war ich daran gescheitert, mehr als das zu empfinden, weil die biblischen Gestalten, die prunkvoll verherrlicht wurden, nichts in mir ausgelöst hatten. Erst viele Jahre später konnte ich das prunkvolle Schatzkästchen öffnen und die Schönheit der Stadt und ihres Verfalls erkennen, die mich bis heute anzieht wie manche Bücher, die ich mehrmals gelesen habe. Die Fahrt mit dem Vaporetto, den Canal Grande hinauf und hinunter, erlebte ich als etwas ganz und gar Unwirkliches. (…) Nie hatte ich das Gefühl, die Palazzi und die farbigen, sich verändernden Wasserspiegelungen hätten etwas mit mir zu tun. Sie blieben mir verschlossen, Kulissen nur, ich fand, dass es mir nicht zustehe, sie in Gedanken in Besitz zu nehmen, so, als seien sie nicht für mich bestimmt.«[7] Roth öffnet bei seinen zahlreichen späteren Venedig-Aufenthalten nicht nur »das prunkvolle Schätzkästchen«, sondern auch die Türen zu den dahinterliegenden Kerkern.

Der ersten abweisenden Begegnung sollten mehrere Venedig-Reisen folgen, die Roth inspirierten und im Laufe der Jahre den Wunsch reifen ließen, eine Venedig-Trilogie zu verfassen. Der erste Band »Die Irrfahrt des Michael Aldrian« (2017) erzählt die Geschichte eines ehemaligen Souffleurs der Wiener Staatsoper, der in Venedig in ein Verbrechen verwickelt wird. Roth sagt bei einem Telefonat kurz vor der Reise, er suche für den zweiten Band der Trilogie eine Villa am Lido, die an einem Kanal liege, so dass Verfolgung und Flucht detailgenau dargestellt werden könnten.

1. Mai
Vor dem Aufbruch zum Lido zeigt Roth dem Verfasser den Stadtplan. Er hat die Route festgelegt und die Entscheidung

getroffen, mit einem Taxi vier Stunden lang auf dem Lido Schauplätze zu suchen. Als Erstes will Roth die kleinen Kanäle sehen, die zur Lagune führen, der Protagonist des entstehenden Romans lebt seit zwei Jahren auf dem Lido. Roth sucht nach Verstecken, ein umgekipptes, mit einer Plane zugedecktes Boot könnte es sein, auch ein alter Transporter oder ein heruntergekommenes Gelände, dessen Zufahrtstor versperrt ist.

Vor der ersten Recherchetour hat Roth die Straßen, Wege und Kanäle auf dem Stadtplan genauestens studiert. Wir werden, sagt Roth, bis zum Leuchtturm fahren, immer wieder anhalten, sofern ein interessantes Gebäude auftaucht. Er sucht zuerst eine Werft für Boote. Auf der Rückfahrt würden wir die berühmten Hotels ansehen, das 1907 errichtete Excelsior, auf dessen Terrassen 1932 die ersten Filmfestspiele stattfanden, das Grand Hotel des Bains, in dem Thomas Mann sich zur Novelle »Tod in Venedig« anregen ließ und das 2010 geschlossen wurde, das ebenfalls 1907 eröffnete Hungaria Palace Hotel, ein Jugendstil-Gebäude. Den katholischen Gottesacker und die beiden jüdischen Friedhöfe, den alten und den neuen, klammere er bei dieser Erkundung aus, er habe diese Friedhöfe bereits früher besucht.

Von den speziellen Erfordernissen dieser Recherche geht Roth zu einer allgemeinen Darlegung seiner Arbeit über. Wenn er für ein Buch noch keinen Plan habe, setze sich die spätere Geschichte puzzleartig erst durch die Eindrücke zusammen, die er auf der Reise erhalte. Es gebe drei Methoden, die er in seiner 45-jährigen Arbeit als Schriftsteller angewandt habe: Bei der ersten arbeite er frei aus dem Kopf – er habe sehr viele Bücher aus dem Kopf geschrieben. Bei der zweiten Methode fahre er an den Ort, an dem der Roman spiele, und mache Notizen, er setze sich dem Zufall aus, lasse ihn zu seinem Recht kommen. Schon während der Reise entstünden von selbst die ersten Ideen und Fragmente. Er mache ausführliche Fotorecherchen und handschriftliche Notizen, lasse sich von Details anregen, manchmal würden ihm winzige Wahrnehmungen, beispielsweise Blüten helfen, die ein Wind ins Wasser einer Anlegestelle geweht habe. Mit diesen Wahrnehmungen komme die Handlung ins Schaukeln. Bei der dritten Methode greife er auf das Material zurück, das oft jahrelang in einer Schachtel gelegen habe, er grabe Notizbücher und Fotografien aus und suche in ihnen, was er für die Arbeit brauche. Mitunter dauere es Jahre, bis er Aufzeichnungen wieder hervorhole und sich durch die wie aus einer fernen Zeit stammenden Notizen eine Schleuse öffne. – Es ist ein ähnliches Bild, das Julien Green einmal fürs Schreiben verwendet hat, statt des Öffnens einer Schleuse sprach Green vom Öffnen der Falltür, wenn er mit dem Schreiben beginne.

Von der Vaporetto-Station San Silvestro brechen wir zum Lido auf. Es regnet, und Roth sagt, er habe erst wenige Regentage im Vaporetto erlebt, der Regen stimuliere ihn. Roth füllt während der etwa vierzigminütigen Fahrt ohne Unterlass ein Moleskine-Büchlein mit Notizen. Er ist begeistert von der Skulptur eines weißen Astronauten, die neben dem Palazzo Franchetti horizontal über dem Wasser und den Steinstufen schwebt. Der sieben Meter große Astronaut ist eine Arbeit des 1984 in Kapstadt geborenen Künstlers Joseph Klibansky und heißt »Self-Portrait of a Dreamer«. Im Garten des Palazzo Franchetti, erzählt Roth, hat er 2011 im Rahmen der Biennale Erwin Wurms »Schmales Haus« gesehen, Wurm habe sein Elternhaus mit einer Länge von sechzehn Metern und einer Höhe von sieben Metern nachgebaut – bei einer Breite von 1,38 Metern, Wurms Kunstwerk habe in ihm Erinnerungen an die beklemmende Enge der eigenen Kindheit wachgerufen.

Auf dem Lido sucht Roth immer wieder das 2003 unter den Protesten der Bevölkerung geschlossene und dem Verfall preisgegebene Ospedale al Mare auf, in dessen Gelände Obdachlose eine Bleibe gefunden haben. Der rote Schriftzug »OaMtopia« – Ospedale al Mare Utopia – auf dem in einer Wiese liegenden Betonträger verknüpft Medizin und Meer zu einer Utopie der Genesung – das könne aber auch ironisch gemeint sein, sagt Roth. Der »Gebäudearchäologe« bezieht aus dem stillgelegten Ospedale al Mare Energien, um den Ausgesetzten und Ausgelieferten nahe sein zu können. Nach der Eröffnung 1933 wurden im Ospedale al Mare, einem Bauwerk des Faschismus, auch arme, an Tuberkulose erkrankte Kinder behandelt. Nicht nur Hydrotherapie und Heliotherapie brachten Heilung. Die erwachsenen Patienten wurden sogar mit Opern erfreut, und für die Kinder wurden Theateraufführungen im eigens für sie erbauten Teatro Marinoni gegeben, an dessen Decke ein Gemälde zu sehen war: Neptun, Gott fließender Gewässer und sprudelnder Quellen, am Ufer des Meeres, umgeben von spielenden Cupidos und Cherubim.

Als wir zur Stazione San Silvestro zurückkehren, meint Roth, Venedig sei für ihn ein Modell der Welt, hier könne man die Geschichte der Menschheit studieren. In Venedig sei alles vereint, Wasser und Schifffahrt, Kunst und Prostitution, Architektur und Verfall, das Licht des Markusdoms und die Finsternis der Kerker, Schönheit und Leid. Diese Stadt habe in ihrer langen Geschichte Dichter und Künstler magisch angezogen, ihn selbst berühre besonders das um 1495 entstandene Gemälde »Zwei venezianische Damen« von Vittore Carpaccio, das im Museo Correr zu sehen ist.

Im ersten Band seiner Venedig-Trilogie unterzieht Roth dieses Gemälde einer Reflexion. Er sieht es als einen Vorläufer des Impressionismus, beschreibt Empfindungen, die der Soziologe Thorstein Veblen in seiner Studie »Theorie der feinen Leute« (»The Theory of the Leisure Class«, 1899) analysiert hat.[8] Michael Aldrian, der ehemalige Maestro Suggeritore der Wiener Staatsoper, betrachtet in Venedig in einem Katalog eine Reproduktion dieses Gemäldes, er sieht »die beiden gelangweilten Frauen der besseren Gesellschaft (…) auf einer Terrasse sitzen, die eine von ihnen blickte im Hintergrund mit einem weißen Tuch in der Hand abwesend in die Ferne, die andere konzentrierte sich auf das Geschehen zu ihren Füßen. Frisuren und Kleider waren prächtig. Im Vordergrund lag ein aufgefalteter Brief auf dem Terrassenboden. Zweifelsohne war es ein großartiges Bild. Carpaccio hatte, wie erst viel später die Impressio-

2   Besuch der Tierpräparation im Naturhistorischen Museum Wien
m 26. Januar 2016

3   Gerhard Roths Kosmos ist von Tieren bestimmt. In vielen seiner Romane haben
Tiere (Füchse, Fische, Möwen, Vögel usw.) eine zentrale Bedeutung

34

35

6/37 In der Schmetterlingsabteilung des Wiener Naturhistorischen Museums

38/39　Senta und Gerhard Roth besuchen am 25. Januar 2016 den Heldenberg, das »österreichische Walhalla«

40 Heldenberg: Standbild des jungen Kaisers Franz Joseph am Ende der Kaiserallee

41 Gerhard Roth in der Radetzky-Gruft

42/43 Besuch des Sigmund Freud Museums in Wien am 27. Januar 2016

44 Während der Dreharbeiten zu Elisabeth Scharangs Film »Die Stadt«. Gerhard Roth mit der Maske des Kaninchens aus »Alice im Wunderland« auf dem Weg zum Uhrenmuseum

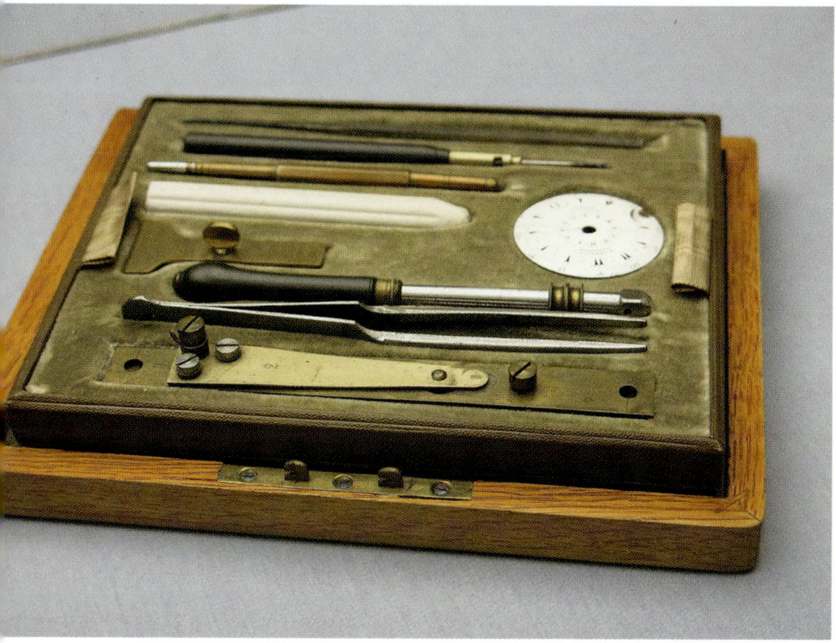

45 Uhrmacher-Werkzeug der Dichterin Marie von Ebner-Eschenbach

46/47   Brunnwinkl mit den fünf Häusern am Wolfgangsee, wo der Bienenforscher
Karl von Frisch wohnte und arbeitete

48 Roths täglicher Spaziergang führt an drei am Waldrand gelegenen Fischteichen vorbei, 2017

49 Diabas-Steinbruch in der Südsteiermark

50/51 Auf dem Markusplatz 1977 und 2017

52/53   Recherche für die Romane der Venedig-Trilogie, Anfang Mai 2016

54 Abtransport der sieben Meter großen Skulptur »Self-Portrait of a Dreamer« von Joseph Klibansky vom Palazzo Franchetti, Anfang Mai 2016

55 In der Sigmar-Polke-Ausstellung im Palazzo Grassi, 5. Mai 2016

56   Torcello, Kathedrale Santa Maria Assunta, 6. Mai 2016

57   1. Mai 2016: Recherche am Lido – vor dem 2003 geschlossenen Ospedale al Mare

58 Auf der Büchertreppe des Antiquariats Acqua Alta in Venedig, 2013

59 Im Antiquariat Acqua Alta

60 Am Grab des Fußballtrainers Helenio Herrera, der in den 1960er Jahren Inter Mailand, »La Grande Inter«, zur europäischen Spitze geführt hat

61 Auf der Friedhofsinsel San Michele – Besuch der Gräber von Joseph Brodsky und Ezra Pound

62   Mit einem Falkner auf der Friedhofsinsel San Michele, Mai 2016

nisten, eine alltägliche Szene festgehalten. Sein weißer, kleiner Hund hatte der älteren Dame beide Pfoten in eine ihrer Hände gelegt, während ihre andere Hand einen Strick hielt, in den sich der Kopf eines großen Hundes verbissen hatte. Der Marmorboden wies ein Muster aus zu einer geometrischen Figur geordneten Kreuzen, Quadraten und Karos auf. Vor der Frau im Hintergrund hockten ein grüner Papagei und ein Pfau oder ein zahmer Kormoran, und ein junger Mann oder ein älteres Kind schlüpfte gerade zwischen den Säulen der Brüstung auf die Terrasse. Die Brüstung selbst zierten zwei weiße, taubenähnliche Vögel, ein Granatapfel und eine Vase mit dem Stängel einer Pflanze, der vielleicht zu einer Blume führte, welche das Bild aber nicht zeigte.«⁹ Der Roman erläutert auch die rätselhafte Geschichte dieses Gemäldes. Die zwei feinen Damen wurden lange als von Schwermut befallene Prostituierte gesehen, doch neuere Forschungen haben gezeigt, dass sie der adeligen Gesellschaft zuzuordnen sind. Dieses Gemälde ist lediglich der untere Teil von Carpaccios Werk, der obere Teil zeigt eine Jagdgesellschaft, ist unter dem Titel »Jagd in der Lagune« bekannt und befindet sich in den USA. Untersuchungen des Holzrahmens ergaben, dass das Bild aus bisher noch ungeklärten Gründen geteilt wurde und die beiden Hälften seitdem ein getrenntes Leben führen, die eine im Museo Correr in Venedig, die andere im J.-Paul-Getty-Museum in Los Angeles. Einmal, erzählt Roth, kam es in Venedig zu einer Zusammenfügung beider Bilder anlässlich einer Ausstellung über die venezianische Renaissance.

2. Mai

Wieder regnet es am Vormittag. Auf dem Weg zum Vaporetto erwidert Roth auf die Frage, ob er gut geschlafen habe, er habe schrecklich geträumt, die Zeit für die angenehmen Träume sei offenbar endgültig vorbei. Wieder nehmen wir ein Vaporetto, wir fahren zur Chiesa di San Pietro di Castello auf der gleichnamigen Insel im Nordosten von Venedig. Der Regen hat die Stadt beruhigt, es sind kaum Touristen unterwegs, und die

Gondolieri müssen warten, bis sie die blauen Planen von den schwarzen Gondeln abziehen können.

In der Chiesa di San Pietro interessiert Roth sich für Pietro Liberis Gemälde »Il Castigo dei serpenti« von 1660. Die Verdammung der Schlangen beschwört eine Welt herauf, in der die Schlangen sich darangemacht haben, die Menschen auszurotten. Am Ende eines kahlen Baumstammes ohne Zweige und Blätter ist eine Schlange aufgepflanzt, als würde sie bereits die Weltherrschaft übernommen haben. Dieses Motiv erinnert an die Schlange, die im Alten Testament den Israeliten den Weg in die Freiheit gezeigt hat. Doch hier hat die Hilfe der ehernen Schlange sich in ihr Gegenteil gekehrt. Aber ein alter Mann streckt Arm und Hand aus und gebietet den Schlangen Einhalt. In letzter Sekunde wird das Unheil noch abgewendet, die Menschen liegen schon vom Kampf entkräftet am Boden.

3. Mai

Auf der Fahrt zum Friedhof San Michele verfolgt Roth vom Vaporetto aus, wie die einzelnen Körperteile von Joseph Klibanskys weißem Astronauten auf Schiffe gehoben und abtransportiert werden. Auf einem der Lastkähne sind nur der große Arm und der weiße Stuhl zu sehen, an dessen Lehne sich der freischwebende Astronaut festgehalten hatte. Als Roth das Schiff mit dem überdimensional großen Rumpf an der Kaimauer erblickt, meint er, es sei der »Sarg des Astronauten«, der weiße Astronaut breche nun über das Wasser zur letzten Reise auf. Gut möglich, dass der auf die Erde zurückgekehrte und auf ein Transportschiff geladene Astronaut in der Venedig-Trilogie als Abgesandter intergalaktischer Räume erscheine.

Während der Überfahrt von Fondamenta Nuove nach San Michele fotografiert Roth die Skulptur »The Barque of Dante« des 1945 in Tiflis geborenen Künstlers Georgy Frangulyan. 2007 wurde sie auf der 52. Biennale gezeigt und ist seitdem in der Lagune dem Wellenschlag ausgesetzt. Die Bronzeskulptur zeigt Dante und Vergil am Beginn ihrer Reise ins Reich der Toten. Mit venezianischen Experten hat Frangulyan der zwei

Tonnen schweren Skulptur durch Pfeiler und Pontons eine lose Verankerung gegeben, so dass sie sich mit den Wellen heben und senken kann. Dante wendet den Kopf Vergil zu, der gerade ausgestreckte Arm zeigt in die Gegenrichtung – nach San Michele, der Friedhofsinsel. Die Verse, die Frangulyan zu dieser Arbeit inspiriert haben, stehen in der »Göttlichen Komödie« im VIII. Gesang des Inferno und lauten in der Übertragung von Wilhelm G. Hertz: »Mein Führer ging ins Boot, als er's erklärt; / Dann ließ er mich hinein an seine Seite; / Erst als ich dringestanden, schien's beschwert. / / Sobald im Schiff ich war mit dem Geleite, / Enteilt der alte Kiel und schneidet mehr / Ins Wasser ein als üblich in der Breite.«[10]

Auf der berühmten Friedhofsinsel sucht Roth die Gräber von Ezra Pound und Joseph Brodsky auf. Zum Grab von Ezra Pound scheinen kaum Besucher zu kommen. Es finden sich dort weder Blumen noch Geschenke, der Name des Dichters steht auf einer kleinen, von Blättern überwachsenen Steinplatte. Bei Brodskys Grab haben Besucher ein kleines Wodkafässchen, eine russische Nussschnitte, einen Stein mit Fuchsgesicht, einen Kugelschreiber und andere Devotionalien hinterlassen. Roth setzt sich in der Nähe des Brodsky-Grabes auf einen Grabstein und spricht über Pounds Verehrung von Mussolini, seinen Antisemitismus, Rassismus und Antiamerikanismus. Nach dem Krieg wurde Pound im U.S. Army Disciplinary Training Center bei Pisa in einen Käfig gesperrt, Tag und Nacht mit Licht bestrahlt, bevor er nach Amerika gebracht und im St.-Elizabeth-Krankenhaus interniert wurde. Zwölf Jahre verbrachte Pound im »Institute for the Criminally Insane« in Washington D.C. und er entkam der Todesstrafe nur dadurch, dass er für geisteskrank erklärt wurde. Ernest Hemingway setzte sich dafür ein, dass Pound aus der Heilanstalt entlassen werde. Nach Europa zurückgekehrt, besuchte Pound seine Tochter Mary de Rachewiltz und lebte bei ihr und ihrem Mann auf der Brunnenburg in der Nähe von Meran. Als Pound zum ersten Mal wieder nach Venedig reiste, ging er mit dem Faschistengruß von Bord des Schiffes.

Am Ende sagt Roth, die beiden Dichter seien unterwegs ins Jenseits. Auf die Frage, was Pound und Brodsky als Obolus für ihre Charonfahrt unter der Zunge liegen haben, erwidert Roth: Brodsky Wodka und Pound ein Bitterkraut. Geht die letzte Reise ins Elysium, in die Hölle oder ins Nichts? Roth antwortet, das Leben sei ein Geschenk, an ein Leben nach dem Tod glaube er nicht.

Wir kommen auf Theodor Fontanes Roman »Unwiederbringlich« zu sprechen, auf jene Verse, die nach dem Sinn und der Summe unserer Existenz fragen: »Was bleibt vom Erdenfeste, / Was bleibt uns unvergällt? / (…) Wer hasst, ist zu bedauern, / Und mehr noch fast, wer liebt.«[11] Ezra Pound gibt in seinem Canto LXXXI eine andere Antwort als Fontane: »What thou lovest well remains, / the rest is dross / What you lov'st well shall not be reft from thee / What you lov'st well is thy true heritage.«[12] In der Übertragung von Eva Hesse lauten diese Verse: »Was du innig liebst, ist beständig,/ der Rest ist Schlacke. Was du innig liebst, wird dir nicht weggerafft / Was du innig liebst, ist dein wahres Erbe.«[13]

Roth hält inne und sagt nach einer längeren Pause, Brodsky habe mit »Ufer der Verlorenen« das schönste Venedig-Buch geschrieben. Es beginne damit, dass Brodsky bei der Ankunft in Venedig »ein äußerstes Glückgefühl« befalle, ein Geruch sei in seine Nase gedrungen, der für ihn »immer schon ein Synonym für Glück« gewesen ist, »der Geruch von gefrierendem Seetang«.[14] Roth sagt, Brodsky habe der Arbeit eine große Bedeutung beigemessen, Glück oder Unglück als Begleiterscheinung gesehen. Nach der Rückkehr ins Hotel sucht der Verfasser diese Passage: »Es ist eine Tugend – zu der Überzeugung bin ich vor langer Zeit gekommen –, sich an seinem Gefühlsleben nicht allzu gütlich zu tun. Es gibt immer genug Arbeit, ganz zu schweigen davon, dass es draußen genug Welt gibt. Und schließlich gibt es immer diese Stadt. Solange sie existiert, glaube ich nicht, dass ich – noch übrigens sonst jemand – von einer romantischen Tragödie mesmerisiert oder geblendet werden kann.«[15]

4. Mai

Am Vormittag besuchen wir die Sigmar-Polke-Ausstellung im Palazzo Grassi. Von Polkes Arbeiten, sagt Roth am Beginn des Rundgangs, bekomme er einen Energieschub. Er werde vom Erinnern und Vergessen angezogen, dieses Doppelspiel sei in allen Arbeiten Polkes zu spüren, die Bilder kämen wie aus einer fernen Zeit zu uns und seien einem auf eigentümliche Weise nahe. Auch die abstrakten Arbeiten, auf denen z. B. auf einem blauen Viereck der Rest einer kleinen Pflanze zu sehen ist, zögen ihn an, er selbst zeige in seinen Fotoarbeiten Prozesse von Werden und Vergehen, jene Umgestaltung, die ein Metall bis hin zum Rost durchlaufe, Partikel und Essenzen einer alchemistischen Transformation belebten seine Inspiration.

Roth spürt den Explosionen in Polkes Arbeiten nach, er betrachtet jene Bilder, in denen sich Splitter der Zerstörung über die Leinwand ausgebreitet haben. An manchen Stellen, sagt Roth, könne er sich nicht des Eindrucks erwehren, ein Auge habe sich aus dem Körper gelöst und führe in einer zerstörten Landschaft ein Eigenleben. Roth fühlt sich zu jenen Arbeiten von Polke hingezogen, die, um einen Begriff von Michel Foucault aufzunehmen, »andere Räume« zeigen: Auf »Jeux d'enfants« (1988) sieht man hinter großen Pflanzen zwei Kinder, eines hält einen vom Körper getrennten Kopf in den Händen. Am Bildrand ist der Rücken einer Person zu erkennen, die die spielenden Kinder betrachtet. Der Tod hat auf die beiden Kinder noch nicht sein Grauen übertragen, der abgetrennte Kopf erscheint wie ein aus dem Totenreich geborgener Gegenstand, der einer behutsamen Handhabe bedarf. Es ist, als hätten die beiden Kinder an dem abgeschiedenen Ort eine neue Welt für sich entdeckt, in der die ältere Generation keine Macht über sie hat.

Den Nachmittag verbringt Roth im Caffè Florian, er taucht in die Atmosphäre eines sonnigen Tages ein, genießt das Vertrauen der Kellner, die unter dem weißen Sakko eine schwarze Weste tragen. Das Caffè Florian war im 19. Jahrhundert ein Treffpunkt der Anhänger von Garibaldi, im Caffè Quadri versammelten sich die Habsburger, die Orchester spielten gegeneinander an, die Streitereien entflammten über den Platz hinweg. Roth zeigt auf den Campanile, dessen Einsturz er im Roman »Grundriss eines Rätsels« beschreibt, und erzählt: »Der Campanile hatte vor dem Einsturz 1902 bereits eine leichte Schiefstellung, doch nicht einmal zu diesem Zeitpunkt hat die Baubehörde das ernst genommen. Erst drei Tage vor dem Zusammenbruch hat ein pensionierter Ingenieur den Turm inspiziert. Als er über die Treppe die Hälfte des Turmes erklommen hatte, sah er im Mauerwerk sehr große Sprünge. Das hat sich wie ein Lauffeuer herumgesprochen, die Leute sind gekommen, um zu sehen, was sich ereignen würde. Am Tag, als der Turm zusammenbrach, gab es auf der Piazza San Marco normalen Kaffeehausbetrieb. Am Morgen haben zwei, drei klügere Menschen gesagt, der Zustand des Glockenturms sei in höchstem Maße besorgniserregend. Der pensionierte Ingenieur ist noch einmal in den Campanile gestiegen. Es gab dort einen Turmwächter, seine Frau, sie war Büglerin, und eine Katze. Den beiden wurde gesagt, sie müssten das Gebäude verlassen, der Turmwächter habe die Anweisung als Erster befolgt. Dann habe es ein verdächtiges Geräusch gegeben, die herbeigerufene Feuerwehr habe eine Leiter angelegt und nachgesehen, ob die Sprünge größer geworden seien. Sie waren noch größer als vor zwei, drei Tagen gewesen, daraufhin habe die Feuerwehr befohlen, es müsse der Platz vollständig geräumt werden. Endlich habe auch die Frau des Türmers ihre Wohnung verlassen. Zwanzig Minuten später sei der Turm zusammengebrochen, es sei nur mehr ein gewaltiger Ziegelhaufen auf dem Markusplatz gelegen. Die Katze sei nach einem der Berichte im letzten Moment hinausgelaufen, und in einem anderen Bericht heißt es, dass sie das einzige Todesopfer gewesen sei. Die Fotografen, die das Desaster im Bild festhielten, habe ich im ›Grundriss eines Rätsels‹ erfunden. Die Fotos und Ansichtskarten des Zusammenbruchs sind allesamt getrickst, in die Fotos mit der Staubwolke wurde ein Sprung in den Turm hineinretuschiert, vom Zusammenbruch selbst gibt es keine Aufnahme. Es war alles abgesperrt, wahnsinnige Staubschwaden haben sich ausgebreitet, die Menschen sind herumgestanden, minutenlang war der Platz nicht begehbar. Nur noch ein riesiger Schutthügel ist, wie gesagt, dort gelegen. Bei den Aufräumarbeiten wurden zehn weiße Hemden gefunden, die die Büglerin bei ihrer Flucht aus der Turmwohnung hatte liegen lassen. Die Hemden waren unversehrt. Zehn Jahre lang wurde der Turm neu errichtet. Zur Eröffnung im Jahr 1912 haben die Senatsräte die wieder gefundenen weißen Hemden angezogen.«[16] Roth hat in den 2014 publizierten Roman eines der gefälschten Fotos vom einstürzenden Campanile aufgenommen und eines vom »Schotterberg, der einmal der Glockenturm gewesen war«.[17]

5. Mai

Eine Unterbrechung, ein Innehalten. Roth sagt, er lege einen Ruhetag ein, der Beginn des Aufenthalts sei gut verlaufen, er habe bereits den Großteil der Recherchen erledigt. Die Technik, meint Roth, biete ihm heute bessere Arbeitsmöglichkeiten, er könne gleichzeitig Notizen machen und die Fotos auf dem Display betrachten, das sei zur Zeit der analogen Fotografie nicht möglich gewesen. Die Aufnahmen hätten sich früher stärker in sein Gedächtnis eingeprägt, die Notizen habe er ohne die Betrachtung der Fotos machen müssen. Schrift und Bild seien zwei verschiedene Schienen gewesen, auf denen er sich durch die Stadt bewegt habe, erst nach der Rückkehr habe er die Fotos entwickeln lassen, und die »erste Begegnung mit den Abzügen« habe manche seiner Notizen in einem neuen Licht erscheinen lassen. Heute vermischten sich Notizen und Aufnahmen, der Austausch zwischen den beiden Formen der Aneignung geschehe schneller, aber manchmal auch flüchtiger.

In Roths Roman »Die Irrfahrt des Michael Aldrian« spricht ein mit der Stadt seit vielen Jahren vertrauter Doktor über die Hasstiraden und Hymnen, die Venedig im Laufe der Zeit zuteilwurden: »Man hat Venedig oft genug als eine Märchenstadt bezeichnet. Das stimmt nur insofern, als es nicht nur verklärende, sondern auch grausame Märchen gibt. Das venezianische Gehirn, das diese Märchen erfunden und sogar erlebt hat, hat selbstverständlich zwei Gehirnhälften. Die eine speichert historische Ereignisse und Lügen – das Archivio di Stato di Venezia und der Dogenpalast –, die andere ist das Reich der blühenden Phantasie, der Kunst, der Religion – die Biblioteca Marciana, die Museen und die Kirchen. Beide Gehirnhälften kommunizieren miteinander, daher ist es schwer, ein objektives Gesamtbild zu gewinnen. Feinde von Venedig haben die Stadt als bösartige Land- und Wasserschlange bezeichnet oder als verräterische adriatische Kröte. In den Schriften, die als ›Antiveneti‹ bezeichnet werden, beschreibt ein Franzose – Claude de Seyssel – die Venezianer als ein Volk, das sich in die Sümpfe verkrochen hat, als ob das Meer sie so wenig wollte wie das Land: herrschend nicht durch Waffen und Klugheit, sondern durch Diebstahl und Betrug, hungrig wie der Wappenlöwe, gierig nach Land, Geld und Blut. Die venezianische Regierung wurde als eine tyrannische Oligarchie hingestellt, die ihre schreckenerregende Leistungsfähigkeit mit Hilfe von Spionen, Folter und Giftmischerei aufrechterhielt. Demgegenüber stehen aber die Lobgesänge auf Venedig, die es immer schon gegeben hat und bis heute noch gibt. Venedig gilt darin als Inbegriff der Schönheit, denken Sie an die Gemälde der Renaissance, an Bellini, Giorgione, Tizian bis zu den Aquarellen von William Turner, an die Bauwerke und (…) die Musik von Vivaldi bis Luigi Nono, von Monteverdi, der hier die ersten großen Opern komponierte und aufführte, bis zu Igor Strawinsky, dessen Oper ›The Rake's Progress‹ nach den Gemälden und Kupferstichen von William Hogarth – wie Sie sicher wissen – im Teatro La Fenice, ebenso wie auch Verdis geniale Werke, uraufgeführt wurde …«[18]

6. Mai

Auf der Fahrt zur Insel Torcello kommen wir am Arsenal vorbei. In dieser Kriegsschiffswerft, erzählt Roth, seien die Produktionsabläufe so rationalisiert worden, dass 1570 im Krieg gegen die Türken und der anschließenden Seeschlacht von Lepanto innerhalb von zwei Wochen hundert Galeeren gebaut werden konnten, im Kriegsfall sicherte dieser schnelle Nachschub die eigene Überlegenheit. Die rasante Produktion könne man als eine Frühform des Fordismus sehen, ein Schiff nach dem anderen sei »ausgespuckt worden«.

Während das Vaporetto an den rötlichen Ziegelmauern entlangfährt, kommen wir wieder auf Dante Alighieri zu sprechen, der im Jahr 1321 Venedig besuchte und kurz nach der Rückkehr in Ravenna gestorben ist. Wir unterhalten uns über den XXI. Gesang des »Inferno«, betrügerische Beamte werden in kochendes Pech getaucht, bewacht von Teufeln. Dante verbindet die Beschreibung der Situation mit der Produktion und Reparatur von Schiffen.

Drei Strophen vom Beginn des XXI. Höllen-Gesangs, sagt Roth, sind auf einer Gedenktafel am Arsenal zu lesen, die Verse 16 bis 21 zeigten, in welcher Weise Dantes Besuch des Arsenals seine Transformation in die »Göttliche Komödie« gefunden habe. Die Verse lauten in der Übertragung von Wilhelm G. Hertz: »Als ob wir in Venedigs Zeughaus wären, / Wo man das zähe Pech im Winter braut, / Die seeuntüchtigen Schiffe auszuteeren, / / Sie können jetzt nicht fahren; dafür baut / Der eine neu sein Fahrzeug; der verstopft / Des Schiffes Lecke; das die Welt geschaut: / / Am Achter und am Bug wird da geklopft; / Der legt ans Ruder, der ans Seil die Hände; / Am Besan und am Klüver wird gestopft; / / So sott durch Gottes Kunst und nicht durch Brände / Ganz unten eines dicken Pech Gewühl, / Das überall verklebt die Seitenwände. / / Ich sah's, jedoch ich sah darin nicht viel, / Als dass der Sud beständig Blasen braute, / Dass er erst anschwoll, dann zusammenfiel.«[19]

Um zur Basilica di Santa Maria Assunta auf Torcello zu gelangen, geht Roth nicht entlang des kleinen Kanals, er nähert sich über Wiesen und Felder der Kirche. Er überquert dabei die Ponte del Diavolo, bleibt am Scheitelpunkt stehen und blickt in die umliegenden Gärten. Die Ponte del Diavolo ist für Roth eine Brücke in die Vergangenheit, ein gewölbter Steg, über den der Erzähler gehen müsse, um die Schemen und Schatten einer Flucht heraufzubeschwören. Auf der Brücke, so Roth, erscheine der Legende nach jedes Jahr zu Weihnachten der Teufel in der Gestalt einer Katze und halte Ausschau nach seiner Beute. Ein österreichischer Offizier verliebte sich in eine junge Frau aus einer adeligen, venezianischen Familie. Als diese Liebe an die Öffentlichkeit gedrungen war, wurde der Offizier tot aufgefunden, die Suche nach dem Mörder verlief ergebnislos. Ein Freund der Frau wandte sich an eine Zauberin, die sich am 24. Dezember mit dem Teufel verabredete und ihn bat, den Schlüssel für Raum und Zeit herauszurücken. Er bekomme dafür die Seelen von sieben Neugeborenen, die noch nicht getauft worden seien. »Von der Gier getrieben«, so Gerd Wolfgang Sievers' Version der Liebesgeschichte, »ging der Dämon auf den Handel ein. Die Zauberin erhielt den Schlüssel, warf ihn ins Wasser, und der junge Offizier erschien unter dem Brückenbogen. Die Geliebten fanden zueinander und konnten in einer anderen Welt glücklich werden. Sieben Tage später wartete der Teufel vergeblich auf die Zauberin; diese war zuvor bei einem Brand ums Leben gekommen. Seitdem schleicht der Dämon jedes Jahr am 24. Dezember in Gestalt einer schwarzen Katze an der Brücke vorbei … auf die Seelen wartet er jedoch vergeblich.«[20]

Von der Ponte del Diavolo führt uns der Weg zur Basilika mit Tintorettos Gemälde »Himmelfahrt Mariä« (1554–1555) und dem großen Mosaik vom Jüngsten Gericht. Vom Namen und der Geschichte der Teufelsbrücke angeregt, denkt Roth über die Schöpfung nach. In einer Kirchenbank sitzend und auf die Ikonostase schauend, sagt Roth, er habe bereits oft mit Theologen, Priestern und Bischöfen gesprochen, und keiner habe ihm erklären können, warum Gott den Teufel geschaffen habe. Roth zeigt auf das »Jüngste Gericht«: »Unten befinden sich die Totenschädel, die Marter durch die Teufel, links ist das Fegefeuer, nach oben hin sieht man die höheren Engel, die Cherubim und Seraphim, das Schlimmste zu Dantes Zeiten hingegen war der Verräter. Zu den Verrätern gehörte auch Brutus, der Julius Cäsar ermordete. Dante hat einige Anspielungen auf weitere Verräter gemacht, aber der ärgste und größte Verräter sei Judas.«

Für Blaise Pascal hat das Herz Gründe, die der Verstand nicht kennt: »Ich bin der Überzeugung, dass auch das Herz durch den Verstand gelenkt wird, nämlich indem man ihn ausschaltet, da sind wir beim Herzen, aber im Herz selbst ist gar nichts.« Im Herzen, heißt es, ist die Liebe. Dieser Überlegung widerspricht Roth: »Mit dem Kopf träumst du, mit dem Kopf wachträumst du, mit dem Kopf erfindest du, mit dem Kopf bist du auch logisch, das ist alles im selben Zentrum, nur wusste man früher vom Gehirn viel zu wenig, als diese Geschichten niedergeschrieben worden sind. Man hat eine Trennung von Herz und Gehirn vollzogen, um es bildlich besser fassen zu können. Über Religion kann man schlecht diskutieren, es wird alles schnell banal, es ist eine Innensprache, der die Musik am nächsten kommt. Ich erfahre über Bach, Bruckner und Mahler oder die ›Missa solemnis‹ von Beethoven wesentlich mehr als von den Disputen zwischen Theologen. Die Dispute der Kirchenleute haben nur zu Katastrophen geführt, wie die Abspaltung der protestantischen von den katholischen Christen und der Dreißigjährige Krieg. Die Abspaltung hat mit dem Kirchenapparat, den Kirchenbeamten zu tun, aber nichts mit der Innensprache, die durch die Bibel angeregt wird.«

8. Mai
Roth erinnert sich in der Stille des Sonntagnachmittags an den Venedig-Besuch während der Recherchen zu der »Irrfahrt des Michael Aldrian«, er sei bereits einmal in Torcello gewesen, doch im Februar 2008 sei alles geschlossen gewesen: »Kein Leben, es war nicht mehr Leben auf der ganzen Insel, als wir gestern im Vorgarten des Restaurants erlebt haben. Alle Lokale waren damals geschlossen, auch das Cipriani. Trotzdem oder gerade deswegen war es schön, ich hatte Torcello schon damals sehr gern, die Insel hat im Winter mystisch gewirkt.« Roth sagt, es koste ihn viel Kraft, alles genau zu recherchieren,

er habe versucht, den Selbstmord und den Mord auf der Insel in ›Die Irrfahrt des Michael Aldrian‹ bereits zu beschreiben, aber die Insel zu einer anderen Jahreszeit gesehen. Er werde den Mord dort vom Februar in den Mai verlegen, durch die Beschreibung der blühenden Akazien und des blühenden Holunders werde der Gegensatz zwischen Tod und Leben größer: »Ein Mord in einer tristen Landschaft ist immer gut, die Skandinavier leben davon, Henning Mankell z. B. und all die anderen Autoren, immer gibt es diese dunkle Schwedenlandschaft. Aber eine Landschaft, die in Blüte steht, ist für mich reizvoller.«

Als wir mit den Gedanken in Graz sind, kommen dem Verfasser zwei Venedig-Haikus des Grazer Soziologen und Schriftstellers Gunter Falk in den Sinn: »statt in harry's bar / beim schnaps: am lido liebend: / fern venedigs licht.«[21] Und: »im vaporetto / den hut in die stirn gedrückt / wind wasser und nacht.«[22] Falk sei, sagt Roth, ein liebenswürdiger Mensch und für die Grazer Autoren der Spiritus Rector gewesen. Er habe an der Karl-Franzens-Universität Soziologie gelehrt, habe unter anderem über Alkohol und Aggression publiziert und aus sozialwissenschaftlicher Perspektive die Frage erörtert, wer ein Schriftsteller sei. Mit Anfang vierzig sei er am Alkohol zugrunde gegangen, wie drei andere Autoren auch, die nie von Graz weggekommen seien. Roth spricht die Namen Werner Schwab, Franz Innerhofer und Wolfgang Bauer langsam aus und fügt hinzu, Schwab sei ein Popstar gewesen, Innerhofer depressiv, er habe sich aufgehängt, und Bauer habe am Ende durch das Trinken an der Schaufensterkrankheit gelitten, er habe sich nur noch mühsam fortbewegen können.

9. Mai

Am Vormittag besuchen Senta Roth und der Verfasser das Ghetto Venedigs. Roth bleibt zu Hause, er hat die Führung durch das Ghetto schon dreimal mitgemacht, er will weiter seine Notizen und Fotografien durchsehen und überlegen, wie sie sich in den Roman integrieren lassen. An jenem Vormittag kommen nur wenige Besucherinnen und Besucher ins Ghetto, bis zur Führung dauert es eine Stunde. Wir sehen uns auf dem Platz um und sprechen über den gerade begangenen 500. Jahrestag: Am 29. März 1516 war die Entscheidung getroffen worden, in Venedig ein Ghetto zu errichten. Einem Hinweis entnehmen wir, dass im laufenden Sommer – vierhundert Jahre nach der Uraufführung von Shakespeares Komödie »Der Kaufmann von Venedig« – dieses Stück im Ghetto gezeigt wird. Wir fragen uns, ob in der Bearbeitung sowohl Antonio, der Kaufmann von Venedig, als auch Shylock, der Jude von Venedig und Mann ohne Vornamen, ihr Leben lang aus Belmont verbannt bleiben werden. Die venezianische Insel Belmont ist eine Utopie, die an den Außenseitern Antonio und Shylock zugrunde geht. In dieser Komödie es gibt weder eine Gemeinschaft noch eine Solidarität der Außenseiter.[23]

Nach der Rückkehr zeigen wir Roth unsere Fotos. Während er sie durchsieht, spricht er darüber, wie strikt die Grenzen zwischen den einzelnen Glaubensrichtungen waren, Ehen zwischen Sephardim, »den Mittelmeerjuden«, und Aschkenasim, »den schwäbischen, östlichen Juden«, waren nicht möglich, die Eltern wachten streng darüber, dass diese Grenzen respektiert wurden. Roth hält für einen Moment inne und kommt auf sein Buch »Die Geschichte der Dunkelheit« zu sprechen, Herr Singer bzw. Berger habe ihn zwei Tage vor der geplanten ersten Begegnung angerufen und ihm gesagt, er könne nicht zum Treffen kommen. Sieben Wochen lang habe er auf eine Nachricht von ihm gewartet, er habe schon gedacht, Singers Interesse an dem Buch sei nicht mehr vorhanden. Nach dieser Unterbrechung habe Singer ihm von einer menschlichen Tragödie erzählt: Sein Sohn habe im Sicherheitsdienst für ein jüdisches Altenheim gearbeitet. Um vier Uhr früh habe er sich am Tag ihrer Verabredung in der Portiersloge erschossen. Der Hintergrund des Selbstmords sei die Liebe zu einem »sephardischen« Mädchen gewesen, dessen Eltern hätten ihm als »einem Aschkenasi« den weiteren Kontakt zu ihrer Tochter verboten.

Am Nachmittag nimmt Roth den Verfasser in ein Antiquariat mit, wo er sich vor der Abreise mit Büchern über Venedig eindeckt. Auf dem Rückweg unterhalten wir uns über Richard Wagners Tod in Venedig: »Es war eine Eifersuchtsszene, bei der Wagner gestorben ist. Es kam eine Sängerin aus Deutschland, die für die Rolle der Isolde vorgesehen war. Die junge Sängerin hat Wagner ausnehmend gut gefallen, und seine Frau Cosima war zu Recht eifersüchtig auf sie, Wagner begann immer wieder und gern mit Frauen Liebschaften, er hatte Hans Freiherr von Bülow dessen Frau Cosima, die mit dem Wagner-Dirigenten verheiratet gewesen war, ausgespannt. Beim Streit kurz vor seinem Tod machte Cosima aus Eifersucht auf die junge Sängerin ihrem Mann Vorwürfe, Wagner ging in sein Arbeitszimmer, sie in eine andere Richtung. Als sie in ihrem Zimmer war, kam bald darauf die Hausangestellte angelaufen und teilte ihr mit, dass Wagner vor seinem Schreibtisch zusammengebrochen sei. Cosima lief zu ihm, aber er lag schon im Sterben.« Wagner hatte eine Zeitlang auch in Wien gelebt, aber die Wiener mochten ihn nicht: »Wagner veranstaltete sehr große Feste und gab für Geschenke unglaubliche Geldbeträge aus. Er ließ sich von seinen fanatischen Anhängern feiern. Zu Weihnachten bekamen viele von ihm einen seidenen Morgenmantel geschenkt, Frauen Perlenketten, damit bildete er einen Hof um sich. Er bezahlte nichts, erwarb alles auf Schulden, flüchtete deshalb und versteckte sich, später flüchtete er als Frau verkleidet mit der Eisenbahn nach München. Er checkte auch als Frau im Hotel ein, nahm sein Zimmer, verliebte sich in eine andere Frau, legte seine Verkleidung ab und war wieder Wagner. Er war ständig auf der Flucht.«

Wagner habe, erzählt der Verfasser Roth, von Venedig aus an Mathilde Wesendonck geschrieben, dass er zum »Tristan« zurückkehre, »um an ihm die tiefe Kunst des tönenden Schweigens für mich zu Dir sprechen zu lassen«.[24] Dieses Zitat aus einem Brief vom 12. Oktober 1858 stellte Hans Mayer seinem Essay »Tristans Schweigen« voran. In dieser Oper herrscht die »Tragik eines Redens, das den Partner nicht mehr erreicht,

›sondern wie ein leerer Klang vorüberzieht‹. Hier wurde –
noch vor allem Musikalischen – eine neue Form des Tragischen
gesucht und gefunden, die sich bewusst gegen alle klassische
Überlieferung zu stellen gewillt war. Isolde spricht sich vor
Brangäne aus, so wie Tristan vor Kurwenal, meint aber nicht
die Vertraute, will eigentlich weder erklären noch irgendein
Handeln veranlassen. Sie spricht sich aus, sich allein.«[25]

Roth kommt auf den bevorstehenden Abschied zu sprechen,
er meint, die zehn Tage seien viel zu schnell vergangen: »Ich
muss aus einem inneren Antrieb immer schreiben. Ich kann
einfach nicht ausspannen. Heute habe ich das erste Mal nichts
geschrieben, ich war nach dem Torcello-Ausflug zu müde dafür, aber ich bin sehr glücklich, in Venedig zu sein. Man sieht
immer wieder schwerbehinderte Menschen wie vor einigen
Tagen den Jungen im Rollstuhl im Vaporetto, und man denkt,
wie bevorzugt man in allem ist. Erst wenn man das Selbstverständlichste verloren hat, fällt einem auf, was man besessen
hat. Das Selbstverständlichste – dass man zwei Hände hat,
zwei Augen, dass man alles essen kann, dass man spazieren
gehen kann, ist zugleich das Schönste.«

10. Mai
Der Tag der Abreise ist gekommen. Aufbruch aus Venedig,
Rückkehr in die Südsteiermark, wieder über Klagenfurt. Die
Zerstörung Venedigs, die Julien Green befürchtete, hat Roth in
der »Winterreise« in einer Szene beschrieben, in der der weiß-
braune Dampfer »Appia« seinen Schatten in eine Straße wirft.
Nach dem Abschied von Anna und einer Affäre ist Nagl allein
im Zimmer, er liegt im Bett und kann nicht schlafen: »Draußen lag das große Schiff. Aber über der Dunkelheit, über der
Nacht gab es Räume, unendliche Räume. Er blickte auf den
dunklen Schatten der ›Appia‹ vor seinem Fenster und stellte
sich vor, mit ihr auf das Meer hinauszufahren.«[26] In der Nähe
von Roths Unterkunft klebt an einer Mauer ein Plakat, auf dem
ein Mädchen gegen ein großes Schiff protestiert: »No grandi
navi«. Der Protest gegen die Kreuzfahrtschiffe wird in nächs-

ter Nähe von Roths Domizil mit einem anarchistischen Slogan verknüpft. Auf einer Wand steht in schwarzer Schrift gesprüht: »Tutte libere e fuoco @ galere«.

Nach der Rückkehr aus Venedig sucht der Verfasser eine Passage von Joseph Brodsky und Verse von Ezra Pound, um die Empfindungen des Abschieds zu lindern und zu vertiefen. Im 1978 entstandenen Essay »Nach einer Reise oder Hommage an die Wirbelsäule« findet er Brodskys Überlegung: »Ganz gleich, wie Reisen beginnen, sie enden immer identisch: im eigenen Winkel, im eigenen Bett, wo man schon beim Hineinfallen vergisst, was bereits Vergangenheit geworden ist. Es ist unwahrscheinlich, dass ich jemals wieder in jenes Land und jene Hemisphäre gerate, wenigstens ist bei meiner Rückkehr mein Bett noch mehr ›meins‹, und einem Menschen, der Möbel kauft, anstatt sie zu erben, genügt das, um eine Zweckbestimmung in den sinnlosesten Abschweifungen zu entdecken.«[27] Und die Verse von Pound lauten: »Will I ever see the Guidecca again? / or the ligths against it, Ca' Foscari, Ca' Giustinian / or the Ca, as they say, of Desdemona / or the two towers where are the cypress no more / or the boats moored off le Zattere / or the north quai of the Sensaria (…).«[28] In der Übertragung von Eva Hesse: »Werd ich je die Guidecca wiedersehn? / mit den Lichtern davor, Ca' Foscari, Ca' Giustinian / oder die Ca', wie sie sagen, der Desdemona / oder die beiden Türme wo die Zypressen nicht mehr stehn / oder die Kähne, die vor le Zattere vertäut sind / oder den Nord-Kai der Sensaria (…).«[29]

Während eines Telefonats mit Roth Ende November 2016 taucht die Frage auf, womit Venedig verglichen werden könne. Laut Goethe, der im Herbst 1786 gut zwei Wochen in Venedig war, kann man die Stadt »nur mit sich selbst vergleichen«.[30] Am 29. September 1786 hält er fest: »Dies Geschlecht hat sich nicht zum Spaß auf diese Inseln geflüchtet, es war keine Willkür, welche die Folgenden trieb, sich mit ihnen zu vereinigen; die Not lehrte sie ihre Sicherheit in der unvorteilhaftesten Lage suchen, die ihnen nachher so vorteilhaft ward und sie klug machte, als noch die ganze nördliche Welt im Düstern gefangen lag; ihre Vermehrung war notwendige Folge (…). Der Venezianer musste eine neue Art von Geschöpf werden (…).«[31] Jeder Venezianer, schreibt Goethe, fühle sich als »Mitherr des Adriatischen Meeres«[32], »wenn er sich in seine Gondel legt«.[33]

Vergleicht man Venedig mit sich selbst, lässt sich am Beginn des 21. Jahrhunderts sagen, dass die nicht wohlhabenden Bewohnerinnen und Bewohner Venedig verlassen müssen, nach Mestre oder in andere Orte ziehen, sie können sich die Mieten nicht mehr leisten. Übers Adriatische Meer kommen die Flüchtlinge und billige Arbeitskräfte aus Osteuropa in die Lagunenstadt. Venedig ist, wie Wolfgang Scheppe und seine Studentinnen und Studenten in den beiden Bänden der Studie »Migropolis. Venice. Atlas of a Global Situation« (2009) die soziokulturelle Entwicklung darstellen, das Modell einer globalisierten Stadt geworden. Der Titel ist für den Philosophen Scheppe »die Fügung der griechischen Wortwurzel für Stadt mit dem Terminus der Migration. Wir untersuchen die globale Mobilität von Menschen, Waren und Bildern am Beispiel Venedigs. Der Titel spielt aber auch mit seinem Gleichklang zu Monopoly, dem Spiel. Das hat einen Grund: Das Spielbrett ist die einzige gesellschaftlich gelernte Form, Raum und Ökonomie auf eine visuelle Weise zusammenzuschließen. Es liefert also die Grundidee zu einer Kartographie der globalisierten Stadt.«[34] Für Scheppe wurde Venedig als Ganzes zu einem Bild, »das sich als festes ikonisches Vorurteil im Reisegepäck des Touristen befindet, aber auch ein Bild, das sich von der Stadt wie in einer Kopiermaschine ablöst und auf die Themenparks in Las Vegas und Macau, aber auch jede deutsche Eisdiele, die mit Rialtobrücke und Gondelmotiv dekoriert ist, appliziert werden kann. (…) Wenn eine Stadt ein gewaltiges Geschäft mit mehr als zwanzig Millionen Touristen im Jahr anzieht, ist es eine Notwendigkeit der globalisierten Welt, dass auch eine sogenannte Parallel-Ökonomie entsteht. Eine Schattenwirtschaft, die in Venedig im hellen Licht der Promenaden stattfindet. Das macht dieses Phänomen in Venedig deshalb so sichtbar und führt zu Konflikten mit den mächtigen Vertretern des wahren Geschäfts. Die Protagonisten dieses Schwarz-markts sind Hersteller, die in vielen Fällen auch die Produzenten der echten Brand-Products sind. Und diejenigen, die das Risiko tragen: Illegal genannte Immigranten, die ihre lange Reise einmal angetreten haben, um Arbeit zu finden, aber im modernen Europa der Grenzsicherungen weder arbeiten noch existieren dürfen. Sie sind daher angewiesen auf informelle Formen des Marktes. Ihrer Armut entspricht die knappe Kasse bei vielen Tagestouristen, die sich nicht mehr als eine falsche Gucci-Tasche aus Plastik als Souvenir leisten können. Die in der laufenden Regierungsperiode entstandene Militarisierung Venedigs hat diese, einst die Stadt kennzeichnende Subsistenzwirtschaft aber in allerjüngster Zeit fast völlig aufgelöst. (…) In der heutigen Wirklichkeit der Stadt ist ihre historische Besonderheit nurmehr ein Verkaufsargument der lokalen Tourismuswirtschaft. Ihre Gesetze aber werden im Alltag aller, die in Venedig noch leben, ganz von den Mechanismen der Globalisierung bestimmt. Deren Spuren und Zeichen, obgleich omnipräsent, bleiben dem touristischen Blick verschlossen.«[35]

Venedig ist zu einer »Dual City« geworden, der soziale Zusammenhang der Metropole zerbrochen. Venedig ist in aller Munde und auf allen Fotos, der Stadtname ist der »meistzitierte der Welt«.[36] Roth plant, diese Stadtentwicklung als Hintergrundfolie für den zweiten Band der Venedig-Trilogie zu nehmen, seit dem ersten Besuch als Jugendlicher Mitte der 1950er Jahre und seit der »Winterreise« von 1978 habe sich diese Stadt enorm verändert, es gelte, Spuren und Zeichen dieser Veränderung darzustellen. Einst habe alles in Torcello begonnen, Torcello sei für Venedig, wie John Ruskin im dreibändigen Werk »The Stones of Venice« Mitte des 19. Jahrhunderts schreibt, »the widowed mother of the city«. Und man könnte schließen, die Globalisierung von Venedig habe Torcellos Witwenschaft vertieft.

»Ich vertraue meinem Instinkt und habe damit bis jetzt keine unangenehmen Zwischenfälle erlebt«
Ägypten-Reisen

Herr Roth, Sie sind in den 1990er Jahren viermal nach Ägypten gereist.

Ägypten besuchte ich zum ersten Mal 1992, als ich fünfzig war. Ich flog mit Senta nach Luxor, wir sahen uns dort in zehn Tagen alle zugänglichen Pharaonengräber an. Wir hatten ein schönes Hotel mit Pool, fuhren mit der Kutsche durch ein Dorf … Die oft sehr jungen Kutscher verstanden uns meistens nicht. Wenn wir mit ihnen sprechen wollten, lachten sie … Nach einer Tour zu den Pharaonengräbern war ein Taxifahrer am Abend ziemlich müde. Ich hatte das Taxi für den ganzen Tag bezahlt, es kostete damals umgerechnet fünfzig bis siebzig Schilling. Der Fahrer wartete vor den Gräbern auf uns und brachte uns wieder zum Hotel zurück. Unterwegs lud er uns zu sich nach Hause ein, er hatte Zwillinge, wir wurden ins Schlafzimmer geführt, dort stand der Fernseher, wir durften auf dem Ehebett Platz nehmen und bewundern, was für ein schönes Ehebett und was für einen schönen Fernseher die Familie hatte. Wir saßen auch vor dem Haus auf der Bank, bekamen zu essen und trinken, es war alles sehr herzlich. Ich versuche immer, mit der Bevölkerung Kontakt aufzunehmen … Am Berg Athos war das aber kaum möglich. Die Mönche waren zurückhaltend bis misstrauisch, und ich wollte ohnedies allein sein.

Was hat Sie zu Ägypten hingezogen?

Die archäologischen Ausgrabungen, die Fresken in den Gräbern. Wir sind viermal nach Ägypten gereist, die letzte Reise war im Herbst 2010. Ich wollte für den Roman »Der Strom«

recherchieren, von Luxor hatte ich nach der ersten Reise bereits eine gute Vorstellung. Einmal sind wir vom ägyptischen Fremdenverkehrsministerium eingeladen worden, wir wurden am Flughafen abgeholt und in ein schönes Hotel gebracht. Am nächsten Morgen stand ein VW-Bus vor der Tür, und so blieb es acht Tage lang: Wir hatten einen Fahrer, einen Leibwächter mit Pistole, eine Dolmetscherin und eine Frau, die alles organisierte. Zusammen mit Senta waren wir also insgesamt sechs Personen. Natürlich wollte ich Außergewöhnliches sehen. Inzwischen waren wir schon in Israel gewesen, der Besuch des Katharinenklosters am Fuße des Berges Sinai war ein eindrucksvolles Erlebnis gewesen. Dort offenbarte sich der Überlieferung nach Jahwe in einem brennenden Dornbusch. Ich wollte in Ägypten zuerst die koptischen Klöster sehen, sie liegen auf der Strecke zwischen Kairo und Alexandria, wir wurden dorthin gebracht und konnten die wunderbaren Gärten und Gebäude besuchen. Wir sind aber auch in die »Müllstadt« mit ihren 60000 Einwohnern gegangen. Außerhalb von Kairo leben dort nur Kopten am Muquattam-Hügel – Muslime räumen keinen Müll weg. Es gibt ganze Häuser, die mit Abfall vollgeräumt sind. Durch die Fenster sieht man bis zur Decke gestapelte Zeitungen oder hingeworfenen Abfall, es ist alles voll mit Müll. Du gehst zu einem Wirt, setzt dich hin, zwei Leute, die dort leben, rauchen eine Wasserpfeife, rundherum ist Müll. Im Haus ist Müll, auf den Straßen ist Müll, vor den Eingängen ist Müll. Die hygienischen Zustände sind schreckenerregend. Es gibt dort ein Spital, doch selbst vor dem Spital liegt Müll. Wir sind mit dem Taxi herumgefahren und haben Werkstätten und Lagerplätze besucht … Wir haben alles privat organisieren müssen, unsere Begleiter wollten nicht, dass wir die »Müllstadt« sehen.

Hat es in der Müllstadt nicht furchtbar gestunken?

Ja, nach ein paar Stunden konnte ich den Geruch nicht mehr ertragen. Auf einem Platz gab es eine von einer Mauer umgebene

Müllablage, die aussah wie ein fußballfeldgroßes Schwimmbad. In den riesigen Becken war alles voller alter, verwesender Lebensmittel und anderer Dinge, die nicht weiterverarbeitet werden können und daher zu Dünger wurden. Dieser Dünger wird von den Kopten später an Häuser und Siedlungen verkauft, die in den Wüsten errichtet werden, man brauchte den Dünger dort, um Gärten anzulegen und Sträucher anzupflanzen. Es gab ein Gebäude, in dem wurde Altpapier zu großen Notizbüchern verarbeitet, ich habe ein paar davon gekauft. Es gab auch einen Saal, in dem Teppiche geknüpft wurden, »Fleckerlteppiche«, wie man bei uns sagt. Man hat uns auch über Krankheiten in der »Müllstadt« unterrichtet. Zuletzt wurden wir sogar in eine Volksschule eingeladen, die Kinder sangen uns zu Ehren »Old MacDonald had a farm«. Es war irrational, denn vor der Schule waren Palmen gepflanzt, es war ein geschützter Bereich. Natürlich gab es auch eine Kirche, aber in der war ich nicht. Die »Müllstadt« und ihre Bewohner sind mir in trauriger Erinnerung geblieben.

Waren Sie auch auf Friedhöfen?

Es gibt zwei große Friedhöfe in Kairo, dort wohnen Menschen, die vom Land in die Stadt geflüchtet sind. Sie haben sich in den kleinen Häusern niedergelassen, die bei den Gräbern von den wohlhabenderen Menschen errichtet wurden. Die Reicheren halten dort ihre Toten- und Erinnerungsfeiern ab. Stirbt jemand, geht man auf dem Friedhof in das Haus, sitzt mit Verwandten und Freunden zusammen. Diese Zusammenkünfte werden am Todestag Jahr für Jahr wiederholt. Bei sengender Hitze ist das am Friedhof kaum möglich, aber damit man nicht woanders hingehen muss, bauten die Leute diese Häuser. Die Räume haben die Höhe meines Bibliothekszimmers und sind zum Übernachten gedacht und mit Tischen und Betten ausgestattet. Die Gräber sind fast nicht sichtbar. Im Hinterhof befindet sich eine Betondecke und darin ein Deckel, eine Leiter führt zu den in Leinen eingewickelten Toten hinunter, die im Grab ruhen. Hühner spazieren den ganzen Tag auf der Betonplatte herum, es sieht wie auf einem ländlichen Bauernhof aus, die Frauen kochen. Es gibt dort keine Polizei, kein Militär, jedoch eine eigene, sagen wir, Justizverwaltung, die selbst Urteile spricht. Ich habe von der Friedhofstadt noch oft geträumt. Ich spüre auf Reisen instinktiv, wenn es gefährlich wird. Bemerke ich, dass sich etwas zusammenbraut, ziehe ich mich zurück. Ich vertraue meinem Instinkt und habe bis jetzt keine unangenehmen Zwischenfälle erlebt.

Sie haben auch Oasen besucht.

Ägypten ist ein weites Feld. Ich war in der Oase Bahariyya, die Oase Fayyum kann von Kairo aus besucht werden. Bahariyya ist weiter weg, man ist dort wirklich in der Wüste. Die Oase Fayyum interessierte mich deswegen, weil es dort Totenbilder gibt. Auf die Särge wurden Gesichter gemalt, die Expressionisten wurden von den Darstellungen zu ihrer Malerei angeregt. Es gibt in Fayyum eine Pyramide, rundherum stand einstmals ein riesengroßer Palast, der sich in Scherben aufgelöst hat.

Uwe Schütte erwähnt in seiner Studie »Unterwelten«, dass Sie die Oase Fayyum kurz nach dem islamistischen Terroranschlag vor dem Hatschepsut-Tempel besucht haben. Sechzig Touristen wurden bei diesem Anschlag erschossen.

Aus der Oase Fayyum kommen viele Attentäter. Man hat uns mit einem VW zu einer Schranke vor der Einfahrt gebracht, der Chauffeur hupte, und die Schranke ging auf. Fayyum war zu diesem Zeitpunkt für Touristen geschlossen. Auf einmal fuhr ein Lastwagen mit sechs Soldaten vor, jeder von ihnen hatte ein Gewehr in den Händen. Sie fuhren zu unserem Schutz abwechselnd vor oder hinter uns her.

Wie war es in der Oase Fayyum? Gustave Flaubert hat auf seiner Ägypten-Reise Mitte des 19. Jahrhunderts in Fayum »Lobgesänge auf die Jungfrau aus vollem Halse« gehört.

In der Oase Fayyum war es ganz still. In dem großen Hotel am benachbarten Quarunsee mitten in der Wüste, das uns nach ausführlichen Besichtigungen der Pyramide gezeigt wurde, war auf den Gängen und im Speiseraum niemand zu sehen. Draußen saßen die Soldaten mit Gewehren auf den Stiegen und passten auf, dass niemand eintrat. Während wir dort ein verbratenes Hähnchen verzehrten, dachte ich mir, irgendetwas stimmt hier nicht. Direkt über dem Tisch war eine Kupfertafel angebracht, auf der zu lesen war, wer sich bereits zu Konferenzen im Hotel aufgehalten hatte: Churchill, Gaddafi, Nasser usw. Als ich auf die Toilette ging, hörte ich aus einem Raum jemanden zu leiser Orchesterbegleitung singen. Ich öffnete vorsichtig die Tür, eine Frau sang gerade ein Lied von Umm Kulthum. Ich kannte dieses Lied und auch andere bereits von meiner ersten Reise und hatte mir zwei oder drei CDs gekauft. Der Hotelier trat an unseren Tisch und fragte, ob ich zufrieden sei, und ich erwiderte, dass ich das Hotel besichtigen möchte ... Um etwas zu den Sozialfragen zu sagen: Der Chef des Hotels hatte keine Zähne. Bei uns ist es unvorstellbar, dass jemand, der in einer gehobenen Position in einem großen Hotel arbeitet, keine Zähne hat. Sogar bei Akademikern habe ich das in Ägypten bemerkt. Sich Zähne machen zu lassen ist unendlich teuer ... Ich bin mit dem Hotelier umhergeschweift, zum Abschluss wollte er mich noch ins Freie führen. Ich sah ein großes Tor und fragte ihn, was dahinter sei. – Ein Saal. – Ist es ein Turnsaal? – Nein. – Ich möchte gern den Saal sehen. – Ich dachte, es handle sich um einen sakralen Saal, schaue hinein und sehe, wie auf Heurigenbänken etwa 150 Leute essen und trinken. – Wieso sitzen sie da? – Es ist schon Sonntag, vielleicht kommt schlechtes Wetter. – Nein, warum gehen sie nicht hinaus? – Ich drehte mich, ohne auf eine Antwort zu warten, zu meinen beiden Begleitern um und fragte sie, wieso die Menschen in dem Saal sitzen. Die Antwort war: Wir müssen Sie, Herr Roth, schützen. – Ich bat darum, dass die Leute den Saal verlassen dürften. Es wurden zwei Leibwächter verständigt und danach noch zwei weitere, die irgendwo versteckt waren. Sie sagten, es geschehe auf meine Verantwortung hin, dass sich die Menschen im Freien aufhalten. Sie öffneten den Saal, Musiker und Gäste eilten hinaus, und wir sind alle auf einer Terrasse am herrlichen Quarunsee in der Wüste gesessen. Vor einer Balustrade zum See hin spielten Kinder. Sie haben Steinchen und kleine Dinge »verkauft«. Die Sängerin hat für mich noch einmal jenes Lied von Umm Kulthum gesungen, das ich anfangs durch die Tür gehört hatte. Wir verbrachten mit den Gästen mehrere Stunden im Freien, es war ein intensiver Nachmittag. Anschließend fuhren wir wieder nach Kairo zurück. Am nächsten Tag habe ich den Journalisten Alfred Huber, der mein Freund geworden war, gebeten, ob er mich zu den Hausbooten bringen könne. Ingeborg Bachmann hat in »Der Fall Franza« über die Hausboote und die Begegnung mit einem NS-Arzt geschrieben.

In den »Ägyptischen Notizen«, die Sie 2003 in der Zeitschrift »manuskripte« veröffentlichten, haben Sie gleichsam ein Selbstporträt in der dritten Person verfasst: »Wieder dachte er daran, dass er sich alles einverleibte, er wusste über den Sehvorgang Bescheid und sagte sich, dass er ein Augenkannibale sei, der ein unendliches Verdauungsorgan in seinem Kopf besitze.«

Ja, ich fotografierte viel, die Weiße Wüste und die Schwarze Wüste um die Oase Bahariyya, ein aufgelassenes Theater in Alexandria, das Hawara-Labyrinth in Fayyum und vieles andere. An der Stelle, wo die berühmte Bibliothek von Alexandria stand, bieten nun Straßenverkäufer Bücher feil. Auf der erwähnten Ägypten-Reise konnte ich den Reisebegleitern sagen, was ich gern sehen möchte, mein Wunsch war schriftlich zu hinterlegen. Gleich von Anfang an bat ich darum, mit einem Sufimeister zu sprechen. Am vierten oder fünften Tag meines Aufenthalts wurde ich gefragt, ob ich die Altstadt sehen möchte. Ich war neugierig und ahnte nicht, was auf mich zukommen würde. In der Altstadt wurde ich nach der Besichtigung in die Nähe des Gebäudes des Sufimeisters für Ägypten geführt. Wir stiegen in dem alten, aber renovierten Gebäude die Treppen hoch – viel Staub und Sand, durch das Klima dort verwittern die Häuser schneller als bei uns. Im Büro saßen zwei Männer, einer hatte ein dickes, schwarzes Buch vor sich auf dem Tisch liegen, der schwarze Einband wies durch den Gebrauch tausende winzige weiße Punkte auf, jedes Mal, wenn er das Buch auf den Tisch gelegt hatte, hatte er offenbar auf dem empfindlichen Papier einen weißen Fleck erzeugt. Ich fotografierte es spontan, und der dicke Mann fragte mich streng und misstrauisch, warum ich den Einband fotografierte, ich antwortete wahrheitsgemäß, dass der Umschlag wie der Sternenhimmel aussehe. Ich bemerkte, dass meine Auskunft in ihm zu arbeiten begann, obwohl ich sie ihm nicht aus Berechnung gegeben hatte. Der zweite Mann mischte sich ein und fragte mich, worüber ich überhaupt mit dem Sufimeister sprechen wolle.

Woher rührte Ihr Zögern?

Ich wusste, wenn ich meine Frage ausspreche, wird der Mann mich nicht zu ihm bringen. Ich antwortete daher, es gebe so viele Fragen, z. B., wie kann ein Mensch schuldig werden, wenn das Schicksal für ihn vorbestimmt ist. Ich kannte die Antworten natürlich schon. An seinem Gesichtsausdruck las ich seine Gedanken: das sei die Frage, die die blöden Christen hier immer stellten, wir Muslime haben das Problem schon längst gelöst. Während ich mit dem Mann sprach, erschien der »Sufi aller Sufis« mit Turban und in schwarzem Kaftan, ein sehr korpulenter Mann, umgeben von zwei wieselnden Sekretären. Er sah mich streng an und gab mir barsch zu verstehen, ich solle ihm folgen. Wir suchten sein mit Nussholz ausgekleidetes Zimmer auf, es war mit einfachen Schränken, einem Tisch und Stühlen ausgestattet, den Boden bedeckte ein einfarbiger Teppich, und an der Wand hing ein großes Foto vom damaligen Staatspräsidenten Mubarak. Ich dachte mir, die Sufimeister politisieren nicht und sie würden sich niemals ein Foto des Staatspräsidenten ins Zimmer hängen. Als ich nachforschte, erfuhr ich, dass die betreffende Sufivereinigung vom Staat anerkannt war, während die meisten Sufigruppen zum Ärger der Staatsverwaltung und der strengen Muslime unabhängig bleiben. Wir setzten uns, der Boden war voller Zigarettenstummel, es sah aus, als hätte jemand gerade drei sehr große Aschenbecher ausgeschüttet. Ein Mitarbeiter wollte die Zigarettenstummel zusammenkehren, der Sufimeister gab ihm jedoch ungeduldig ein Zeichen, dass dies nicht nötig sei. Er entnahm dem Kaftan ein flaches Tonbandgerät, stellte es auf den Tisch und wartete. Der Sufimeister wollte offenbar sichergehen, dass die Polizei oder Vertreter der muslimischen Tradition später nichts gegen ihn vorbringen konnten. Er zeichnete auf einem kleinen Magnetbandgerät das gesamte Gespräch auf, und danach wurde es, wie ich erfuhr, abgeschrieben.

Worüber unterhielten Sie sich?

Zunächst redeten wir über Ägypten. Ich wollte mit ihm auch über die altägyptischen Religionen sprechen, aber er machte dazu nur kurze, einsilbige Bemerkungen. Ich stellte daraufhin die Frage nach dem vorbestimmten Schicksal. Er wollte mich vielleicht missionieren, jedenfalls aber belehrte er mich, dass der Mensch einen freien Willen habe, Gott als Allwissender wisse im Voraus, was der Mensch tun würde, aber er lasse es ihn tun, denn der freie Wille gehöre zu den Grundeigenschaften des göttlichen Wesens, und da der Mensch dem Göttlichen nachgebildet sei, dürfe er selbst nach seinem Willen entscheiden, was er tue. Gott wisse, was die Menschen machten, aber er beeinflusse ihr Tun nicht. Ich sagte, vielleicht wäre es manchmal gut, wenn Gott das Handeln der Menschen beeinflussen würde. Ja, aber dann wären die Menschen nicht mehr unabhängig, es gebe kein freies Denken mehr. Jeder müsse selbst ans Ziel kommen und entscheiden, wie er sich verhalte. Einen Tag davor hatte ich ein Buch über Sufimeister gelesen. Deshalb ist mir Al-Halladsch eingefallen, der behauptet hatte: »Ich bin Gott, da Gott mich nach seinem Ebenbild geschaffen hat.« Die Sufimeister hat es übrigens schon früher als den muslimischen Glauben gegeben, sie haben diesen sozusagen als Gefährt genommen, mit dem sie besser ihr meditatives Leben beginnen konnten als mit völliger Unwissenheit. Die Verbindung zum Islam ist das Bestreben, die Gottesnähe zu erreichen und Gott in sich selbst zu lieben. Ich kam also auf Al-Halladsch zu sprechen, und in dem Augenblick ist der Sufimeister zum ersten Mal sanft explodiert: Wie kann jemand sagen ›Ich bin Gott.‹ Wer kann sich anmaßen, das zu sagen, es war richtig, ihn zu töten. Ich erwiderte, dass dies sehr grausam vor sich gegangen sei. – Ja, wenn er nicht nachgibt … Seine Vorstellungen sind Unsinn und verboten, sie haben nichts mit dem Islam zu tun, Al-Halladsch war ein Verrückter. – Ich wusste einiges über das Leben von Al-Halladsch und seine Lehre, Annemarie Schimmel schrieb ein Buch über ihn, sie übersetzte auch seine Gedichte.

Sie haben den Sufimeister gereizt, sogar zur Weißglut getrieben.

Meine Äußerung hat ihn erbost. Es ist mir daraufhin eine zweite Geschichte eingefallen, die man mir kurz davor erzählt hatte: Eine Frau, die viele Kinder und einen schweren Alltag hatte, sie kam aus einem armen Milieu, ging aus Verzweiflung zum Imam. Die Frau gestand ihm, dass sie mit der Arbeit nicht zu Rande komme und die fünf Gebete am Tag nicht mehr verrichten könne. Sie habe zu Allah gebetet, und Allah habe ihr gesagt, es genügten drei. Daraufhin habe der Imam sie angezeigt, und die Frau wurde verhaftet, eingesperrt, kam vor das Gericht. Ich habe den Sufimeister gefragt, welches Urteil er selbst gesprochen hätte. Er haute auf den Tisch und rief: Schuldig! Er selbst sei bei dem Fall Gutachter gewesen … Sie könne nicht eigene religiöse Gesetze erfinden. – Ich sagte, es sei »Notwehr« gewesen, die Frau komme wegen der Arbeit für die Kinder und die Alten nicht mehr täglich zum Gebet. – Er brauste auf: Allah weiß alles, er weiß, warum er die Gesetze machte, der Mensch hat sich zu fügen, nicht jeder kann die Gesetze nach seinem eigenen Belieben ändern. – Ich gebe zu, dieses Gespräch war für mich später wegweisend, aber gleichzeitig dachte ich mir, ich bringe in meinem Buch eine ganze Religion in Verruf, weil ein Idiot eine solche Äußerung von sich gibt. Die Moscheen, die ich am selben Tag aufsuchte, haben mir sehr gefallen, die Al-Azhar-Universität und die Moschee habe ich öfter besucht. Die Gefühle sind in der arabischen Welt größer als bei uns, die Ehrverletzung, egal ob nur eingebildet oder Tatsache, ist eine Art Weltuntergang.

Sie haben der Begegnung mit dem Sufimeister im Roman »Der Strom« eine andere, tiefere Dimension gegeben und sich auf diese Weise gegen dessen Interpretationshoheit gewehrt.

Ein paar Monate nach meiner Rückkehr begann ich mit der Arbeit am Roman »Der Strom«. In dieses Buch nahm ich die Begegnung mit dem Sufimeister auf, und als ich an der kritischen Stelle war, dachte ich, wenn ich sie so wiedergebe, denunziere ich alle Sufis, sie haben mit dem offiziellen Sufimeister nichts zu tun. Ich habe ihm anstelle seiner Antwort die Geschichte von Rumi mit dem Elefanten im Zirkus in den Mund gelegt: In einem kleinen Dorf in Ägypten hatte sich ein Zirkus mit einem für die Bewohner unbekannten Tier niedergelassen. Vor der ersten Aufführung haben sich die Männer des Dorfes in der Nacht zusammengetan, um auszukundschaften, wie das sagenhafte Tier aussehe. Drei der Männer sind unters Zelt gekrochen und haben sich dem Schnaufen des unbekannten Tieres genähert, und jeder von ihnen hat den Elefanten einmal berührt und ist hierauf erschrocken geflüchtet. Die Versammlung saß bei der Rückkehr der drei Männer noch immer beisammen und wollte wissen, wie das Tier aussehe. Der Erste – er hatte das Elfenbeinhorn berührt – gab an, das Tier sei glatt, hart und habe vorne eine Spitze. Nein, sagte der Zweite, es ist weich und hat vorne einen Pinsel – weil er den Schwanz berührt hatte. Der Dritte, der ein Bein betastet hatte, sagte, das Tier sei eine Säule, die vom Boden aufrage, man könne sie nur schwer umarmen, weil sie so kräftig sei. Rumi schrieb dazu, dass die Geschichte die Vorstellung der Menschen von Gott wiedergebe. Immer wieder muss ich mir seither die Frage stellen, ob es nicht richtiger gewesen wäre, wenn ich geschrieben hätte, was der Sufimeister wirklich zu mir gesagt hatte.

Sie haben in einem Roman doch die Freiheit zu erzählen, was und wie Sie wollen.

Ich wollte nicht den Islam diffamieren. Christen vertreten oft genauso absurde Gedanken. Außerdem liebe ich Ägypten. Die Menschen, die ich kennengelernt habe, sind hilfsbereit und großzügig, aber durch die Religion, d. h. die Beamtenschaft des Islams dressiert. Das Gespräch über Al-Halladsch steht stellvertretend für negative Erfahrungen. Ich habe den Koran zweimal gelesen und mich noch mit anderen Sufimeistern auseinandergesetzt, Biographien über Mohammed studiert und dadurch das Verhalten der Menschen verstehen gelernt. Es ist eine patriarchalische Gesellschaft, die Söhne werden von Kind auf patriarchalisch erzogen. Um später diese Rolle übernehmen zu können, müssen sie den Vater imitieren, eine endlose Entwicklung. Der Patriarch gilt als Leitfigur, es geht immer nur und in allen Bereichen um das patriarchalische Befehlen und Gehorchen, um die großen Erwartungen und die großen Enttäuschungen.

Das Gespräch fand am 27. Juli 2016 in Pölfing-Brunn statt.

Zwischen Steinbruch und Schreibtisch:
Erwanderung der »minderen Geschichte«

Das »Schicksal der Steiermark«[1], so sieht es der Grazer Soziologe Karl Acham, ist es Jahrhunderte hindurch gewesen, »die
ungedeckte Flanke nach Süden und Osten«[2] zu sein. Diese
Schutzlosigkeit, könnte man folgern, prägt die psychische Disposition der Steierinnen und Steirer – in Form einer gewissen
Durchlässigkeit und der mit ihr verbundenen Vulnerabilität
und Reizbarkeit. Graz erfreute sich, so Acham, bis in die späten 1970er Jahre eines Ansehens als »Stätte der Kultur«[3], die
in der Kunst seitdem zu wünschen übriglässt: »Es muss diese
Stadt jedoch für längere Zeit Leuten von höchstem künstlerischen Rang als ein attraktiver Ort erschienen sein, dass sie es
immer wieder als reizvoll empfunden haben, Graz einen Besuch abzustatten – man denke nur an Grillparzer, Nestroy und
Schubert, aber auch an Paul Celan, Elias Canetti und György
Ligeti. Es waren gewisse atmosphärische Bedingungen der so-
zialkulturellen Landschaft im Verein mit Freundschaftsbezie-
hungen, die so etwas zur Folge hatten.«[4]

Besucht man Gerhard Roth in der Südsteiermark, kann man
von Graz mit dem »Roten Blitz« nach Pölfing-Brunn anreisen.
»Der Rote Blitz« ist eine Regionalbahn, die Fahrt dauert etwa
eine Stunde und bringt einen durch eine sanfte Hügellandschaft. Während der ersten Fahrt zu Roth im Frühjahr 2014
kamen dem Verfasser der von Roth geschätzte Maler Edward
Hopper und das 1938 entstandene Gemälde »Compartment
C, Car 293« in den Sinn: Eine Frau sitzt allein in einem Abteil, sie liest in einem Buch, neben ihr liegt ein anderes. In den
Erläuterungen zu Hoppers Gemälde schreibt Alain de Botton
von »pleasures of sadness«: »Von allen Arten der Personenbeförderung ist der Zug vielleicht die beste Hilfe fürs Denken:

Die Blicke haben nichts von der eventuellen Monotonie wie auf einem Schiff oder im Flugzeug. Züge bewegen sich für uns schnell genug, damit wir nicht außer uns geraten, aber langsam genug, um uns zu ermöglichen, Dinge zu erkennen. Sie bieten uns kurze, aufregende Einblicke in private Bereiche, lassen uns eine Frau in dem Augenblick sehen, wenn sie eine Tasse vom Regal in ihrer Küche nimmt, bevor sie uns auf die Terrasse tragen, wo ein Mann schläft, und dann weiter zu einem Park, in dem ein Kind einen Ball fängt, geworfen von einer Gestalt, die wir nicht sehen können. Am Ende der stundenlangen Zug-Träumerei mögen wir empfinden, als wären wir zu uns selbst zurückgekehrt: das heißt zurückgebracht.«[5]

Roth hat, wie der Germanist Uwe Schütte betont, eine gegenläufige Bewegung zu den Schriftstellern Franz Innerhofer, Josef Winkler und Gernot Wolfgruber unternommen, die sich durch ihr Schreiben aus der Provinz befreiten. Man könnte zu den genannten Dichtern auch noch Peter Handke hinzuzählen, der nach Kindheits- und Jugendjahren im kärntnerischen St. Griffen und der Internatszeit in Tanzenberg zum Jurastudium nach Graz ging: »Gerhard Roth hingegen kam aus einer mittelständisch-städtischen Familie und hatte lange Zeit einen bürgerlichen Beruf ausgeübt, bevor er sich aus gesellschaftlichen Zwängen löste, um auf dem Land als – in mehrfacher Hinsicht – freier Autor zu leben und dort eine ungemein produktive Phase seines Schreibens einzuleiten.«[6]

Ein knappes Jahr nach dem Umzug verfasst Roth mit dem Text »Vom Landleben in der Steiermark« (1978) ein nüchternes Fazit. Einerseits führt er an, dass die Menschen auf dem Land in vieler Hinsicht großzügiger sind als die Städter, andererseits weist er darauf hin, dass die Bauern von der Politik benachteiligt werden: »Als Opfer der Bevorzugung der Städter nehmen sie die ›überlegene Kultur‹ des Städters an: In nackten amerikanischen Küchen sitzen sie wie traurige Fabriksarbeiter vor dem flimmernden Fernsehgerät, an der Wand ein hundertfach reproduziertes Landschaftsbild, auf den Schnapsgläsern tausendfach reproduzierte Blumen, auf den Kleidern pflanzliche

Muster und Blumen aus kilometerlangen Autobahnen gleichen Stoffes. Ihre eigenen Sehnsüchte sind die Gewebe, aus denen der clevere Stadtmensch seinen Profit macht, mit denen er sie mehr und mehr einfängt, um sie schließlich zu Gastarbeitern in einem Staat zu machen, in dem der Stadtmensch das Sagen hat. Wenn die Zerstörung nicht mehr gut zu machen sein wird, wenn der platte und seelenlose Materialismus der Städte sich ausgebreitet haben wird, wird der Mensch sich künstliche Bauernhöfe schaffen, die genauso armselig und traurig sind wie die Plastikbäume neben den amerikanischen Highways in Florida. Vorher aber wird über alles noch zu berichten sein.«[7]

Im siebenteiligen Zyklus »Die Archive des Schweigens« hat Roth von diesem Landleben berichtet. »Der Stille Ozean« als chronologisch ältester Text ist für Uwe Schütte die »Keimzelle«[8] dieses Zyklus. Von diesem Roman aus entfaltet sich die Erkundung der südsteirischen Peripherie, ihrer Traurigkeit, Trostlosigkeit und der Vielfalt menschlicher Schicksale in einer sanften Hügellandschaft. Das Milieu dieses Romans ist nach Cegienas de Groots Studie »Arme Menschen« das »von kleinen Leuten, Landarbeitern und Kleinbauern, mit einem kleinen Anwesen, das aber zum Lebensunterhalt nicht reicht, so dass sie, soweit sie dazu imstande sind, noch Arbeit im Lohndienst verrichten. In dieser Hinsicht besteht eine Ähnlichkeit mit *Circus Saluti*. Auf allerlei Weisen versuchen sie zu Geld zu kommen: über einige Stück Vieh, ein wenig Hühner- und eine bescheidene Fischzucht, eine kleine Mais- oder Ribiselkultur, Holzverkauf. Die Wohnumstände sind primitiv zu nennen. Was am Landleben am meisten ins Auge fällt, sind die schwierigen Lebensumstände.«[9]

Kurz nach der Ausfahrt des Zuges aus dem Grazer Hauptbahnhof kommt dem Verfasser eine Passage aus Roths »Orkus. Eine Reise zu den Toten« (2011) in den Sinn. Die Regionalbahn fährt an der Sigmund-Freud-Klinik, am »Feldhof« vorbei, wie das Krankenhaus im Volksmund genannt wird. Roth las Carl Seeligs »Wanderungen mit Robert Walser«, als seine Mutter nach einem Schlaganfall in dieser Klinik behandelt wurde: »Oft schob ich sie mit dem Rollstuhl durch das Gelände der Anstalt bis zu den Feldern, hinter denen der ›Rote Blitz‹, die Graz-Köflacher-Eisenbahn mit tönender Sirene vorbeifuhr.«[10] Roths Mutter starb in der Gerontopsychiatrie, »in tiefer Verzweiflung über den Verlust ihrer Sprache«.[11] Wenige Seiten vor der zitierten Passage schreibt Roth über Albert Camus' Roman »Der Fremde«: »Schon der Anfang des Buches geht vom Eigentlichen aus: ›Heute ist Mama gestorben.‹ Der Satz umfasst den Tod eines geliebten Menschen und den eigenen. (…) Jede Art Leben, begriff ich, war ein einsames Leben (…)«[12]

Auf dem Land wurde Roth Mitte der 1970er Jahre gleichsam zu sich selbst zurückgebracht. Er versetzte sich wieder in jene Region, in der er vor mehr als fünfundzwanzig Jahren mit seinem Vater »hamstern« ging. Der Vater fand, so Roth, »als ›Displaced Person‹«[13] nach dem Krieg keine Stelle als Arzt, er behandelte die Menschen auf dem Land und wurde mit Naturalien bezahlt. So sicherte er das Überleben der Familie.[14] Roth wurde jedoch nicht nur zu Kindheitserfahrungen zurückgebracht, er setzte sich in der steirischen Provinz jenen normbrechenden Gedanken und Gefühlen aus, die die Werke »Der Stille Ozean« (1980), »Landläufiger Tod« (1984) und »Am Abgrund« (1986) prägen. In »Am Abgrund« verbrennt ein vor fast fünfhundert Jahren auf die Erde niedergefahrener »Feueratem«[15] das Glück der Menschen in Obergreith, im Grenzland zu Jugoslawien. In »Landläufiger Tod« wird mit den Menschen nach Franz Lindners Zeugnis die Erde ausgelöscht: »Der Untergang der Erde vollzog sich am 3.11.1329 in St. Ulrich. Ich war als Ministrant auf dem Heimweg von einer Hochzeit, als der Himmel zu einem Rachen wurde und einen Feueratem ausstieß, der den Wald in Brand setzte. Im Knistern von Feuerfunken erschien das Gesicht des erzürnten Gottvaters, der einen in Flammen stehenden Feigenbaum in der Faust hielt, auf welchem brennende Heuschrecken saßen. Gleich Regentropfen ließen sich die ansonsten schönen Insekten aus den Zweigen und Blättern fallen, und ich sah, wie der rote Himmelsrachen sich immer weiter öffnete, bis die Erde samt mir in ihm verschwand.«[16]

Das Bild von Franz Lindner, es eröffnet das erste Kapitel von »Am Abgrund«, ist ein »Selbstportrait im Rasierspiegel«[17]. Im Spiegel kommt ein Wesen zum Vorschein, das aus Goyas »Caprichos« stammen könnte, ein Wesen nahe dem Tierreich. Lindner sieht sich als Insasse einer Anstalt: »Ich habe, ehrlich gesagt, Schlappohren, ähnlich einem Zirkuselefanten. Meine Körpergröße ist schwankend, und ich kann fliegen. Hier in der Anstalt gibt es ein verstimmtes Klavier, auf dem Eidechsen Kinderweisen spielen. Es kommt vor, daß sie sich an mein Bett heranschleichen und mich stundenlang anstarren. Die Feuerwolke über der Anstalt beherbergt Engel aus glühendem Sandstein, nachts erscheinen sie den Schlafenden, um sie auf lange Reisen zu entführen.«[18] Lindner ist Augenzeuge, als sich am 5. April 1330 in Obergreith die Geburt der Erde ereignete. Der Himmelsnordpol öffnet sich und schleudert das Universum ins Dasein, Gottvater träumt die Erde. Gemessen an kosmischen Dimensionen, ist der Erde nur eine äußerst kurze Dauer im Universum beschieden. Die Zeit läuft rückwärts, und die Erde geht am 3. November 1329 in St. Ulrich unter. In Lindners Universum gibt es die Erde nur gut 150 Tage, sie läuft vom gerade angebrochenen Frühling über die Wintersonnenwende in den Herbst zurück und erlischt. Entstehung und Untergang der Erde vollziehen sich im Umkreis von einigen Kilometern. St. Ulrich liegt im Landstrich Obergreith.

Der Wanderung und der Reise als Erkenntnismittel hat Roth vom Beginn seiner schriftstellerischen Laufbahn vertraut. Er hat die stabilitas loci gesprengt, um sich den Erfahrungen des Landlebens zu öffnen. Bereits in einem der ersten Romane, der 1978 publizierten »Winterreise«, bricht Lehrer Nagl aus Beruf und Alltag aus, er fährt mit Anna im Zug nach Italien. Die von Einsamkeit und Verzweiflung grundierte Reise wird für Nagl zu einer Frage nach dem Platz im Universum.[19] Das eigene Schicksal wird bereits im zweiten Kapitel mit einem Blick in die Tiefen des Weltalls konfrontiert: »Die Erde war für ihn jetzt eine vereinsamte, saphirblaue und weiß gemaserte Kugel in der Schwärze des Universums, ein winziger Körper, der im Nichts schwebte. (…) Das Leben war ein Dahinleben, so wie die Erde nichts Besonderes war im Universum, eine Belanglosigkeit. Er fuhr in der Eisenbahn und bemerkte, dass er über die Erde dachte, wie über ein fremdes Gestirn, dem man aus der Unendlichkeit des Raumes nicht ansehen konnte, dass Menschen es bewohnten, als lebte er selbst nicht auf ihm, sondern außerhalb. Er hatte das Gefühl, als sei er aus der Erde gefallen. Es war ein ozeanisches Gefühl voller Einsamkeit. Vielleicht war seine innere Bewegung etwas, wofür er sich schämen musste, etwas, was er sich leistete. Für seinen Großvater war das Überleben der Sinn seines Daseins gewesen, während für ihn der Sinn eine Frage des Überlebens wurde. Von weitem, im tiefschwarzen Meer, sah er die blaue Erdkugel, die seinen Alltag mit sich trug.«[20]

Es kostet Kraft, aufzubrechen und in einem anderen Landstrich ein neues Zuhause zu suchen. Am Beginn des Romans »Der Stille Ozean« fährt der Arzt Ascher mit einem Regionalzug von der Landeshauptstadt Graz in die Südsteiermark. Am Tag nach der Ankunft im Grenzland erinnert er sich, dass seine Frau ihn zum Bahnhof gebracht hat, der Abschied war ihm schwergefallen. Ascher hatte einen Kunstfehler begangen und das Heil in der Flucht gesucht. Der Übergang von der Stadt aufs Land ist mühsam, keine »train-dreaming« stellte sich ein: »Die Eisenbahn, in die er gestiegen war, hieß ›Der Rote Blitz‹. Der Zug verkehrte mehrmals am Tage von Köflach über Graz nach Wies und zurück. An seinem Namen stimmte nur die Farbe. Er fuhr kaum schneller als eine Straßenbahn und hielt in jeder winzigen Ortschaft. (…) Das Quälende war für ihn gewesen, daß der Zug so langsam dahinfuhr. So konnte er das Abschiedsgefühl nicht loswerden.«[21]

26. Juli 2016

Ein heißer Sommertag. Es ist, als würde die Zeit stillstehen, kein Wind fährt durch Weinranken, die sich um die Bretter der

Pergola geschlungen haben. Wir kommen auf die Geschichte und die Gegenwart des Landstrichs zu sprechen, in dem Roth sich eingenistet hat. Der Landstrich, sagt Roth, habe sich in den vergangenen vierzig Jahren verändert, wie auch das »Gesicht der Gesellschaft« ein anderes geworden sei. Es gebe jetzt in den ländlichen Ortschaften fast nur noch Wiesen und Gärten mit einem Zaun rundherum. »Ich habe das Glück, dass das in der unmittelbaren Umgebung zu meinem Anwesen nicht der Fall ist.« Roth zeigt auf ein Haus und sagt, dort unten habe der Sohn des Nachbarn mit seiner Frau und den beiden Kindern gelebt, sie hätten sich ein neues Heim geschaffen, nicht im Stil, wie es hier üblich sei, sie hätten ein modernes Haus gewollt, mit einem Bad, einer Toilette und Fließwasser: »In unserem Haus hatten wir kein Bad und keine Toilette. Das Haus steht noch immer an der Stelle, wo es Mitte des 19. Jahrhunderts gebaut worden war, also vor gut 150 Jahren. Unser altes Haus war auch noch anders gedeckt – mit Ziegeln statt mit Eternit. In der Gegend waren im Zweiten Weltkrieg Partisanen unterwegs, sie haben den nationalsozialistischen Bürgermeister an einem Baum aufgehängt, gar nicht weit von hier. Er liegt jetzt am Friedhof in St. Ulrich. Der Vize-Bürgermeister hingegen ist geflüchtet und hat sich auf dem Dachboden des gemauerten Hauses versteckt. Da er Jäger war, hatte er ein Gewehr. Um beobachten zu können, wer sich dem Haus nähert, schob er einen der Dachziegel hoch und wartete auf dem Dachboden. Die Partisanen suchten ihn wirklich. Zwei, drei Nächte später waren sie schon hier, in unserem Hof, und als er sah, dass einer von ihnen eine Handgranate auf den Dachboden werfen wollte, schoss er auf ihn und verletzte ihn schwer. Die anderen zogen sich sofort mit ihren Verwundeten zurück, da sie im Hof keine Deckung hatten. Sie konnten auch nicht wissen, wie viele Menschen im Dachboden versteckt waren. Der Vize-Bürgermeister flüchtete noch in der Nacht in ein anderes Versteck.«

Woher wissen Sie das? »Von den Leuten, die hier wohnten und dieses Haus übernommen hatten. Durch das ständige

Herumwandern in der Gegend habe ich langsam immer mehr über die Bewohner erfahren. Mit diesem Wissen bin ich zur Bäuerin Juliane Ranegger gekommen, einer wunderbaren Erzählerin. Sie hat das meiste, was ich herausgefunden hatte, längt gewusst. Wenn ich ihr erzählte, was ich gehört hatte, hat sie mich entweder ausgebessert oder das Berichtete ergänzt. Es war sehr schwierig, etwas zu erfahren, denn die Leute in dem Landstrich hatten noch nie etwas über sich selbst gelesen oder gehört. Viele sind durch Verheiratungen miteinander verwandt, sie halten zueinander, keiner will über den anderen ›etwas Schlechtes‹ sagen, denn das bekäme er zurück. Es gab immer wieder Begegnungen, bei denen jemand Worte fallen ließ, und ich war dann wie ein Untersuchungsrichter, der den Aussagen nachgegangen ist. Es hat sich außerdem jede Begegnung sehr verschieden abgespielt.«

Sind Sie an diese Aussagen durch das Herumwandern und Hingehen zu den Menschen gekommen? »Ich habe mir alles angehört und angeschaut. Ich war erst kurze Zeit in der Gegend, vielleicht zwei, drei Monate und hatte den ganzen Tag Zeit, weil ich im Rechenzentrum aufgehört hatte zu arbeiten. Ich ging also zum Weinbauer Streicher, und er fragte mich: Warst du gestern um 14, 15 Uhr bei meinem Nachbarn? Ja. Wieso weißt du das? Du wirst gesehen, wann und wohin du auch gehst, wir wissen, was du machst, hat er geantwortet.«

In einer beklemmenden Szene der Verfilmung von »Der Stille Ozean« wird in einem Gasthaus das ständige Beobachtetwerden direkt angesprochen. Ascher fühlt sich als Fremder, als ein Eindringling, der es schwer hat, von den Menschen auf dem Land angenommen zu werden. »Hier fährt nur selten ein Auto vorbei«, erklärt Roth, »siehst du einen Scheinwerfer, schaust du automatisch zum Fenster hinaus. Du kennst das Auto, du weißt, der eine Nachbar hat einen VW und der andere einen Skoda oder Toyota. Am nächsten Tag kommen die Leute zusammen, und einer fragt, wer ist hier um diese Zeit vorbeigefahren. So läuft es. Alles ist verknotet. Natürlich gewöhnt man sich selbst an, aus dem Fenster zu schauen, wenn ein Auto, ein

Traktor vorbeifährt. Am ersten Haus, an der Hollkeusche, in der ich gewohnt habe, – dort schrieb ich die ›Winterreise‹ –, fuhren jeden Tag nur zwei, drei Autos vorbei, der Briefträger hatte ein Moped, der Nachbar fuhr mit dem Traktor, in der Regel waren es nur der Viehdoktor und Senta.«

Entstanden nach den Gesprächen sofort die Notizen? »Immer am selben Abend des Tages, an dem ich sie geführt habe. Es gab auch Situationen, in denen ich an Ort und Stelle, z.B. beim Schlachten, Schritt für Schritt alles notiert habe. Ich habe beim Schlachten dann noch einmal zugeschaut und versucht, mir die Abläufe ohne Notizen zu merken. Und ich schaute es mir ein drittes Mal an und nahm den Fotoapparat mit, bis ich die Vorgänge total in mir aufgenommen hatte und abrufen konnte. Erst dann habe ich darüber geschrieben.«

Sie haben das Schlachten so sehr verinnerlicht, bis alle Bilder in Ihnen waren? »Ich schaute mir die Fotos an und las die Notizen immer wieder durch. Dann beim Schreiben hatte ich die Vorgänge bereits im Kopf. Ich brauchte nur ›Fuchs‹ zu denken, um sofort hatte ich ein Foto vor Augen. Entweder ziehe ich die Fotos zu einem zusammen und mache daraus zwei, drei konzentrierte Bemerkungen, oder ich beschreibe etwas sehr genau, und sie breiten sich episch aus, je nachdem worum es geht oder an welcher Stelle sie stehen.«

Die Erkundung der Lebenswelten in Obergreith geschah auf täglich unternommenen Wanderungen durchs Hinterland, Roth sammelte in Gesprächen mit den Bewohnern die Fragmente und Überreste des Alltagslebens dieser Grenzregion und wurde bei der Bewahrung des kulturellen Gedächtnisses zu einem Wanderdichter, der von Haus zu Haus, von Gehöft zu Gehöft zieht, den Menschen zuhört und ihre Geschichte in sich und sein literarisches Schaffen aufnimmt. Das Periphere, das Arme, Gebrauchte und Verlorene, die Objekte am Rande des Verschwindens zogen Roths Aufmerksamkeit magisch an.

27. Juli 2016

Mit Wolfgang Bauer ist Roth seit der Mittelschulzeit in Verbindung gewesen. Gemeinsam reisten sie dreimal nach Amerika, um die Enge der Steiermark hinter sich zu lassen, einer neuen Freiheit entgegen. Roth hat Bauer den Roman »Der große Horizont« (1974)[22] gewidmet und den Freund, wie es in dem Text »Diesseits und jenseits des Stillen Ozeans« heißt, für den Detektiv O'Maley zum Vorbild genommen: »Die meisten Kapitel des Buches haben wir gemeinsam erlebt, nicht wenige Seiten sind aus Stenogrammen unserer Erlebnisse und Wahrnehmungen entstanden. (…) Die Farben sind in meinem Kopf allerdings heller oder intensiver geworden, wie fotografisches Material, das mit der Zeit verblasst oder sich verdunkelt, und die Wörter, die wir gesprochen haben, haben sich in Nichts aufgelöst, obwohl ich ähnlich wie bei einer Gedankenübertragung weiß, wovon die Rede ist. Und da ist auch noch Wolfis Stimme, sein Räuspern, sein kehlköpfiges Lachen, weshalb ich mir dann für einen kurzen Moment einbilde, daß er eben erst aus dem Zimmer gegangen ist.«[23] Roth betont, wie sehr er Bauers 1981 publizierten Gedichtband »Das Herz« schätze. Bauer veröffentlichte darin auch die Gedichte »Harry's Bar in New York« und »Las Vegas« über Erlebnisse während der Amerika-Reisen, über den Besuch des Casinos heißt es in »Las Vegas«, die Pokerspieler vollzögen den Verlust, »den sie schon lange geprobt hatten«[24]: »Die Bar im Silver Slipper / wo die Verlierer um 59 Cents / ihre Kartoffel verspeisen / ist heiter / der Abend ist gut gelungen / jeder hat richtig gespielt / hier gibt es keine Verlierer mehr / sondern wieder nur Spieler.«[25]

Wolfgang Bauer besuchte Roth des Öfteren in der Südsteiermark, hielt es jedoch immer nur ein paar Tage auf dem Land aus. Sein Herz brauchte den Puls der Stadt. Auf dem Land verfasste Bauer auch das Drama »Das kurze Leben der Schneewolken«, in dem ein Marder sein Unwesen treibt und der Hausbesitzer ohne Unterlass den Klokübel leeren muss. In dem Text »Diesseits und jenseits des Stillen Ozeans« schreibt

Roth über die »unabdingbare Voraussetzung einer schriftstellerischen Koexistenz«[26], er selbst habe zumeist in der Küche gearbeitet, während Bauer unter dem Dach oder im Zimmer über dem Keller geschrieben habe. Bei Regen oder Schneefall sei in dem Zimmer aufgrund der Feuchtigkeit ein dunkler Fleck zu sehen gewesen: »Dort war ein alter Mann an einem Blutsturz gestorben ... der Fleck – sein Erscheinen und Verschwinden – zwang mich geradezu, an das Blutwunder von Neapel zu denken. (...) Nachmittags saßen wir wieder über unsere Reiseschreibmaschinen gebeugt, hörten Musik, die uns anregte, oder dachten in der ländlichen Stille nach, die uns einschloß wie ein Eisblock kleine Kieselsteine. Am Abend tranken wir gerne beim Kirchenwirt Finsterl Schilcher. Der Wein stammte von den Reben neben dem Friedhof. Wir scherzten, daß wir die Toten schluckten.«[27]

Bauer und Roth, so die Einschätzung der Germanistin Daniela Bartens, hat eine »Logik des Wahns« miteinander verbunden: »Vielleicht – so könnte man (...) mutmaßen – hat Wolfgang Bauer mit seinem Kopf- und Kognitionstheater abstrakte Modelle für jene Bewusstseinsprozesse gefunden, auf die dann der Erzähler Gerhard Roth auf seinen Kopfreisen im Sinne des Rohen, Nicht-Integrierten in Form von Beobachtungen, Handlungspartikeln, Essays, Reflexionen, Tagebüchern, Listen ... das Fleisch der historischen Wirklichkeit appliziert.«[28] Im Roman »Das Labyrinth« schreibt Roth, »daß Künstler nichts anderes sind als Übersetzer des Wahns in die Normalität. Sie lernen die Sprache des Wahns und korrespondieren mit ihm. Ein Kunstwerk ist nichts anderes als das Selbstgespräch mit dem eigenen Wahn (...).«[29]

Im Gedicht »In einem verschneiten Haus« hat Bauer einen Abgesang auf das Landleben angestimmt. Das Haus, in dem der Körper aus einem »drückenden Traum« erwacht, ist »das tote Haus«: »Voller Lärm ist dieser schwarze Morgen / das Klapotez / die Knochentrommel der Südsteiermark / zerhackt im diesigen Stall das Brüllen der Kühe / die den Schlächter erwarten / und auch die anderen Tiere sehnen den Tag nicht

herbei«[30] Nirgends Friede und Heil, die Peter Handke in seiner 1979 entstandenen Erzählung »Langsame Heimkehr« beschwört.[31] Eine Differenz, die zwei unterschiedliche literarische
Kontinente entstehen lässt. Während Handke seinen Protagonisten Valentin Sorger aus Alaska, dem Schnee der Rocky
Mountains und Manhattan heimkehren lässt, bricht Roths ehemaliger Lehrer Nagl am Ende der »Winterreise«, sie erschien
vor Handkes Erzählung »Langsame Heimkehr«, ohne einen
Gedanken an eine Rück- oder Heimkehr von Venedig nach
Alaska auf. Er erinnert sich an über dem Meer schimmernde
Gletscher, an Eisberge und Schneewüsten: »Schneestürme tobten dort, wo die Sonne unterging. Und trotzdem schien ihm,
als erwarte ihn diese Kälte. (…) Nagl legte sich auf das Bett und
wartete. Er dachte daran, daß das Eis in der Arktis ›Ewiges Eis‹
hieß. Das Eis war blau. Er dachte an Spitzbergen. Spitzbergen
war der einzige Ort, der ihm einfiel. Als es hell wurde, fuhr
Nagl nach Mestre. Er konnte den Engel am Himmel nicht mehr
sehen. Von Mestre nahm er einen Bus zum Flughafen Marco
Polo und löste ein Ticket nach Fairbanks, Alaska.«[32] Bei Roth –
und auch bei Bauer – gleicht der Aufbruch einer überstürzten
Flucht: Nie kommt es zur Versenkung in eine anheimelnde,
Frieden stiftende Heimkehr.

Für den Germanisten Gerhard Melzer ist die »Resignation
gegenüber allen Hoffnungsverheißungen«, wie sie in der
»Winterreise« dargestellt wird, »das zentrale Thema von Roths
Roman«[33]: »Sie bildet sich im erinnernden Nachvollzug der
Existenz des Großvaters und aufgrund von Nagls eigenen Reiseerlebnissen zu einer Art *negativen Utopie* aus, die – gerade
was den ›Amerikatraum‹ des Großvaters betrifft – nicht von
ungefähr an Kafkas *Amerika*-Fragment erinnert. (…) Hinsichtlich der anti-utopischen Perspektive zitiert Roth indessen noch
eine weitere literarische Vorlage herbei: Wilhelm Müllers Gedichtzyklus *Die Winterreise* (1823/24), der später von Franz
Schubert vertont wurde. Roth wandelt nicht nur wichtige
Motive dieses Gedichtzyklus ab, etwa die des Todes, der Erstarrung, der Kälte und des Eises, sondern übernimmt vor al

lem das Grundmuster des ziellosen Wanderns, der scheinbar sinnlosen Bewegung, die – jenseits zerstörter Hoffnungen und verendeter Sehnsüchte und als Ausdruck schmerzhafter Hoffnungsbereitschaft – einen paradoxen Sinn birgt.«[34]

Der Soziologe Gunter Falk schreibt in seiner Analyse der »generationsspezifischen Dialektik von Flucht und Heimkehr«, dass »in der Welt des Besitzens und der Besitzlosigkeit« die Möglichkeit zur Flucht erst einmal besessen werden müsse, die meisten hätten sie nicht: »Und wir haben in Rechnung zu stellen, dass es in der gesellschaftlichen Entwicklung einer Gruppe, einer Generation, einer Klasse oder eines Systems wie in der biografischen Entwicklung eines Einzelnen kritische Punkte der Belastung, der Belastbarkeit und des Nutzen-Kosten-Verhältnisses gibt, an denen nicht mehr Weiterwursteln im Sinne von Durchhalteappellen, sondern Flucht oder Ausstieg in eine andere Lebenspraxis die wahrscheinlichere, wenn auch oft schwierige Alternative darstellen. (…) Aber die Dialektik von Flucht und Heimkehr hat noch eine weitere Wendung, die die ideologische Konstruktion von der bösen Flucht und der guten Heimkehr vollends zweifelhaft macht. Wie man nicht erst seit der Psychoanalyse, sondern seit einigen Jahrtausenden an Weltliteratur weiß – einer Literatur, die nicht müde wurde, affektuelle Objektbeziehungen, Liebesbeziehungen zu thematisieren und zu gestalten –, fliehen Menschen nicht nur Orte oder Personen, die für sie negativ besetzt sind, sondern auch nicht selten ›Objekte‹ in psychoanalytischem Verstande, also Personen, gelegentlich Orte, an denen sie sich affektuell stark, wenn auch vielleicht ambivalent hingezogen fühlen. (…) Manchmal kann ein (Liebes-) Objekt erst ertragbar sein, wenn die Trennung von ihm ertragen wurde.« Die Flucht resultiert aus einer Bedrohung der Identität durch die affektive Besetzung des Objekts, die sich allerdings meist »im Sinne eines großen Bogens allmählich (…) zur ›Heimreise‹ verkehrt«[35]. Der Heimreise ist häufig kein Glück beschieden, es sei denn, man streicht Differenz und Divergenz aus den bei der Heimkehr sich einstellenden Gedanken und Gefühlen und verleugnet sich selbst oder bindet sich an eine Ideologie zurück, vor der man Jahre zuvor geflohen ist.

28. Juli 2016

Am Abend, nach der Rückkehr aus Mautern und der Betrachtung der Fotos des obersteirischen Ortes, erzählt der Verfasser Roth, er habe auf dem Friedhof von St. Ulrich das Grab des Imkers Zmugg entdeckt. Es sei ein sonderbarer Moment gewesen, plötzlich am Grab eines Menschen zu stehen, den man durch Beschreibungen und Fotos kennengelernt und von dem man nicht gedacht habe, dass er unter der Erde liege; auch das Grab von Juliane Ranegger befindet sich auf dem Friedhof, durch den Tod komme es zu einem Ruck in der Zeit. Roth sagt, die Toten hörten nicht auf, zu den Menschen zu sprechen, und er höre nicht auf, mit den Toten zu sprechen. Einmal, erzählt Roth, habe der Imker Zmugg einen Bienenschwarm von einem Obstbaum fangen wollen. Es sei ihm ein Sack gereicht worden, in dem sich Kunstdünger befunden habe, die Bienen seien wegen des Ammoniaks auf den Imker losgegangen und hätten ihn in den Kopf, in die Arme und Hände gestochen. Als er sich nach der Attacke mit der Hand über das Gesicht gefahren sei, sei sie von den Stacheln schwarz gewesen.

Wir kommen auf die Spurbienen, Selbstmordattentäter und Bruno Kreisky zu sprechen. Zwei Tage zuvor war der 85-jährige französische Priester Jacques Hamel während eines Gottesdienstes von IS-Kämpfern getötet worden. Die beiden jungen Männer wurden von Spezialkräften der Polizei erschossen. Eine Spurbiene, sagt Roth, fliege aus dem Stock, und viele folgten ihr: »Wir können auch bei den Selbstmorden der Terroristen sagen, einer hat einmal damit begonnen, sich selbst in die Luft zu sprengen, und die Idioten machen es noch immer nach.« Auf die Bemerkung, der erste Hamas-Selbstmordattentäter habe sich 1993 in die Luft gesprengt, meint Roth, in Israel habe es schon davor Selbstmordattentäter gegeben, »bereits zu jener Zeit, als ich mit Bruno Kreisky in Jugoslawien war. Ich flog gemeinsam mit dem Bundeskanzler, österreichischen Ministern und Journalisten Anfang April 1980 zu einem Staatsbesuch nach Belgrad. Ich lebte damals in Hamburg und erhielt kurzfristig die Einladung. An einem Zeitungsstand sah ich vor der Abreise die ›Bild‹-Zeitung. Die Schlagzeile lautete: Tito, linkes Bein ab. Das war die Meldung, mit der berichtet wurde, dass Tito das linke Bein amputiert worden war. Wir flogen mit Lauda Air, weil Kreisky zuvor am Flughafen in Mallorca Niki Lauda getroffen und ein lustiges Gespräch mit ihm geführt hatte. Nein, sagte Kreisky auf meine Frage, ich fliege nicht mit der AUA, wir fliegen mit Lauda Air. Von den Journalisten wurde das als Witz aufgefasst, die Lauda Air hatte am Anfang nur Propellerflugzeuge, keinen Jet. Der Bundeskanzler, Minister, Journalisten und Beamte flogen daher mit der ruckelnden und zuckelnden Propellermaschine nach Belgrad zum Staatsbesuch. Wir konnten dort das Flugzeug nicht verlassen, denn die Gangway war drei Meter höher als das Flugzeug. Durch die Luke sah ich vor dem Ausstieg einen langen, roten Teppich liegen. Am Ende des Teppichs standen die Stellvertreter von Tito, Musik und Militär. Sie warteten auf den Bundeskanzler von Österreich. Es dauerte länger, bis sich etwas rührte, die Journalisten lachten, und Kreisky saß etwas pikiert im Flugzeug. Nach ungefähr zehn Minuten fuhr ein Traktor vor, im Anhänger führte er eine einfache Stehleiter mit sich. Das Flugzeug war aber zu hoch für die Stehleiter. Man hätte aus einer Höhe von eineinhalb Metern auf sie springen müssen, das macht natürlich niemand. Daraufhin klappten sie die Leiter wieder zusammen, der Traktor fuhr weg, und wir mussten uns vom Ausstieg zurück ins Flugzeug begeben. Nach einer Viertelstunde fuhr der Traktor wieder vor, er hatte lauter hoch gestellte Wahlurnen auf dem Anhänger liegen. Das Personal hat dann die Wahlurnen auf der Landefläche aufgestellt und wie für eine Siegerehrung ein Podest errichtet. Auf Platz zwei und drei standen jugoslawische Leibwächter. Man musste sich aus dem Flugzeug in ihre Arme fallen lassen: Sie fingen uns auf und hoben uns weiter aufs Siegespodest hinunter. Kreisky wurde als Erster auf diese Weise empfangen und auf den Boden gestellt. Von dem Augenblick an, als wir das Hotel betraten, – Kabinettschef Ferdinand Lacina war dabei –, war alles so spießig, wie man es nicht einmal im konservativsten Land findet. Am Abend gab es ein Treffen der Minister und Sekretäre. Wir wurden in einen Saal gebeten, alles war derartig kitschig, Salonmusik wurde gespielt, die Minister standen herum, alles mit Verbeugung und Diener – mit Kommunismus hatte das nichts zu tun. Ich war erstaunt, als ich diese Spießbürgerfeier sah, der Abend war in einer längst überholten Auffassung von »Empfang« steckengeblieben. So ging es die ganze Zeit weiter, immer überdreht, irgendwie fast schon monarchistisch. Tito war bei der österreichischen Armee gewesen, war in seinen Jugendjahren ein sogenannter ›Bosniak‹ gewesen, die ›Bosniaken‹ haben bei der k. u. k.-Monarchie gekämpft. Wir sahen das schöne Land und herrliche Bibliotheken, sahen alles Mögliche, wir alle bekamen vor der Abreise einen kitschigen, billigen Orden, einen »Andenkenorden«. Am Schluss setzte Kreisky sich auf eine Bank, sein Sakko ging so weit auf, dass man die Hosenträger sehen konnte, und hielt eine einstündige politische Tour d'horizon. Schon damals sagte Kreisky, wir müssten sehr darauf achten, was in Israel geschehe, dort seien Palästinenser bereit, sich in die Luft zu sprengen und sich auf diese Weise zu Märtyrern zu machen, um etwas durchzusetzen, darüber könne man nie Herr werden. Kreisky war im Iran gewesen, er hatte im Auftrag der UNO eine ›Fact Finding Mission‹ unternommen, bei der er überprüft hatte, wie die politische Situation im Iran, im Irak und in Israel war. Bei dieser ›Fact Finding Mission‹ ist er auch auf das Phänomen der Selbstmordattentäter gestoßen. Schon im Zweiten Weltkrieg gab es die Kamikaze-Jäger der Japaner, deren Todesverachtung berühmt und gefürchtet war. Bei den Muslimen aber ist es keine Todesverachtung, die Belohnung für den Selbstmordattentäter ist das Paradies mit jungen Frauen und blühenden Gärten.«[36]

29. Juli 2016

Am Tag vor der Abreise zeigt Senta Roth dem Autor die Häuser, in denen ihr Mann und sie die Jahre über gelebt haben. Am Anfang, sagt sie, sei es schwierig gewesen, von den Bauern Wasser zu bekommen, das Wasser musste in Kanister abgefüllt und mit dem Auto zum Haus gebracht werden. In manchen Wintern sei es entsetzlich kalt gewesen, der Schnee habe der Hügellandschaft noch weichere Konturen gegeben. In diesen Jahren sei es sehr still gewesen. Wolfgang Bauer sei hin und wieder zu Besuch gekommen. Im »Atlas der Stille« gebe es ein Foto von Wolfgang Bauer, bei dichtem Schneefall im Freien aufgenommen, er trage darauf Fäustlinge und einen dicken Umhang, halte einen Regenschirm in der Hand und lache.

Wir fahren weiter zum Steinbruch. Die Hügellandschaft ist aufgerissen, auf den Wegen zu den Terrassen sind LKWs unterwegs. Senta Roth steuert die Aussichtsplattform an, von der man aus großer Höhe in den Steinbruch schauen kann. Ein Bohrer öffnet auf einer Terrasse das Erdreich, tiefe Löcher entstehen, in die die Dynamitladungen für die Sprengungen gesteckt werden. Roth erzählte vor der Abfahrt, er höre die Sprengungen, wenn er an seinem Tisch unter dem Nussbaum arbeite. Die Explosionen im Steinbruch unterbrechen dann das Schreiben für einen Moment. In Elisabeth Scharangs Film »Die Stadt. Streifzüge durch Wien mit Gerhard Roth« (2014) spricht Roth über die Faszination von Explosionen.[37] Der Steinbruch könnte als Sinnbild für Roths Arbeit stehen, das Abtragen von Schichten, die Sprengungen, um in die Tiefe zu gelangen, die Komposition von Scherben, Splittern und Spuren.

Der Diabas-Steinbruch im Lieschengraben erstreckt sich nach den von Martin Lang verfassten Informationen über eine offene Tagabbaufläche von etwa 26 Hektar. In der 140 Meter hohen Bruchwand wird auf sieben Ebenen Gestein abgebaut. Vor 450 Millionen Jahren lag dieser Höhenzug unter dem Meeresspiegel: »Aus Spalten und Klüften drang basaltisches (basisches) Magma, welches vom kalten Wasser abgeschreckt wurde, was teilweise heute noch an den Erstarrungsstruktu-

ren erkennbar ist. Im Zuge verschiedener Gebirgsbildungs-
phasen – vor allem bei der Auffaltung der Alpen (vor ca. 120
bis 80 Mio. Jahren) wurden diese Gesteine vom Süden her
über das heute teilweise darunter ›liegende‹ Koralmkristallin
(ca. 250 Mio. Jahre alt) geschoben: dabei wurde das Material
entsprechend mit hohem Druck und hoher Temperatur ausgesetzt und zu dem heute begehrten Wertgestein ›Diabas‹ umgewandelt, welches sich durch hohe Festigkeit, Elastizität und
(...) Polierresistenz auszeichnet und somit eine bevorzugte
Anwendung als Baustoff (Asphaltzuschlagstoff) im hochran-
gigen Straßenbau findet.«[38] Roths Lektor Jürgen Hosemann
erzählt dem Verfasser bei einem Treffen in Berlin, dass dieses
Gestein auch bei Grabplatten Verwendung findet.[39]

Roths Interesse am Diabas-Steinbruch hat mit der Ausdehnung in der Zeit zu tun, durch die die Phantasie eines Menschen sich gleichsam in eine Vergangenheit von Jahrmillionen
erstrecken könne. Der von Roth geschätzte Maler Anselm Kiefer versteht den Wunsch nach Ausdehnung in der Zeit folgendermaßen: »Das Bewusstsein geht sehr weit zurück, und man
fühlt sich auf einmal sehr viel ausgedehnter. Es ist eine Ausdehnung des Selbst, nicht nur des Geistes, sondern der ganzen
Person. Die Suche nach den Ruinen ist nur der Vorwand, um
diese Ausdehnung zu empfinden, gleichsam das Mittel dazu.
Das Ergebnis ist dabei nicht so wichtig. Der Ort, an dem Mohammed in den Himmel aufgestiegen ist, ist das extremste
Beispiel von Zeit und Spur. Man sagt sich: Ah, da war er, da
ist er aufgestiegen. In Jericho gibt es einen Baum, auf dem der
Zöllner gesessen haben soll, zu dem Jesus gesagt hat: Komm
herunter. Diesen alten Baum gibt es angeblich heute noch in Jericho. Das sind alles Ideen der Selbstausdehnung und auch der
Selbstauflösung. Wenn man sich selbst so weit ausdehnt, sich
in solche weiten Zeiten hinein dehnt, löst man sich gleichzeitig
auch auf eine sehr faszinierende Weise auf.«[40]

Zwei Beispiele aus Roths Werk für den in der Südsteiermark
empfundenen Wunsch nach Ausdehnung – das eine Mal ist
der Wunsch mit einem Gefühl der Entfremdung verbunden,

das andere Mal sind darin wahnhafte Züge zu spüren. Am Beginn des Romans »Der Stille Ozean« erblickt Ascher im Zurückschauen gleichsam sein zukünftiges Schicksal: »Ascher fiel ein, dass er hundert Jahre zurückschaute. (…) Er kam sich vor wie eine Versteinerung, ein fossiliertes Schneckenhaus.«[41] Und in der »Dorfchronik zum ›Landläufigen Tod‹« ist es eine Suche nach Halt in haltlosen Zeiten, ist es der Wunsch, am Ende des Lebens im Drachenblut zu baden: »Der alte Bergmann aber hockt zwischen Haufen von Maiskolben auf dem Dachboden und wirft die Körner in den Trichter der Mahlmaschine. In seiner Küche hat er in gläsernen Vitrinen die Abdrücke von Pflanzen in Kohlenbrocken ausgestellt. Er läßt sich nicht ausreden, daß das Gestein gestocktes Drachenblut ist, und sucht im aufgelassenen Stollen nach Spuren des Ungeheuers. Zischend atmet er die Luft ein und aus.«[42]

Zurück zum Steinbruch, zurück zum Schreibtisch. Beim Blick in die schwindelerregende Tiefe des Steinbruchs kommen dem Verfasser zwei Überlegungen in den Sinn, die in engem Zusammenhang mit Roths Werk stehen. Roths Schaffen ist geprägt vom geschichtsphilosophischen Begriff der »Jetztzeit«. Walter Benjamin schreibt jenen Momenten, in denen »die Zeit einsteht und zum Stillstand gekommen ist«[43], die Kraft zu, durch Eingedenken aus dem Kontinuum der Geschichte Fragmente geladener Vergangenheit herauszusprengen. Roth nimmt die herausgesprengten Fragmente eines verloschenen Landlebens in sein Werk auf, schreibt mit ihnen die Romane »Der Stille Ozean«, »Landläufiger Tod«, »Grundriss eines Rätsels« und inszeniert mit ihnen auch die Fotobücher »Im tiefen Österreich« und »Atlas der Stille«.

Für den sizilianischen Dichter Gesualdino Bufalino sind die verstohlenen Fußtritte der »minderen Geschichte«[44] fast immer lehrreicher als die jeder anderen: »Denn Geschichte ist nicht nur die der Annalen, die mit Feuer und Schwert geschrieben werden, sondern auch die an den Ort, die physische und menschliche Umwelt, in der jeder von uns erzogen wurde, gebundene. Geschichte ist die Geste, mit der der Brotteig im

Backtrog geknetet oder das Korn gemäht wird; Geschichte ist ein jäh auftauchender Spitzname, der Tonfall einer Stimme, die Form eines Ziegels, der Refrain eines Liedes; all das schließlich, was von der Arbeit und Phantasie des Menschen geprägt ist. Dinge, die vor allen anderen vergehen und deren Überreste zu bewahren – fast – niemand sich sorgt.«[45]

Wie in einer Überblendung legt sich auf den hochtechnisierten Abbau im Diabas-Steinbruch die Erinnerung an eine der »Geschichten aus dem alten Sizilien«, Gesualdino Bufalino erzählt sie in seinem »Museum der Schatten«. Die Distanz von den Baggerfahrern und Sprengmeistern zu jenem »Steinhauer«, der im ersten Drittel des 20. Jahrhunderts seine Arbeit verrichtete, beträgt ein Dreivierteljahrhundert und ist doch beträchtlich: »Aus den strahlend weißen, auf der Insel berühmten Steinbrüchen am Fuße des Berges brach er große Steinblöcke, indem er in Wasser getauchte Holzkeile verwendete, die – sich ausdehnend – die von der Spitzhacke geschlagenen Risse erweiterten, so dass die Steinplatten über die darunterliegende Lehmschicht gleiten konnten. Erst dann nahm er das verschwitzte, an den Enden geknotete Tuch vom Kopf und setzte sich beim Zirpen der Zikaden unter einen Baum, um zu rauchen. Sein großer Tag kam, als man aus Palermo zwei unmäßige Blöcke bestellte, aus den die Löwen des Teatro Massimo gemacht werden sollten: vor einer pharaonischen, von vielen Pferden gezogenen Vorrichtung aus Seilen und Rollen schritt er durch die Straßen des Dorfes, in denen das Volk zu beiden Seiten Spalier stand, wie ein Heiliger auf der *vara*. Und von den Balkonen warfen sie ihm Blumen zu …«[46]

Im südsteirischen Abbaugebiet treibt kein Steinhauer mehr nasse Holzkeile in das Gestein. Im Diabas-Steinbruch werden während der Vorbereitung einer Sprengung Löcher mit einem Durchmesser von neunzig Millimeter gebohrt. Bis zu 2500 Kilogramm Sprengstoff können bei einer einzigen Sprengung verwendet werden. Um die Erschütterung möglichst gering zu halten, werden die Bohrlöcher und Sohllöcher mit einem Intervall von Millisekunden gezündet. Durch eine Sprengung werden etwa 7200 Kubikmeter Gestein aus dem Berg gelöst und von großen LKWs zur Weiterverarbeitung zu den Brechanlagen transportiert. Der Abbau vollzieht sich reibungslos, ein Rad greift ins nächste. Von der Aussichtsplattform über dem Steinbruch hört es sich an, als würde der Transport der Gesteinsbrocken in beklemmender Lautlosigkeit vor sich gehen. Beim Anblick des südsteirischen Steinbruchs und der Überblendung mit dem sizilianischen ist man geneigt zu denken, in solchen Montagen eines zugrunde gegangenen Lebens und ihrer gegenwärtigen Re-Lektüre bestehen Roths literarische Erkundungen. »L'amaro miele« ist der Titel eines 1982 publizierten Gedichtbandes von Bufalino, man könnte also in einer literarischen Verknüpfung von Sizilien und der Steiermark sagen, auch Roth schleudere »bitteren Honig« aus den Zellen der Peripherie.

Senta Roth zeigt dem Verfasser zum Abschluss der Rundfahrt die Bank, auf der sie und ihr Mann auf den Spaziergängen um den Fischteich Platz nehmen und die Unterbrechung der Arbeit genießen. Das im Wanderführer abgebildete Fischteich-Foto von Roth wirkt wie ein abstraktes Gemälde, auf dem die schwarzen Stämme und Äste sich aus einem fernen Himmel im bläulichen Wasser spiegeln. Wer Gründe sucht, heißt es, setzt sich der Gefahr aus, zugrunde zu gehen. Roth hat diese Aufgabe für den südsteirischen Landstrich auf sich genommen. Er hat über ein Jahrzehnt seine Kräfte gebündelt, um in der Südsteiermark seine Tiefenbohrungen in die Ablagerungen der »minderen Geschichte« durchführen zu können.

Nach der Rückkehr will der Verfasser von Roth wissen, wie die Arbeit am »Landläufigen Tod« gewesen sei, der Roman sei von einer gänzlich anderen Ästhetik als die vorhergegangenen Bücher. Roth lässt sich mit der Antwort Zeit, als müsse er sich sammeln, bevor er über den schwierigen Entstehungsprozess seines »opus magnum« spricht: »Ich hatte den ›Stillen Ozean‹ fertiggestellt und sah, dass ich ein Riesenmaterial hatte, sowohl an Notizen als auch an Fotografien, Wegbeschreibungen, Schicksalen. Ich bin ja zwei Jahre lang von Haus zu Haus gegangen und habe den Menschen zugehört, diese Geschichten habe ich umgewandelt, sie waren in erster Linie Anstöße. Ich fuhr nach Hamburg, hatte ein Aufenthaltsstipendium für ein Jahr und wollte dort weiterarbeiten, aber in Hamburg schrieb ich nur ungefähr sechzehn Seiten. Das Buch hatte später achthundert Seiten. Ich konnte in Hamburg nicht schreiben wegen der kurzen Wintertage. Ich fand dort gleich Freunde und Bekannte, es war menschlich ein wunderschönes Leben, aber wenn ich mich in der Früh hinsetzte, war es bis neun Uhr dunkel. Ich fühlte mich nicht wohl und wartete, bis es hell war, und als es hell war, ging ich fürs Essen und Trinken einkaufen. Nach dem Einkaufen kehrte ich wieder nach Hause zurück, aber um halb zwei wurde es schon wieder dunkel. Ich wollte nicht um zwei Uhr nachmittags ohne Gespräch in der Dunkelheit sitzen und arbeiten. Ich feilte den ganzen Winter über immer an einem einzigen Kapitel, dann fuhr ich mit Senta in die Südsteiermark zurück. Wir begaben uns in Hamburg bei Dunkelheit in den Zug, unterwegs schliefen wir ein, und als ich um vier, halb fünf Uhr wach wurde, – es war im Mai –, kam die Sonne gerade heraus … Auf dem Land fiel mir ein zweites Kapitel ein, es ging mir aber nicht so recht von der Hand. Ich schrieb ›Eine Entenjagd‹, nahm sie jedoch nach Beendigung des Manuskripts wieder heraus, denn diese Geschichte stand leer im Raum, jedenfalls passte sie meinem Lektor Thomas Beckermann vom S. Fischer Verlag nicht. Wir haben sie erst jetzt in die endgültige Fassung von ›Landläufiger Tod‹ aufgenommen. Ich las noch einmal Iwan Turgenjews ›Aufzeichnungen eines Jägers‹, ein großartiges Buch. Das System gefiel mir so gut, dass ein Jäger in der Gegend umhergeht und dadurch alles über die Menschen weiß. Ich dachte, ich brauche auch so eine Figur, ich hatte sie schon vorher einmal gefunden, das war der Arzt Dr. Ascher im ›Stillen Ozean‹, da vergeudete ich ihn fast, ich nutzte ihn nicht in dem Sinn, dass er zu Patienten fährt und sie versorgt, da ging es um etwas anderes, es ging um Schuld. Ich sagte mir, ich muss eine Alternative finden. Aber welche? Mein wichtigstes Buch war, wie Sie wissen, ›Moby Dick‹, ich dachte mir, Melville hat das richtig gemacht, da ist ein Walfänger und ein weißer Wal, er erzählt die Geschichte so offen, dass sie fast immer eine andere Wendung nehmen könnte. Ich fing daher an, den Roman »Moby Dick« abzuschreiben – es handelte sich um die Manesse-Ausgabe, die ersten hundert Seiten. Ich schrieb sehr klein, es ging mehr auf ein Blatt Papier als auf einer Druckseite stand, vielleicht waren es nur sechzig Seiten, die ich geschrieben hatte, und Senta war ahnungslos, sie fuhr zur Arbeit nach Graz, und wenn sie zurückkam, war der Papierstapel immer schön gewachsen. Als ich im Nachhinein Stanley Kubricks Film ›Shining‹ – nach dem Buch von Stephen King – mit Jack Nicholson als Jack Torrance sah – Nicholson hat über den Winter mit seiner Frau und seinem Sohn allein in einem riesigen Berghotel gewohnt und immer dieselben Worte in die Schreibmaschine getippt –, dachte ich mir, so ähnlich ist es mir damals auch ergangen. ›Moby Dick‹ lud mich sehr auf, ich fühlte mich nicht schlecht oder unglücklich bei der Abschrift, es bewegte mich, dass ich mich dem näherte, was ich wollte.«

Welchen Einfluss haben die Bienen auf den Roman genommen? »Eines Morgens schaute ich in dieser Phase zum Fenster hinaus, da standen in der Entfernung von etwa sechs, acht Metern zwei Imker in Imkerkleidung. Sie hatten schon ein längeres Brett auf Pfosten errichtet und ein Bienenmagazin nach dem anderen aufgestellt. Ich fragte mich, was denn hier los sei. Das Grundstück gehörte nicht ihnen, wieso kamen sie also hierher. Ich ging hinaus und fragte sie, was sie hier machen, einer der Imker antwortete mir, der Hausbesitzer habe ihm erlaubt, dass er heuer im Obstgarten seine Bienenmagazine aufstellen könne. Es war Mai, und ich erkundigte mich, wie viele Bienen in einem Magazin lebten, er erklärte mir, 20 000 im Winter, im Frühjahr, gegen Mai, 40 000. Er hatte dreißig, vierzig Stöcke mitgebracht, die Zahl der Bienen war also über eine Million. Ich ging zum Gasthaus Lesky hinauf, rief Senta an und sagte ihr, es stünden an die vierzig Bienenmagazine vor dem Haus, und bat sie, mir Karl von Frischs Studie ›Aus dem Leben der Bienen‹ zu besorgen. Das 1927 erstmals erschienene Buch war mir geläufig, ich habe in Naturgeschichte maturiert und mich schon damals ein wenig mit Bienen beschäftigt. Auf dem Rückweg in mein Haus fiel mir ein, dass die Bienen das wären, was ich die ganze Zeit gesucht hatte. Ich war mir noch nicht ganz sicher, es war wie eine Erleuchtung. Senta brachte das Buch am Abend mit, nächsten Tag war schlechtes Wetter, ich blieb im Haus und las Karl von Frischs Ausführungen in einem Zug. Die Imker kontrollierten alle zwei, drei Tage die Magazine. Sie hatten viele Magazine in der Gegend zu betreuen, und ich sagte ihnen, ich sei neugierig und würde gerne in die Bienenstöcke schauen. Sie öffneten einige Magazine, der Ältere hatte selbst keinen Bienenanzug an und griff mit den bloßen Händen in die Magazine. Er erklärte mir, dass er nur, wenn er die Bienen an einen neuen Standort bringe, den Anzug anziehe, weil die Bienen beim Transport unruhig seien.«

Am Ende seines Essays »Über Bienen« sieht Roth den Imker Zmugg als einen »Wanderer aus den Gefilden des Garten Edens. Keine Biene stach ihn. Für kurze Zeit existierte die Utopie der Wesensgleichheit von Mensch und Tier – und, als gäbe es eine neue Sprache, ein neues Denken –, es herrschte Friede.«[47] Der Imker Zmugg und seine Bienen eröffnen Roth neue Strukturen des Erzählens: »Es war ein Eintauchen in einen ganz anderen Kosmos, ich las das Buch von Karl von Frisch weiter und weiter, im Kopf bildeten sich die Umrisse einer Geschichte. Es gab zwei entscheidende Dinge, die es mir ermöglichten, den ›Landläufigen Tod‹ zu schreiben: das erste waren die Bienenwaben, dieses sechseckige Muster aus Wachs. Die Wabenstruktur faszinierte mich, ich dachte, ich könnte es genauso machen: ein Buch aus lauter kleinen, abgeschlossenen Geschichten oder Kapiteln. Ich fing an zu schreiben, und währenddessen las ich beim Bienenforscher Ferdinand Gerstung die Überlegung, dass ein gesamtes Bienenvolk ein Tier aus fliegenden Zellen sei. Er nannte dieses Tier ›der Bien‹. Ich sagte mir, ich schreibe jetzt ein Buch, das einem Bienenvolk ähnelt, man könne darin jeden einzelnen Teil für sich lesen, aber die einzelnen Teile müssten einen Gesamtorganismus ergeben. Ich hatte bei ›Moby Dick‹ großartige Kapitel gefunden, z. B. die wissenschaftliche Beschreibung der verschiedenen Walarten, die ich daraufhin für die Bienen als Vorbild nahm. Ich schrieb vier Jahre am ›Landläufigen Tod‹ und genoss es geradezu, als ich das Kapitel ›Das Alter der Zeit‹ erfand, das nur aus voneinander unabhängigen Sätzen besteht. Ich schrieb zwanzig Seiten in zwei Tagen. Jeder Satz ist dabei gleichsam ein einzelnes Bild in einer Ausstellung. Ich hatte einen Mikrokosmos gefunden. Als ich das Manuskript zu Ende geschrieben hatte, war mein erster Gedanke der Verlag. Mein Lektor Thomas Beckermann antwortete mir hymnisch, er sagte, das Buch sei großartig, wir müssten nur noch das Lektorat besprechen. Er brachte das erste Kapitel – »Circus Saluti« – vorweg als Taschenbuch heraus, es war einer der ersten Bände in der Collection S. Fischer. Thomas Beckermann verlangte allerdings, einige Kapitel herauszunehmen, besonders den Text ›Das Töten des Bussards‹. In diesem begeistert sich der Mörder Jenner an der Gewalt. ›Das Töten des Bussards‹ erschien daher als eigenes Buch im Droschl-Verlag, wir zerstritten uns deswegen. In der Neuausgabe ist jetzt das Kapitel enthalten. Die Umsetzung des Modells, den ›Bienenschwarm‹ in Wörter und Sätze zu verwandeln, ist dadurch noch deutlicher zu spüren.«

Peter Weibel begann 1983 seine Besprechung von Roths alphabetisch strukturiertem Text »Das Töten des Bussards« mit folgendem Zitat aus dem Buch, das sich am Beginn des Buchstaben R findet: »Ich bin Reisender in Panamahüten und die Hitze gewöhnt. Mein Werkzeug ist ein Koffer, in dem ich die Hüte transportiere, und ein Rasiermesser, mit dem ich den Putzmacherinnen die Gurgel durchschneide. (…) Ich lese keine Horoskope und leide an Kavaliersschnupfen, türkischer Musik, hartem Schanker, ziehe Fröschen die Haut ab und verbrenne Vögel. Ich betrachte mich wie einen Unbekannten: Trägt zweifarbige Schuhe, einen vanillegelben Anzug und Seidenkrawatten.«[48] Die Individualität der Menschen wird nach Weibels Analyse durch die Gesellschaft so sehr verengt, dass ihre Entfaltung limitiert und unterdrückt wird. Robert Musil sah sich selbst »Vivisecteur« des Realen, im Gegensatz zu Musil sieht Weibel Roth als »Vivisecteur des Imaginären«: »Von der fiktiven Wirklichkeit einer ›Schatzinsel‹ zum fiktiven Ich eines barbarischen Propheten ist es ein logischer Schritt. In Roths Werk hat er sich selbst schon angekündigt, wenn man sich seine frühen Arbeiten wie ›die autobiographie des albert einstein‹ und ›Der Wille zur Krankheit‹ ins Gedächtnis ruft. Nach diesen Studien einer entfremdeten, pathogenen Wahrnehmung vollzog er nun den entscheidenden Schritt zur entfremdeten Empfindung.« Für Weibel geht von Roths Text ein »transhumaner und transzivilisatorischer Impuls« aus, der uns »die Leere jener Hülle empfinden läßt, welche die Gesellschaft als unsere Identität ausgibt. Wir sind uns selbst und einander allzu unbekannt, darum sind erzählerische Experimente mit einem ›fiktiven Ich‹ als Gebot der Stunde so wichtig. Denn nur so, als Reisende in Panamahüten, und nicht im Europcar durch Kultureuropa können wir durch die verästelten Kanäle einer entfremdeten Empfindung zu den eigentlichen Quellen unserer Lebensenergie, zu den Möglichkeiten der Menschen vordringen.«[49]

Kommt auch das Kapitel über die »Entenjagd« in die Neuausgabe? »Beim ›Stillen Ozean‹ drehte sich alles um die Tollwut und die Fuchsjagd, nun nehme ich die ›Entenjagd‹ – im Anhang – sozusagen als freischwebendes Verbindungsglied hinein. Auf den ›Stillen Ozean‹ kam ich folgendermaßen: Ich hatte schon viele Notizen und Fotografien gemacht. Eines Tages besuchte mich ein Jäger und fragte mich, ob ich fotografieren könne, was er im Kofferraum seines VWs habe. Es lagen, wie sich herausstellte, vier erschossene Füchse darin, ich fragte ihn, warum er sie erschossen habe. Er antwortete, dass die Tollwut ausgebrochen sei, sie müssten alle Füchse erschießen. Die Tollwut wird vor allem durch Füchse übertragen. Sofort begriff ich, dass es mein Thema sein würde. Schon am nächsten Tag wusste ich ziemlich genau, was ich schreiben wollte, es war wie eine Explosion: Füchse, Tollwut, Jäger, Krieg, mit einem Schlag war alles da, ›Der Stille Ozean‹ war sozusagen die Vorstudie zum ›Landläufigen Tod‹.«[50]

Der »Modell des Biens«[51] bietet, um eine Überlegung von Peter Ensberg und Helga Schreckenberger aufzugreifen, die Möglichkeit, »zwischen den äußeren und inneren Welten des Erzählers«[52] hin und her zu wechseln, »wobei beide Bereiche nicht eindeutig zu trennen sind, Realität und Traumwelt ineinander übergehen und stellenweise verschmelzen.«[53] Durch den Kontakt mit den Bienen verändert sich in ›Landläufiger Tod‹ für Lindner nicht nur die Wahrnehmung, sondern auch das Raum- und Zeitgefühl: »Lindner interessiert sich für das plastische Riechen der Bienen, zeigt sich, wie der Arzt Dr. Ascher, fasziniert von der Fähigkeit der Bienen, Dinge mittels ihrer 5000 Sehstäbchen facettenartig zu zerlegen und so der Welt andere Perspektiven abzugewinnen. Das Tanzen und Schwärmen der Bienen sind nicht nur sinnfälliger Ausdruck ihrer Unbezähmbarkeit. Sie deuten auch auf Lindners Unzufriedenheit mit seiner Umwelt, auf seine Ungeduld. Das Verhalten der Bienen bezieht Lindner auf sich, sieht in ihrer Bewegung die Aufforderung, sein Leben zu ändern und seinem Ich Ausdruck zu geben.«[54]

Roth schlägt am Ende des Gesprächs einen Bogen zu seinen Anfängen. Die zu Beginn der 1970er Jahre publizierten fünf Kurzromane »die autobiographie des albert einstein«, »Künstel«, »Der Ausbruch der Ersten Weltkrieges«, »How to be a detective« und »Der Wille zur Krankheit« seien schon die »Mikroteilchen« gewesen, die er verwendet habe, um eine Geschichte zu erzählen. Erst danach wagte er sich an das »Abenteuer«, »einen erzählerischen Roman« – wie die »Winterreise« – zu schreiben, in dem er sich mit der Pornographie beschäftigt habe. Als Roth im Frühjahr 1980 von einem Stipendium-Aufenthalt in Hamburg in die Südsteiermark zurückkehrte, war »Winterreise« bereits bei der Buchgemeinschaft Donauland erschienen. In St. Ulrich, sagt Roth, seien einige

Damen damals beisammengesessen, und eine Lehrerin habe ihnen in ihrer Wohnung Absätze daraus vorgelesen. Die Damen seien übereingekommen, er schreibe »schweinische Bücher«, das sei die Quintessenz gewesen, und das habe die Runde gemacht.

Danach begleicht Roth eine offene Rechnung mit W. G. Sebald, der den Roman »Winterreise« in einer Besprechung[55] 1984 »angegriffen« hat. Am Ende seiner Kritik kommt Sebald auf die »überzählige, scheinbar funktionslose Gestalt des Herrn MacIntosh im Ulysses von Joyce«[56] zu sprechen, deren Interpretation den Literaturwissenschaftlern schwerfällt: »Einige Gelehrte vermuten, dass MacIntosh vom ewigen Umgang geplagt eine Wiedergeburt von James Duffy sei, der in der Geschichte *A Painful Case* als schattenhafter Wanderer und Liebhaber einer toten Frau sein Wesen treibt und das illustriert, was Joyce ›this hated brown Irish paralysis‹ genannt hat. Vergleicht man das Verhältnis, in dem die irische Tradition zur englischen steht, mit dem, das die österreichische Literatur auch heute noch über die gemeinsame Sprache mit dem deutschen Ausland verbindet, dann liegt die Vermutung nicht fern, dass die Krankheit, an der der Schullehrer Nagl leidet, am genauesten diagnostiziert werden könnte als ›that hated brown Austrian paralysis‹ – eine Spekulation, an die sich allerhand weiterführende Hypothesen anschließen ließen.«[57]

Am Schreibtisch im Schatten des Nussbaums sitzend, erzählt Roth von seiner Reaktion auf Sebalds Kritik: »Ich war wütend und rief ihn spontan an: Ich sagte ihm, dass mich das sehr getroffen habe, was er über das Buch schreibe. Er antwortete mir, er komme in drei oder vier Monaten nach Wien und dann schaue er bei mir vorbei. Er erschien dann unangemeldet. Ein Lackierer strich bei uns gerade die Fenster, dadurch roch es in den Räumen stark nach Farbe. Wir gingen daher in das Restaurant Dubrovnik, ein kroatisches Lokal neben dem Haus, in dem ich wohne. Es war ein Wochenende, alle Tische waren besetzt, aber weil ich das Dubrovnik immer wieder aufgesucht habe, stellten die Kellner einen Tisch in die Mitte des

Raums. Wir bestellten, und danach fragte ich ihn gleich, was die konkrete Kritik an meinem Buch sei. – Ja, es geht um diese Ausdrücke, die Sie verwenden. – Sagen Sie mir, welche Sie meinen. – Ja, ›Fut‹ z. B., diese Ausdrücke, die Sie verwenden, zerstören jede Poetik, das geht nicht. – Ich erwiderte, es sei ein gebräuchliches Wort, wir können uns darüber ärgern, wenn jemand ›Arschloch‹ sage, aber das sei mittlerweile ein umgangssprachliches Wort. Goethe habe im ›Götz von Berlichingen‹ die bekannte Phrase mit diesem Wort verwendet. Wenn man über eine Frau spricht, mit der man Sexualverkehr hat und ist von der Sexualität elektrisiert, dann kommen einem solche Worte von selbst über die Lippen. Welche Worte solle ich also verwenden? Solle ich vielleicht schreiben, sein Penis drang in ihre Vagina ein? Am Ende der Debatte meinte Sebald, dass man es faktisch nicht schreiben solle. Ich sagte, damit fände ich mich nicht ab, und kam auf Camus' Roman ›Der Fremde‹ zu sprechen. Ich erklärte ihm, dass ich mich gefragt hätte, nachdem ich dieses großartige Buch gelesen hatte: Welche Wirkung es gehabt hätte, wenn Camus die Umarmungen Mersaults mit Marie beschrieben hätte? Würde auch dann die Leere in ihm noch glaubhaft sein? Das heiße, dass Camus die Sexualität zensurieren habe müssen, damit das Buch ›funktioniere‹. Ich hätte in der ›Winterreise‹ eine Figur geschaffen, die ebenfalls existenzialistisch denke, von der ich aber die Sexualität darstellte. – Ja, aber seien dafür Worte wie ›Fut‹ oder Kitzler notwendig gewesen? – Auf einmal merkten wir, dass alle um uns herum verstummt waren und uns anschauten, sie hatten schon seit Minuten zugehört (lacht), wir wechselten daher das Thema. Ich vermittelte Sebald an den Leiter des ›Hauses der Gugginger Künstler‹ Leo Navratil weiter, damit er Ernst Herbeck besuchen könne. Herbeck ließ ihn dann nicht mehr los, und er hat ausführlich über seine Begegnung mit ihm geschrieben.«

Was war Sebald für ein Mensch? »Er war mir sympathisch, ich schätze seine Bücher. Ich habe mich wegen der Fotografien in seinen Büchern geärgert. Ich habe das alles schon vor ihm gemacht, und er wusste darüber Bescheid, weil der Germanist Uwe Schütte damals sein Student war und bei ihm über mich dissertiert hat. Jeder Künstler versteht, dass man damit keine besondere Freude hat.«

Das Romanepos »Landläufiger Tod« hat W. G. Sebald 1986 positiv besprochen und kommt zunächst auf den Arzt Ascher zu sprechen, der »als eine bereits verlorene Randfigur wiederkehrt«[58] und sich umbringen wird: »Ein Arzt steht vor dem Körper eines plötzlich verstorbenen Kindes. Völlig entkleidet liegt es auf dem Küchentisch. Niemand will es wahrhaben. Also nimmt der Arzt – schon dies, wie der Erweckungsversuch, den Lenz unternimmt, ein Zeichen des Derangements – das tote Kind in der Instrumententasche mit nach Hause, legt es auf sein Bett und versteht, je länger er es anschaut, umso weniger, weshalb es ihm nicht gelingen sollte, es noch einmal zurückzuholen. (...) Mit Ascher tritt die letzte Erzählfigur Roths ab, die im herkömmlichen Sinne Identifikationen zwischen dem Autor und seinem Stellvertreter zuließ. An den freigewordenen Platz tritt der stumme Sohn des Bienenzüchters, aus dessen, am Normalverstand gemessen, viel fremderen Bewußtsein Roths großer Roman sich entwickelt.«[59]

In seiner ausführlichen Rezension legt Sebald dar, das neue Verfahren bestehe in »der Dissolution der (erzählerischen) Vernunft durch die Intensität poetischer Imagination«[60], »das mythopoetische Kalkül«[61] richte sich »gegen die Gewalt der großen Zahlen«[62] und suche »in der Relativierung und Zurücknahme des menschlichen Daseins das Heil«[63]: »Elias Canetti, der als erster über das Unheil der springenden Zahlen nachgedacht hat, assoziiert die Möglichkeit der Erlösung mit der Fähigkeit, kleiner werden zu können. In einem verwandten Sinn hat das große Romankonzept Roths seine Wahrheit darin, dass es nirgends in megalomanische Phantasien ausufert, sondern in einer gänzlich unverwandten Treue zu jeder winzigsten Einzelheit sich bewährt.«[64]

Roth sagt am Ende des Gesprächs, er habe von den Schriftstellerkollegen über die Jahre hinweg immer wieder schlimme

Attacken einstecken müssen und sich aus diesem Grund den bildenden Künstlern zugewandt. Unterstellungen und Intrigen seien für ihn das Schlimmste, Tizians vor fünfhundert Jahren entstandenes Gemälde »Der Bravo« falle ihm dazu ein. Im Italienischen steht »bravo« für einen Schergen, der im Auftrag eines Herrn arbeitet. Tizian zeigt am rechten Rand des Gemäldes, das im Kunsthistorischen Museum in Wien zu sehen ist, das Messer, das der Bravo am Rücken versteckt hält und mit dem er von der einen auf die andere Sekunde zustechen und sein Opfer erledigen wird.

30. Juli 2016

Aufbruch in der Morgendämmerung. Die Abreise steht bevor, um sechs Uhr werden die Kirchenglocken schlagen, den Alltag auf dem Land mit ihrem Geläut strukturieren. Den Landstrich verlassen, in dessen Geschichte und Gegenwart man durch die Gespräche mit Gerhard Roth und durch Rundfahrten mit seiner Frau Senta eingetaucht ist.

Im anbrechenden Morgen geht es an jenem Haus in Obergreith vorbei, über das Roth in einem Gespräch mit Helena Wallner sagte: »Mehr als acht Jahre lebte ich im Koppitschhaus. Die erste Zeit ging ich von hier aus die ›Große Runde‹, fotografierte und machte Notizen. Ich schrieb in der Küche oder im Dachbodenzimmer ›Der Stille Ozean‹, ›Landläufiger Tod‹, ›Am Abgrund‹ und ›Der Untersuchungsrichter‹ sowie die Drehbücher für die Verfilmungen. Es war ein sehr einsames Haus.«[65] Die »Große Runde« beträgt 22 Kilometer und führt Roth von Obergreith über Saggau, Wuggau und St. Ulrich wieder nach Obergreith zurück. Vorbei an Aschers Haus, vorbei am Mathansteich, für Roth das »verborgene Juwel der Landschaft«[66], vorbei an den zu jeder Tages- und Jahreszeit unterschiedlichen »Spiegelungen im Wasser«.[67] Roth fühlt sich zum Wasser hingezogen – 1980 hat er sich in einem Selbstporträt für den neuseeländischen Germanisten Simon C. Ryan als ein Wesen mit einem Fischleib und einem Menschenkopf gezeichnet.[68]

Es heißt Abschied von einem Landstrich zu nehmen, der »aus den Hügeln, den Maiskegeln, dem Himmel und der Stille«[69] besteht: »Alles leitet sich aus der Stille ab.«[70] W. G. Sebald schreibt, die »steirische Provinz, über die das erzählerische System des *Landläufigen Todes* seinen gestirnten Himmel spannt, grenzt als ein mythisches Territorium unmittelbar an die Ewigkeit«[71]: »In vielem erinnert sie an die seltsame Gegend, die Bruno Schulz in der *Republik der Träume* beschrieben hat. Wie ein Krater oder ausgetrockneter See liegt sie, beherrscht von der Stille, dort, wo die Karte des Landes schon sehr südlich wird, und allein und einsam, voller unerforschter Wege, hat sie sich zu einem Mikrokosmos abgeschlossen, der auf eigene Faust versucht, Welt zu sein.«[72] Zu Gerald Linds »Topos der Stille«[73] kommt dem Verfasser eine Passage aus »Landläufiger Tod« in den Sinn. Sie findet sich im Abschnitt »Das Alter der Zeit«: »Alle Kinder schöpfen den Schmerz aus der Dunkelheit.«[74] Der Abreisende denkt auch daran, dass im Roman »Grundriss eines Rätsels« der internationale Terrorismus das soziale Gefüge dieses Landstrichs erreicht hat.[75]

Den anderen Räumen, die an der Peripherie der Gesellschaft liegen und im Zentrum ihre Spuren hinterlassen, ist eine Heterotopie eigen. Für Foucault erreicht die Heterotopie »ihr volles Funktionieren, wenn die Menschen mit ihrer herkömmlichen Zeit brechen«.[76] Mit dem zentralen Thema der Reise geht es Roth immer mehr um Aufbruch als um Ankunft, nicht um eine Heimkehr ins Tradierte, vielmehr um ein Hineingeschleudertwerden in andere Räume.

Epilog

Wie ist der Anfang einer Reise, wie ihr Ende? Um einen Aphorismus von Friedrich Nietzsche zu variieren, ließe sich sagen, man könne erst am Ende einer Reise wissen, wie ihr Anfang war. Roths neuer Roman, der erste Band der Venedig-Trilogie, hat den Titel »Die Irrfahrt des Michael Aldrian« und erscheint im Herbst 2017. Man könnte aus diesem Grund Roths Titel mit einer Überlegung in Jakob Burckhardts »Weltgeschichtlichen Betrachtungen« in Verbindung bringen. Im Kapitel »Über Glück und Unglück in der Weltgeschichte« schreibt Burckhardt, Glück ist »ein entweihtes, durch gemeinen Gebrauch abgeschliffenes Wort«[1]: »Vor allem: nur das Märchen nimmt einen sich gleich bleibenden Zustand für Glück. Die kindliche Anschauung, wie sie etwa hier lebt, mag das Bild eines dauernden festlichen Wohlbefindens (zwischen Olymp und Schlaraffenland in der Mitte) festzubannen suchen. Und auch damit ist es nicht einmal gründlicher Ernst: wenn endlich die bösen Zauberer tot, die bösen Feen bestraft sind, dann regieren Abdallah und Fatime freilich als ein glückliches Königspaar bis in ihr hohes Alter weiter; aber die Phantasie gibt ihnen eigentlich gleich nach dem Ende ihrer Prüfungen den Abschied, um sich weiter nicht mehr für sie, sondern für Hassan und Suleika oder Leila oder ein anderes Paar zu interessieren. Und doch ist schon der Schluss der Odyssee so viel wahrer; die Prüfungen des Dulders werden fortdauern, und zunächst harrt seiner noch eine schwere Pilgerfahrt.«[2] Für Burckhardt ist »nur in der Bewegung, so schmerzlich sie sei«[3], Leben und »die Vorstellung vom Glück als einer positiven Empfindung schon falsch, während es nur Abwesenheit des Schmerzes ist, höchstens mit einem leisen Gefühl des Wachstums verbunden«.[4]

Burckhardts Kollege an der Basler Universität war Friedrich Nietzsche. In einem Brief vom 8. Januar 1889 lädt er nach seinem Zusammenbruch Burckhardt auf »eine schöne, schöne Plauderei ein, Turin ist nicht weit, sehr ernste Berufspflichten fehlen vor der Hand, ein Glas Veltliner würde zu beschaffen sein«.[5] »In Menschliches, Allzumenschliches« sieht Nietzsche den Menschen – lange bevor Burckhardts Studie 1905 aus dem Nachlass erschien – nicht von der schmerzlichen Bewegung gezeichnet. »Der Wanderer« hat anderes im Sinn: »Wer nur einigermaßen zur Freiheit der Vernunft gekommen ist, kann sich auf Erden nicht anders fühlen, denn als Wanderer, – wenn auch nicht als Reisender n a c h einem letzten Ziele: denn dieses gibt es nicht. Wohl aber will er zusehen und die Augen dafür offen haben, was Alles in der Welt eigentlich vorgeht; deshalb darf er sein Herz nicht allzufest an alles Einzelne anhängen; es muss in ihm selber etwas Wanderndes sein, das seine Freude an dem Wechsel und der Vergänglichkeit habe.«[6] Ergeht der Wanderer sich »still, in dem Gleichmaß der Vormittagsseele«[7] unter Bäumen, werden ihm »aus deren Wipfeln und Laubverstecken heraus lauter gute und helle Dinge zugeworfen«[8], »die Geschenke aller jener freien Geister, die in Berg, Wald und Einsamkeit zu Hause sind und welche, gleich ihm, in ihrer bald fröhlichen bald nachdenklichen Weise, Wanderer und Philosophen sind.«[9]

Dank

Ich bedanke mich bei Gerhard Roth für die Zusammenarbeit und die ausführlichen Gespräche zu einigen seiner zahlreichen Reisen, ihrer Poetik und Reflexion in den jeweiligen Romanen und Essays.

Mein Dank gilt Senta Roth, die mir während der Recherchen stets geholfen und damit so manchen Tag leichtgemacht hat.

Bedanken möchte ich mich bei Jürgen Hosemann, Lektor des S. Fischer Verlags, für fruchtbare und auch kontroverse Gespräche sowie für die vielfältige Unterstützung während der Erkundung von Roths literarischem Kontinent.

Andres Veiel und Fritz Krenn danke ich für die Gespräche.

Eiichiro Hirata, Daniel Koerfer, Tsuneo Sunaga und Thomas Teo danke ich für Diskussionen und Informationen.

Daniela Bartens vom Grazer Franz-Nabl-Institut sowie Andreas Handler und Martin Wedl von der Österreichischen Nationalbibliothek danke ich für Recherchen.

Barbara Stelzl-Marx und Harald Knoll des Ludwig-Boltzmann-Instituts für Kriegsfolgen-Forschung danke ich für Informationen zum Luftkrieg in der Steiermark.

Friederike Forst-Battaglia, Ruth Koblizek, Martin Lödl und Vorstandsvorsitzenden Peter Nömaier danke ich für Führungen durch das Kunsthistorische Museum, das Josefinum, das Naturhistorische Museum und das Wiener Sigmund-Freud-Museum.

Mein Dank gilt dem Germanisten Uwe Schütte, dessen Studien »Auf der Spur der Vergessenen« und »Unterwelten« mir geholfen haben, Roths Literatur zu erforschen und zu deuten.

Dem Wiener Stadtrat für Kultur und Wissenschaft Andreas Mailath-Pokorny und dem Grazer Landesrat Christian Buchmann danke ich für die Subventionen.

Ohne die zahlreichen Anregungen meines Bruders Gerhard Dermutz hätte ich dieses Buch in der vorliegenden Form nicht schreiben können. Mein herzlicher Dank dafür.

Klaus Dermutz   Berlin, März 2017

Anmerkungen

Die erste Reise: Schock und Schrecken

1 Ian Kershaw, Das Ende, Kampf bis in den Untergang, NS-Deutschland 1944/45, 2011.

2 Nicholas Stargardt, Der deutsche Krieg 1939–1945, 2015. Hierin das Kapitel »Bomben und Vergeltung«, 411–453; siehe auch: Nicholas Stargardt, »Maikäfer flieg!«, Hitlers Krieg und die Kinder, 2006.

3 Der Deutsche Schwesterndienst, Reichsverwaltung der NS-Volkswohlfahrt, Hg., 1938, o. S.

4 Gerhard Roth, Das Alphabet der Zeit, 2007, 9. Laut Auskunft des Altbürgermeisters und Archivars Joachim Klatt vom 25. 1. 2017 sind nach gründlicher Prüfung im Stadtarchiv von Mainbernheim keinerlei Unterlagen zu Emil Roth und einem Lazarett in Mainbernheim zu finden. Es könnte sein, dass Emil Roth in einem Lazarett in Würzburg oder in Kitzingen gearbeitet hat. Durch die Luftangriffe auf Würzburg und Kitzingen am 23. 2. 1945 befand sich die Roth-Familie in einem der Zentren der Zerstörung durch die englische und amerikanische Luftwaffe. Vgl. zum Kriegsende in der Steiermark: Barbara Stelzl-Marx, Stalins Soldaten in Österreich, 2012, 137 ff. Die Soldaten der 2. und 3. Ukrainischen Front überschritten am 29. 3. 1945 die österreichische Grenze und stießen kurze Zeit später in die Steiermark vor. Vgl. dazu auch Stefan Karner, Die Steiermark im Dritten Reich 1938–1945, 2/1986, 404–421.

5 Gerhard Roth, Das Alphabet der Zeit, 2007, 9.

6 Ebda.

7 Ebda.

8 Vgl. Gerhard Roth, Das Alphabet der Zeit, 2007, 843. In der »Bild-Erzählung« von Roths Autobiographie ist die erste Seite des Berichts der Mutter vom Beginn der Reise im Winter 1945 publiziert.

9 In einem Gespräch mit Volker Hage nennt Roth als Tag den »19. oder 20. Januar«, Die Hölle des totalen Kriegs: Gerhard Roth, in: Volker Hage, Die Zeugen der Zerstörung, Die Literaten und der Luftkrieg, 2003, 248.

10 Luftschutz und Luftkrieg in der Steiermark, 2010, 149.

11 Ebda, 130 f. Vgl. dazu Siegfried Beers und Stefan Karners Studie »Der Krieg aus der Luft. Kärnten und Steiermark 1941–1945« (1992), in der auf S. 67 eine Spitfire abgebildet ist. Von alliierten Flugbewegungen im Raum Mautern wird auf S. 134 bereits am 16. Oktober 1944 berichtet.

12 Landesarchiv Steiermark, Zugriff am 1.11.2016: https://egov.stmk.
gv.at/archivinformationssystem/suche/volltextliste.jsf Zum Luftgriff
am 19.2.1945 auf Graz: Vgl. Walter Brunner, Bomben auf Graz, 1989,
301–310. Graz wurde zur Mittagszeit von insgesamt 118 Flugzeugen
in sieben Bombardements aus sechstausend Metern von der amerikanischen Luftwaffe angegriffen: »Ein Volltreffer riß die nördliche Mauer
der Franziskanerkirche vollständig auf und beschädigte das Innere der
Kirche schwer. Im Franziskanerkloster selbst wurde der Turnsaal durch
einen weiteren Volltreffer zerstört und das übrige Gebäude mittelschwer
beschädigt.« (S. 308) Das Foto der zerstörten Franziskanerkirche findet
sich auf S. 309. Für die Datierung der Abreise von Roths Mutter mit ihren drei Kindern von Graz am 19.2.1945 und den zwei Übernachtun-
gen auf Gerhard Roths erster Reise spricht die zeitliche Kongruenz mit
den Luftangriffen auf Würzburg und Kitzingen am 23.2.1945 durch die
amerikanische Luftwaffe, Beginn 12 Uhr 50. Roths Mutter hat von dieser
Reise für ihren Sohn Gerhard in hohem Alter einen Bericht verfasst, der
im Grazer Franz-Nabl-Institut archiviert ist.
13 Gerhard Roth, Das Alphabet der Zeit, 2007, 12.
14 Ebda.
15 Ebda, 13.
16 Ebda.
17 Ebda, 13 f.
18 Ebda, 12.
19 Sigmund Freud, Das Unheimliche, 6/1986, 254.
20 Vgl. Sepp Orasche, Mautern in der Steiermark, 2005, 26.
21 Ebda, 326.
22 Zit. nach Ebda, 211.
23 Zit. nach Ebda.
24 Robert Engele, Wie der Gauleiter flüchten konnte, 2012.
25 Helmut Konrad, Andrea Strutz, Graz – »Stadt der Volkserhebung«, 1998.
26 Vgl. Gerhard Roth, Das Alphabet der Zeit, 2007, 794. Gerhard Roths Vater
Emil (1912–1995) studierte vier Semester (vom WS 1933/34 bis SS 1935)
Humanmedizin in Bologna. Nach einer in Bukarest ausgestellten Bestäti-
gung, die bei der Einschreibung an der Universität von Bologna vorgelegt
wurde, war Emil Roth laut Auskunft des Archivio storico dell' Università
di Bologna (23.2.2017) deutscher Staatsbürger. So steht es in dem Dokument der »Camera italiana di commercio e industria in Romania« vom
13.10.1933. Emil Roth studierte vom Wintersemester 1936/37 an in Graz
Medizin und promovierte dort am 15.10.1938. Wie es zum Wechsel von
der deutschen zur rumänischen Staatsbürgerschaft kam, die Emil Roth
nach Gerhard Roths »Das Alphabet der Zeit« Ende 1938 ablegte, dafür
wird in der Autobiographie kein Grund genannt. Emil Roth suchte »im
Juli 1939 als nunmehr Staatenloser um die deutsche Staatsbürgerschaft
an, die ihm am 20.2.1940 zuerkannt wurde.« (Gerhard Roth, Das Alphabet der Zeit, 2007, 794.) Emil Roths Vater hat seinen Sohn »gezwungen«,

so schreibt es Gerhard Roth in seiner Autobiographie »Das Alphabet der Zeit« auf Seite 790, die Mitgliedschaft bei der NSDAP zwei Monate nach dem Beitritt in die NSDAP zurückzunehmen, weil sein Sohn Emil (geb. 21.7.1912 in Reps, Siebenbürgen) nach damaliger Gesetzeslage noch nicht volljährig war. – Dass Roths Vater Emil Ende 1938 staatenlos war, so der Historiker Prof. Daniel Koerfer von der FU Berlin, könnte auch mit der antideutschen Minderheitengesetzgebung durch die rumänische Regierung gegenüber der deutschen Bevölkerung in Siebenbürgen zu tun haben. Zu dieser Frage bedarf es weiterer Forschung, zumal Roths Mutter Erna in ihrem im Franz-Nabl-Institut archivierten Bericht auf S. 20 schreibt, dass sie nach dem Krieg das »Ausländer-Amt« aufsuchen musste, »um eine Aufenthaltsbewilligung zu bekommen, da Vati am Anschlußtag 13. März staatenlos war.«

27 Helmut Konrad, Andrea Strutz, Universität – »Grenzfeste Deutscher Wissenschaft«, 1998. Vgl. Alois Kernbauer, Der lange Marsch zur politischen Hochschule, Die Grazer Hohen Schulen in den ersten Jahren der nationalsozialistischen Herrschaft, in: Stefan Karner, Graz in der NS-Zeit 1938–1945, 1999, 179–193.

28 Gerhard Roth, Das Alphabet der Zeit, 2007, 9.

29 Gerhard Roth im Gespräch mit Volker Hage, Die Hölle des totalen Kriegs: Gerhard Roth, in: Volker Hage, Die Zeugen der Zerstörung, Die Literaten und der Luftkrieg, 2003, 256.

30 Karl Heinz Bohrer, Granatsplitter, 2012, 49.

31 Ebda, 50.

32 Ebda.

33 Ebda.

34 Ebda, 51.

35 Karl Heinz Bohrer, Die Ästhetik des Schreckens, 1983, 9.

36 Ebda, 187.

37 Ebda, 187 f.

38 Julian Schutting, Zersplittertes Erinnern, 2016, 24–39. Auf diesen Seiten schreibt Schutting über den Kriegsalltag in Kellern und Ruinen.

39 Paul Valéry, Ich grase meine Gehirnwiese ab, 2016, 221 f.

40 Ebda, 222.

41 Ebda.

42 Ebda.

43 Ebda, 223 f.

44 Gespräch mit Gerhard Roth am 28.7.2016 in Pölfing-Brunn.

45 Gerhard Roth, Das Alphabet der Zeit, 2007, 18 f.

46 Siehe hierzu die Erforschungsergebnisse der amerikanischen Psychologin Elizabeth Loftus zu Konfabulation und »false memories«. – In welcher Funktion, ob als Stabsarzt oder Oberstabsarzt, und in welchem Zeitraum Roths Vater in einem Lazarett in der Nähe von Würzburg tätig war, konnte der Verfasser nicht recherchieren. Weitere Forschung ist in dieser Frage notwendig.

47 Judith Kasper, Der traumatisierte Raum, 2016, 10.

48 Robert Jay Lifton, Ärzte im Dritten Reich, 1988. Seiner Studie stellt Lifton Verse von Paul Celan und einen Auszug aus dem »Eid des Hippokrates« voran. Die Verse von Celan entstammen dem Gedicht »Sprich auch du«: »Sprich auch du, / sprich als letzter, sag deinen Spruch. / / (…) Blicke umher; / sieh, wie's lebendig wird rings – / Beim Tode! Lebendig!«

49 Ernst Klee, Deutsche Medizin im Dritten Reich, 2/2001. Klee widmet seine Studie dem Genetiker Max Ufer: »Er beugte sich nicht den Rassengesetzen. Schützte seine jüdische Ehefrau unter Lebensgefahr. Bewahrte sie vor Auschwitz. Bestraft mit Vertreibung: 1933 und 1952 noch einmal. Kein Denkmal rühmt ihn.« S. 5.

50 Robert Jay Lifton, Ärzte im Dritten Reich, 1988, XI.

51 Alexander Mitscherlich, Von der Absicht dieser Chronik, 1990, 13.

52 Dieter Forte, Barbarei des Biedersinns, zit. nach Jürgen Hosemann, Hg., »Es ist schon ein eigenartiges Schreiben …«, Zum Werk von Dieter Forte, 2007, 26.

53 Ebda.

54 Ebda.

55 Dieter Forte, Alles Vorherige war nur ein Umweg, Gespräch mit Volker Hage (2000), zit. nach Jürgen Hosemann, Hg., »Es ist schon ein eigenartiges Schreiben …«, Zum Werk von Dieter Forte, 2007, 57.

56 Gerhard Roth im Gespräch mit Volker Hage, Die Hölle des totalen Kriegs: Gerhard Roth, in: Volker Hage, Die Zeugen der Zerstörung, Die Literaten und der Luftkrieg, 2003, 252–255.

57 Gerhard Roth, Das Alphabet der Zeit, 2007, 9 f.

58 Peter A. Levine, Sprache ohne Worte, 2011, 20.

59 Peter A. Levine, Trauma und Gedächtnis, 2016, 221.

60 Gerhard Roth, Landläufiger Tod, 1984, 437 f.

61 Monika Kraus, Geschichtsphilosophische Ansätze in »Landläufiger Tod« von Gerhard Roth, 1989, 89.

62 Gerhard Roth im Gespräch mit Volker Hage, Die Hölle des totalen Kriegs: Gerhard Roth, in: Volker Hage, Die Zeugen der Zerstörung, Die Literaten und der Luftkrieg, 2003, 251.

63 Ute Benz, Verführung und Verführbarkeit, in: Ute und Wolfgang Benz, Hg., Sozialisation und Traumatisierung, 1992, 38.

64 Ebda.

65 Wolfang Zander, Kinder und Jugendliche als Opfer, in: Ute und Wolfgang Benz, Hg., 1992, 131 f.

66 Gerhard Roth im Gespräch mit Georg Pichler, Von der Sehnsucht, die Identität zu wechseln, 1995, 16.

67 Gerhard Roth im Gespräch mit Volker Hage, Die Hölle des totalen Kriegs: Gerhard Roth, in: Volker Hage, Die Zeugen der Zerstörung, Die Literaten und der Luftkrieg, 2003, 254.

68 Ebda., 253.

69 Gerhard Roth, Erinnerungen an die Menschheit, 1985.

70 Ebda, 64.
71 Gerhard Roth im Gespräch mit Georg Pichler, Von der Sehnsucht, die Identität zu wechseln, 1995, 26.
72 Gerhard Roth, Der große Horizont, 1974, 6.
73 Ebda, 7.
74 Klaus Heinrich, Zum Verhältnis von ästhetischem und transzendentalem Subjekt, 2015, 159.
75 Ebda.
76 Ebda.
77 Ebda.
78 Ebda.
79 Vgl. Rolf Trauzettel, Landscape as an Aesthetic Person: On the Conceptual World of German Romanticism, 2014, 95–107.
80 Vgl. Marcel Glaser, Die Stadt des KdF-Wagens bei Fallersleben, 1938, 2016, 59.
81 Ralf Beil, Eine Stadt wie Deutschland, 2016, 17.
82 Zit. nach Wortprotokoll der Übertragung der Grundsteinlegung des Volkswagen-Werks bei Fallersleben am 26. Mai 1938, in: Ralf Beil, Hg., Wolfsburg Unlimited, 2016, 68.
83 Ebda.
84 Ebda, 67 f.
85 W. G. Sebald im Gespräch mit Martin Doerry und Volker Hage, Ich fürchte das Melodramatische, in: Torsten Hoffmann, Hg., »Auf ungeheuer dünnem Eis«, Gespräche, 1971 bis 2001, 2011, 206 f.
86 Gerhard Roth, Das Alphabet der Zeit, 2007, 818.
87 Ebda, 25.
88 Ebda, 29.
89 Gerhard Roth im Gespräch mit Volker Hage, Die Hölle des totalen Kriegs: Gerhard Roth, in: Volker Hage, Die Zeugen der Zerstörung, Die Literaten und der Luftkrieg, 2003, 255.
90 Vgl. Gerhard Roth, Das Alphabet der Zeit, 2007, 74–80. Siehe zur Lage des Hauses am Weidweg 9 in Graz-Gösting und der Mülldeponie Roths Skizze in der Autobiographie auf S. 76 f.
91 Ebda, 165 f.
92 Gerhard Roth, Czernys Tod (Fragment), in: Peter Laemmle, Jörg Drews, Hg., Wie die Grazer auszogen, die Literatur zu erobern, München 1975, 56.
93 Ebda, 56 f.
94 Simon Collis Ryan, Gerhard Roth and the Graz Literary Revival, 2003, 17.
95 Zit. nach ebda.
96 Zit. nach ebda.
97 Zit. nach ebda.
98 Gerhard Fuchs, Literaturlandschaft Steiermark, 2000, 133. Zur steirischen Literatur während des NS-Regimes: Vgl. Gerhard Fuchs, Profiteure, Verfolgte, Verbotene. Dichter und Dichtung von 1938–1945, in: Stefan Karner, Hg., Graz in der NS-Zeit 1938–1945, 1999, 71–89.

99 Peter Handke, Franz Nabls Größe und Kleinlichkeit, in: Peter Handke, Hg., Franz Nabl, Charakter, Der Schwur des Martin Krist, Dokument, Frühe Erzählungen«, 1975, 14 f.

100 Ditta Rudle, »Die Fürchterlichsten sind die Gebildeten«, Gespräch mit Gerhard Roth, 1987, 38 f.

101 Richard Nimmerichter, alias »Staberl«, »Taxifahrer – lauter Nazis!«, Neue Kronen Zeitung, 27.7.1987, 6.

Reisende: Die Außenseiter und das Absolute

1 Cees Nooteboom, Die Kunst des Reisens, 2004, 148.

2 Ebda.

3 Ebda.

4 Ebda.

5 Hans Mayer, Außenseiter, 1975, 11 ff.

6 Florian Zappe, 2013, 123. »Der Außenseiter ist sich nicht sicher, wer er ist. Er hat ein ›Ich‹ gefunden, aber es ist nicht sein wahres ›Ich‹. Seine Hauptaufgabe ist es, den Weg zu sich selbst zurückfinden.« (Übersetzung des Verfassers)

7 Johann Feilacher, Vorspann zu Roger Cardenals Text »johann hauser in london«, in: Johann Feilacher, Hg., johann hauser … der künstler bin ich, 2016, 78.

8 Zit. nach Sarah Lombardi, johann hauser: eine unverbildete graphische kraft, in: Johann Feilacher, Hg., 2016, 77.

9 Vgl. Gerhard Roth, Der Strom, 2002, 201 f. und Johann Feilacher, Hg., 2016, 226–231 und 398–403.

10 Ulrich Greiner, Die Zeit, 9.6.2011, 50.

11 Ebda.

12 Vgl. Friedrich Schiller, Die Braut von Messina, 1980, 125.

13 Norbert Elias, John L. Scotson, 2002, 285 f.

14 Gerhard Roth, Die Geschichte der Dunkelheit, 1991, 52 ff.

15 Uwe Schütte, Unterwelten, 2013, 142.

16 Gerhard Roth, Eine Reise in das Innere von Wien, 1991, 109.

17 Gerhard Roth, Im tiefen Österreich, 1990, 23 f.

18 Die Stadt, Entdeckungen im Inneren von Wien, 2009, 461 f.

19 Vgl. Gustavo Gutiérrez, Die historische Macht der Armen, 1984, 89–92.

20 Ebda, 156. Vgl. auch Gustavo Gutiérrez, Theologie der Befreiung, 4/1979, 73–90.

21 Theodor W. Adorno, Wissenschaftliche Erfahrungen in Amerika, in: Gesammelte Schriften, Bd. 10.2.1977, 705.

22 Gerhard Roth, Der große Horizont, 1974, 14.

23 Ebda.

24 Ebda, 135 f.

25 Vgl. Émile Durkheim, Der Selbstmord, 1973, 273–318.

26 Gerhard Roth, Der große Horizont, 1974, 140 f.

27 Vgl. Jürgen Koppensteiner, in: Marianne Baltl und Christian Ehetreiber, Hg., Gerhard Roth, 1995, 87.

28 Ebda.

29 Vgl. Iren E. Annus, Seeing Pain: The Visual Representation of Pain in American Culture, in: Nieves Pascual, Antonio Ballesteros Gonzáles, Hg., 2008, 101–105.

30 Gerhard Roth, Der große Horizont, 1974, 172.

31 Ebda.

32 Ebda, 172 f.

33 Max Horkheimer, Die Sehnsucht nach dem ganz Anderen, 1970.

34 Der Spiegel, Nr. 1, 5. 1. 1970, 81.

35 Gerhard Roth, Der große Horizont, 1974, 202.

36 Ebda.

37 Ebda.

38 Ebda, 201.

39 Ebda.

40 Ebda, 221.

41 Peter Ensberg, Das Bild New Yorks in der deutschsprachigen Gegenwartsliteratur, 1988, 97.

42 Vgl. Uwe Schütte, Unterwelten, 2013, 70–74.

43 Sven Hanuschek, Zeichenflimmern, 2016, 11.

44 Ebda.

45 Ebda, 17.

46 Christoph Menke, Die Gegenwart der Tragödie, 2005, 7.

47 Gerhard Roth im Gespräch mit Kristina Pfoser, »In Wien kann man sich selbst verlieren«, in: Gerhard Roth, Im unsichtbaren Wien, 2010, 298.

48 Ebda.

Amerika-Reisen mit Wolfgang Bauer

1 Eine Passage aus Peter Weibels Manifest »Zock Outset« lautet: »Was reaktionär ist, fällt nicht, wenn man es nicht niederschlägt: Österreich. Österreich, geschichtslos, von der Geschichte verlassen, braucht Zock. Zock vermittelt, was da ist. Zock gibt dem Bestehenden den Schuss, den Tritt in den Arsch, der das Bestehende in Gang hält. Zock fettet die Wirklichkeit ein mit Zukunft. Zock pumpt eure Gemeindewohnungen auf mit Hoffnung. Euer Heil ist Zock. Euer Arm ist Zock. Zock heißt euer Morgen.« In: Peter Weibel, Hg., unter Mitarbeit von Valie Export: wien: bildkompendium wiener aktionismus und film, kohlkunstverlag, Frankfurt am Main, 1970. Das »Zockfest« fand am 21. 4. 1967 im Gasthaus »Grünes Tor« in Wien in der Lerchenfelder Straße 14 statt. Je nach Bericht sollen fünfzig bis zweihundert Polizistinnen und Polizisten das »Zockfest« vorzeitig aufgelöst haben.

1 Pierre Bourdieu, Manet, Eine symbolische Revolution, 2015, 20.

2 Sigmund Freud, Briefe an Wilhelm Fließ, 1986, 458.

3 Gerhard Roth, Gespräch am 16.11.2015 in Gugging. Gibt es im Folgenden keinen Hinweis auf ein Zitat, so sind es Roths Äußerungen während des Besuchs in Gugging am 16.11.2016. Auch die Zitate aus den Gesprächen mit den Künstlern Jürgen Tauscher, Leonhard Fink und Johann Garber stammen vom Besuch am 16.11.2016.

4 Götz Aly, Die Belasteten, 2013, 217 f.

5 Leo Navratil, Schizophrenie und Kunst, 1996, 30 f.

6 Simon Ryan, Gespräche mit Gerhard Roth, 2009, 105 f.

7 Gerhard Roth, Wahn und Sinn, Die Zeit, Nr. 29, Österreich-Ausgabe, 13.7.2006, 10.

8 Leo Navratil, Schizophrene Dichter, 1994, 275 f.

9 Leo Navratil, 1994, 274.

10 Ebda.

11 Gerhard Roth, How to be a detective, in: Gerhard Roth, Die Autobiografie des Albert Einstein, 1982, 135 ff.

12 Leo Navratil, Die Merkmale schizophrener Bildnerei, in: Alfred Bader, Leo Navratil, Zwischen Wahn und Wirklichkeit, 1976, 66.

13 Leo Navratil, Oswald T., in: Alfred Bauer, Leo Navratil, Zwischen Wahn und Wirklichkeit, 1976, 247.

14 Cornelia Offergeld, Was aber ist Gugging?, in: Ingried Brugger, Peter Gorsen, Klaus Albrecht Schröder, Hg., Kunst & Wahn, 1997, 394–402.

15 Leo Navratil, Die kreativen Grundfunktionen, 2/1983, 418.

16 Ebda.

17 Vgl. ebda, 418 f.

18 Gerhard Roth, Eismeer des Schweigens, Ernst Herbeck: »Alexander«, Die Zeit, Nr. 3, 14.1.1983, 36.

19 Ernst Herbeck: »Alexander«, Ausgewählte Texte 1961–1981, 1982.

20 Gisela Steinlechner, Über die Ver-Rückung der Sprache, 1989, 151.

21 Ebda.

22 Ernst Herbeck, Im Herbst da reiht der Feenwind, 3/1999, 90.

23 Gisela Steinlechner, Über die Ver-Rückung der Sprache, Wien, 1989, 172.

24 Ebda.

25 Kafka, Zur Frage der Gesetze und andere Schriften aus dem Nachlass, 1994, 156.

26 Ebda.

27 Ernst Herbeck, Im Herbst da reiht der Feenwind, 3/1999, 144.

28 Gerhard Roth, Einige persönliche Erinnerungen an Ernst Herbeck, in: Carl Aigner, Leo Navratil, Hg., die vergangenheit ist klar vorbei, 2002, 190.

29 Ebda.

30 Ebda.

31 Zit. nach ebda.
32 Zit. nach Gerhard Roth, Mir wird mein Leben lästig schon, in: Die Zeit, Nr. 12, 18. 3. 1988, 61.
33 Ebda.
34 Rotraut Hackermüller, Das Leben, das mich stört, Eine Dokumentation zu Kafkas letzten Jahren, 1917–1924, 128.
35 Ebda.
36 Gerhard Roth im Gespräch mit Georg Pichler, in: Gerhard Roth Dossier 9, Franz-Nabl-Institut für Literaturforschung der Universität Graz, 1995, 19.
37 Ebda, 30 f.
38 Ebda, 31.
39 Ebda.
40 Elizabeth C. Childs, Joseph Cornell, Zugriff auf die Homepage der Peggy Guggenheim Collection Venezia am 10. 11. 2016 unter: https:// www.guggenheim.org/artwork/899. Übersetzung durch den Verfasser.
41 Sarah Lea, Joseph-Cornell: Wanderlust, Fernweh, in: Übersetzung zum englischen Katalog, Herausgegeben von Sarah Lea, Sabine Haag und Jasper Sharp, 2010, 8.
42 Erläuterungen der Kunsthistorikerin Friederike Forst-Battaglia während der Führung durch die Joseph-Cornell-Ausstellung im Wiener Kunsthistorischen Museum am 4. 12. 2015.
43 Sarah Lea, Fernweh, Übersetzung zum englischen Katalog, 2015, 69.
44 Emily Dickinson, 2006, 150.
45 Ebda, 151. Übersetzung der Verse von Gunhild Kübler.

Ambulante Häutungen des imperialen Wien

1 Karl Scheffler, Berlin, ein Stadtschicksal, 2015, 221 f.
2 Gerhard Roth, Eine Reise in das Innere von Wien, 1991.
3 Gerhard Roth, Die Stadt, 2009.
4 Elisabeth Scharang, Die Stadt, Streifzüge durch Wien mit Gerhard Roth, TV-Dokumentation, 3 Episoden, DVD, 2014.
5 Ebda.
6 Ebda.
7 Die Zitate stammen aus dem Gespräch mit Gerhard Roth vom 25. 1. 2016
8 Friedrich Nietzsche, Vom Nutzen und Nachteil der Historie für das Leben, 1984, 27.
9 Ebda, 32.
10 Ebda, 33.
11 Ebda, 34.
12 Ebda.
13 Arno Schmidt, Über die Unsterblichkeit, 2009, 192.

14 Zugriff am 28.9.2016 https://www.youtube.com/watch?v=rwC4oL2 MlW8&list=UUnP3F2PvTtNNbxpbwtHVxyw&index=1

15 Zit nach Bundesministerium für Bauten und Technik, Hg., Der Heldenberg, o.J., 3.

16 Gunther Martin, »Österreichs Walhalla«, in: Bundesministerium für Bauten und Technik, Hg., Der Heldenberg, o.J., 14.

17 Ebda, 15.

18 Ebda, 14.

19 Zit. nach Ebda, 31.

20 Hubert Michael Mader, Die Helden vom Heldenberg, 2008, 18.

21 Gespräch am 25.1.2016 in Heldenberg, Niederösterreich.

22 Vgl. Martin Lödl, Fatales Design, 2009, 11 ff.

23 Martin Lödl, hundetöten, 1999.

24 Gerhard Roth, Der Stille Ozean, 1980, 61 f.

25 Gerhard Roth, Landläufiger Tod, 1984, 144.

26 Gerhard Roth, Der Stille Ozean, 1980, 68.

27 Dylan Thomas, Collected Poems 1934–1952, 1984, 151 f.

28 Zit. nach Gerhard Roth, Die Stadt. Entdeckungen im Inneren von Wien, 2009, 125.

29 Gerhard Roth, Der Stille Ozean, 114.

30 Alle Zitate von Gerhard Roth und Peter Nömaier stammen vom Besuch am 28.1.2016 im Wiener Freud-Museum.

31 Sigmund Freud, Zur Einleitung der Behandlung, 8/1990, 468.

32 Alexander Freud, Hg., Eisenbahn-Stationsverzeichnis, Wien, 1897.

33 Daniela Finzi, Ferne Zeit-Räume: Sigmund Freud auf Reisen, 2014, 27 f.

34 Detlev von Liliencron, Der Blitzzug, 1997, 108.

35 Ebda, 109.

36 Ebda, 20.

37 Sigmund Freud, Brief an Romain Rolland (Eine Erinnerungsstörung auf der Akropolis), 6/1981, 255 f.

38 Gerhard Roth, Landläufiger Tod, 1984, 129.

39 Ebda, 135.

40 Sigmund Freud, Briefe an Wilhelm Fliess 1887–1904, 1986, 344.

41 Ebda, 357.

42 Ebda.

43 Ebda, 359.

44 Gerhard Roth, Berggasse 19, 1992, 60–63.

45 Gerhard Roth, Die Stadt. Entdeckungen im Inneren von Wien, 2009, 191.

46 Ebda, 194.

47 Daniela Bohde, Beispiel einer Bildanalyse: Tizians »Schindung des Marsyas«, 2003, 418.

48 Vgl. Daniela Bohde, Haut, Fleisch und Farbe, Körperlichkeit und Materialität in den Gemälden Tizians, 2002, 271–342, »Was Tizians ›Schindung des Marsyas‹ dem Betrachter anbieten kann, ist lediglich ein

Modell der Selbstreflexion, eine Begegnung mit der Begrenztheit und Vielschichtigkeit von Haut und Farbe.«, s. S. 342.

49 Christine Lavant, Spindel im Mond, 2/1959, 15.
50 Leo Navratil, Folter ohne Gefühl, Zeit-Magazin, Nr. 4, 19.1.1989, 6.
51 Michel Foucault, Das giftige Herz der Dinge, Gespräch mit Claude Bonnefoy, 2012, 34 ff.
52 Martin Pollack, Kontaminierte Landschaften, 2/2014, 27–37.
53 Ebda, 39.
54 Ebda, 40 f.
55 Vgl. Didier Eribon, Michel Foucault, 4/2016, 225–240
56 Ebda, 231.
57 Erich Fromm, Anatomie der menschlichen Destruktivität, 1974, 15.
58 Uwe Schütte, Auf der Spur der Vergessenen, 1997, 325.
59 Ebda.
60 Ebda.
61 Telefonat mit Gerhard Roth am 18.3.2016. Vgl. auch das Gespräch mit Gerhard Roth für das RBB-Feature »Anselm Kiefer – Die Schöpfung und ihre Elemente« von Klaus Dermutz, Ursendung RBB, 4.3.2015.
62 Ebda.
63 Telefonat des Autors mit Gerhard Roth am 18.3.2016.
64 Antonia Hoerschelmann, Anselm Kiefer. Die Holzschnitte, Auf den Spuren einer Begegnung, 2016, 53.
65 Ebda, 63.

Japan: Im Bann der Wanderdichter und die Ästhetik des Wabi-sabi

1 Gerhard Roth, Der Plan, 1998, 18.
2 Ebda, 106.
3 Dante Alighieri, Die Göttliche Komödie, 1978, 106 f.
4 Gerhard Roth, Der Plan, 1998, 191.
5 Ebda, 61.
6 Ebda, 97.
7 Ebda, 98.
8 Gerhard Roth im Gespräch mit Günter Kaindlstorfer, ORF-Sendung Ex Libris, 15.2.1998.
9 Ebda.
10 Gerhard Roth, Der Plan, 1998, 121.
11 Ebda, 62.
12 Ebda.
13 Gerhard Roth, Der Plan, 1998, 289. Das japanische Wort »Gajin« bedeutet wörtlich übersetzt »Mensch von außerhalb«, es meint einen Nicht-Japaner, einen Ausländer und Außenseiter.
14 Gerhard Fuchs, Planspiele der Auflösung, 2003, 123.
15 Ebda.

16 Ebda.

17 Ebda.

18 Ulrich Greiner, Mozart auf der Reise nach Japan. Gerhard Roth, eigensinniger Protokollant unserer Welt, Die Zeit Nr. 11, 5. 3. 1998, 51.

19 Ebda.

20 Gerhard Roth im Gespräch mit Günter Kaindlstorfer, ORF-Sendung Ex Libris, 15. 2. 1998.

21 Ebda.

22 Ebda.

23 Zit. nach Gerhard Roth, Der Plan, 1998, 5.

24 Roland Barthes, Im Reich der Zeichen, 1981, 43–46.

25 Gerhard Roth, Der Plan, 1998, 31 f.

26 Vgl. John Harding, Poets and Pilgrims: From Saigyō to Shikoku, 2014, 137–148.

27 Bashō, Auf schmalen Pfaden durchs Hinterland, 5/2014.

28 Bashō, Haibun, 2015.

29 Bashō, Auf schmalen Pfaden durchs Hinterland, 5/2014, 43 ff. Vgl. zum Begriff Fernweh: Jürgen Hosemann, Fernweh – Eine Entdeckungsreise, 3/2010, 202–209.

30 Bashō, Haibun, 2015, 350.

31 Ebda, 350 f.

32 Ekkehard May, Kommentar zum 79. Haibun »Worte, Kyoriku zum Abschied fortbegleitend«, in Bashō, Haibun, 2015, 351.

33 Nobuyuki Yuasa, Introduction zu Issas »The Year of My Life«, 1960, 6 f. Übersetzung durch den Verfasser.

34 Thomas Immoos, Issa, der Teedichter, 1981, 30.

35 Tsuneo Sunaga, E-Mail an den Verfasser vom 7. 7. 2016.

36 Haruo Shirane, Traces of Dreams, 1998, 286. Übersetzung durch den Verfasser.

37 Martin Behr, Modelle der Wirklichkeit, 2007, 94.

38 Ebda, 91.

39 Gerhard Roth, Der Plan, 1998, 65 f.

40 Ebda, 104.

41 Ebda, 171.

In einem erloschenen Vulkan

1 Gerhard Roth, Der Berg, 2000, 61.

2 Ebda, 13.

3 Ebda, 12.

4 Ebda, 29 f.

5 Ebda, 44.

6 Ebda, 58.

7 Ebda, 109.

8 Uwe Schütte, Unterwelten, 2013, 167.

9 Ebda, 167 f.

10 Gerhard Roth, Der Berg, 2000, 226.

11 Uwe Schütte, Unterwelten, 2013, 165.

12 Ebda.

13 Gerhard Roth, Der Berg, 2000, 277 f.

14 Ebda, 279.

15 Ebda, 178.

16 Ebda, 304.

17 Ebda, 303.

18 Ebda, 303 f.

19 Ebda, 306.

20 Ebda.

21 Ebda, 307.

22 Ebda, 9.

23 Homer, Odyssee, o. J., 13.

24 Vgl. Émile Durkheim, Der Selbstmord, 1973, 273–318.

25 Harald Miesbacher, Im Reich der blinden Zeichen, 2003, 163.

26 Ebda.

27 Ebda.

28 Vgl. ebda.

29 Beatrice von Matt, Die Gewalt des Schweigens, NZZ, 13. 4. 2000, 67.

30 Ebda.

31 Ebda.

32 Gerhard Roth in: Christoph Hirschmann, Mönche, Massaker, Mörder, in: Format, Nr. 15, 1999, 140.

33 Ebda.

34 Ebda, 140 f.

35 Susanne Gelhard, Ab heute ist Krieg, 1992.

36 Emir Suljagic, Srebrenica – Notizen aus der Hölle, 2009, 7.

Zweites Satori – Jenseitsreisen

1 Hans Peter Duerr, Die dunkle Nacht der Seele, 2015, 9.

2 Ebda, 407 f.

3 Gerhard Roth, Dorfchronik zum »Landläufigen Tod«, 1985, 90.

4 Vgl. und zit. nach Wolfgang Tietze, Das mikroskopische Gedankenglas, 1995, 120.

5 Michel Foucault, Andere Räume, 2/1991, 41.

6 Ebda, 41 f.

7 Gerhard Roth, Der große Horizont, 1974, 200.

8 Ebda, 200 f.

9 Gespräch mit Gerhard Roth, Pölfing-Brunn, 3. 11. 2015.

10 Gerhard Roth, Der Plan, 1998, 50.

11 Ebda.

12 Ebda, 51.

13 Ebda, 47.

14 Ebda, 141

15 Ebda, 144 f.

16 Gerhard Fuchs, Planspiele der Auflösung, 2003, 120.

17 Gerhard Roth, Der Plan, 1998, 61.

18 Gerhard Fuchs, Planspiele der Auflösung, 2003, 120.

19 Gerhard Roth, Der Strom, 2002, 121.

20 Gespräch mit Gerhard Roth, Pölfing-Brunn, 29.7.2016.

21 Gerhard Roth, Der Stille Ozean, 1980, 38 f.

22 Diego Arenhoevel u.a., Hg., Die Bibel, 7/1968, 1543.

23 Ebda, 90.

24 Diego Arenhoevel u.a., Hg., Die Bibel, 7/1968, 1311.

25 Ebda.

26 Gerhard Roth, Der Berg, 2000, 92.

27 Ebda, 93.

28 Diego Arenhoevel u.a., Hg., Die Bibel, 7/1968, 1387.

29 Gerhard Roth, Der Berg, 2000, 202 f.

30 Diego Arenhoevel u.a., Hg., Die Bibel, 7/1968, 1486.

31 Gerhard Roth, Der Berg, 2000, 182 f.

32 Ebda, 183.

33 Andrea Emo, Metamorphose des Nichts, 1997, 240.

34 Gerhard Roth, Der Berg, 2000, 68.

35 Ebda.

36 W.G. Sebald, In einer wildfremden Gegend, 1995, 157 f.

37 Ebda, 158.

38 Diego Arenhoevel u.a., Hg., Die Bibel, 7/1968, 1233.

39 Lieven Boeve, Der schwierige Dialog von Glaube und Kultur, 2006, 23.

40 Ebda.

41 Ebda, 24.

42 Ezra Pound, Pisaner Cantos, 2002, 32.

43 Ebda, 33.

44 Gerhard Roth, Orkus, 2011, 12.

45 Ebda, 13. Vgl. dazu auch: »Das ›Zwei-Wegebuch‹ im Sarg des Generals Sepi, Uschbeti-Figuren, Sargmalerei mit Anubis« im Kairoer National-museum, in: Gerhard Roth, Über Land und Meer, Fotografien aus drei Kontinenten von 1995–2011, 2011, 187.

46 »Reise ins Unsagbare« ist der Titel eines Gesprächsbandes, der 2015 im Residenz Verlag erschienen. Hans-Jürgen Heinrichs hat die Gespräche mit Gerhard Roth geführt.

47 Gerhard Roth, Das Labyrinth, 2005, 331.

1 Julien Green, Meine Städte, 1986, 244.

2 Vgl. Till Manning, Die Italiengeneration, 2011, 133–200.

3 Atillio Brilli, Als Reisen eine Kunst war, 5/2012, 10.

4 Vgl. Eva Hesse, Die Achse Avantgarde – Faschismus, 1991, 9.

5 Zit. nach ebda.

6 Zit. nach ebda, 10.

7 Gerhard Roth, Das Alphabet der Zeit, 2007, 645 f.

8 Thorstein Veblen, Theorie der feinen Leute, 1997. Veblens Studie erschien 1899 unter dem Titel The Theory of the Leisure Class, es ist sein bekanntestes Werk, ein Klassiker der Soziologie.

9 Gerhard Roth, Die Irrfahrt des Michael Aldrian (Arbeitstitel Dies irae), Manuskript, 2016, o.S.

10 Dante Alighieri, Die göttliche Komödie, 1978, 37.

11 Theodor Fontane, Unwiederbringlich, 1959, 292 f.

12 Ezra Pound, Pisaner Cantos, 2002, 194.

13 Ebda, 195, Übertragung des Canto LXXXI von Eva Hesse.

14 Joseph Brodsky, Ufer der Verlorenen, 6/2016, 8.

15 Ebda, 71.

16 Gerhard Roth im Gespräch, Venedig, 4.5.2016.

17 Gerhard Roth, Grundriss eines Rätsels, 2014, 482. Das Foto vom Schotterberg und die gefälschte Aufnahme vom einstürzenden Campanile finden sich auf den Seiten 483 und 490. Vgl. die Schilderung des Einsturzes und Wiederaufbaus des Campaniles im Roman »Grundriss eines Rätsels«, 2014, 480–493.

18 Gerhard Roth, Die Irrfahrt des Michael Aldrian (Arbeitstitel Dies irae), Manuskript, 2016, 233 f.

19 Dante Alighieri, 1978, 91 f.

20 Gerd Wolfgang Sievers, Die Ponte del Diavolo, 2015, 36.

21 Gunter Falk, Die dunkle Seite des Würfels, 1983, 81.

22 Ebda, 82.

23 Vgl. Hans Mayer, Außenseiter, 1975, 326.

24 Zit. nach Hans Mayer, Wagner, 2/1998, 126.

25 Ebda, 127.

26 Gerhard Roth, Die Winterreise, 1978, 184.

27 Joseph Brodsky, Nach einer Reise oder Hommage an die Wirbelsäule, 2/2003, 103 f., in: Joseph Brodsky, Der sterbliche Dichter, 2/2003, 83–104.

28 Ezra Pound, Pisaner Cantos, 2002, 214.

29 Ebda, 215, Übertragung des Canto LXXXIII von Eva Hesse.

30 Johann Wolfgang Goethe, Italienische Reise, 1981, 68.

31 Ebda, 67 f.

32 Ebda, 69.

33 Ebda.

34 Wolfgang Scheppe im Gespräch mit Meike Gatermann, Die Eskalation der globalisierten Stadt, 1. 10. 2009.

35 Ebda

36 Ralf Beil, Wie stellt man eine Stadt aus?, 2016, 15.

Zwischen Steinbruch und Schreibtisch: Erwanderung der »minderen Geschichte«

1 Karl Acham, Einleitung, in: Karl Acham, Hg., Kunst und Geisteswissen-schaften aus Graz, Werk und Wirken überregional bedeutsamer Künstler und Gelehrter: vom 15. Jahrhundert bis zur Jahrtausendwende, 2009, 22.

2 Ebda.

3 Ebda, 19.

4 Ebda.

5 Alain de Botton, The pleasures of sadness, 2004. Übersetzung durch den Verfasser.

6 Uwe Schütte, Auf der Spur der Vergessenen, 1997, 51.

7 Gerhard Roth, Vom Landleben in der Steiermark, in: Die schönen Bilder beim Trabrennen, 1979, 137 f.

8 Uwe Schütte, Auf der Spur der Vergessenen, 51 f.

9 Cegienas de Groot, Arme Menschen, 1988, 86.

10 Gerhard Roth, Orkus, 2011, 36.

11 Ebda.

12 Ebda, 31 f.

13 Mitteilung von Gerhard Roth an den Verfasser am 13. 1. 2017.

14 Vgl. Gerhard Roth, Das Alphabet der Zeit, 2007, 148–196.

15 Gerhard Roth, Am Abgrund, 1986, 16.

16 Ebda.

17 Ebda, 15.

18 Ebda.

19 Vgl. Gerhard Melzer, *Dieselben Dinge täglich bringen einen um*, Die Rei-semodelle in Peter Handkes *Der kurze Brief zum langen Abschied* und Gerhard Roths *Winterreise*, 1979, 373–393, siehe S. 389: »Anders also als bei Handke, der – in den Dimensionen des Raums, der Zeit und der so-zialen Beziehungen – auf eine Vermittlung des Nahen mit dem Fernen, des Ichs mit der Umwelt bzw. der Wünsche, Träume und Hoffnungen mit der aktuellen Wirklichkeit zielt, bleiben die Gegensätze bei Roth un-versöhnt. Das antizipierende Bewusstsein eilt der Realität stets voraus und bedingt einen Wechsel von Anspannung und Entkrampfung, der im Modell der Reisebewegung aufgehoben ist. Paradoxerweise finden aber, trotz dieser ›Bewegung‹, *keine Entwicklungen* statt.«

20 Gerhard Roth, Die Winterreise, 1978, 15 f.

21 Gerhard Roth, Der Stille Ozean, 1980, 15.

22 Vgl. Gerhard Roth, Der große Horizont, 1974, 5.

23 Gerhard Roth, Diesseits und jenseits des Stillen Ozeans, in: Daniela Bartens, Martin Behr, Hg., Gerhard Roth, Atlas der Stille, 2007, 296.

24 Wolfgang Bauer, Das Herz, 1981, 50.

25 Ebda.

26 Gerhard Roth, Diesseits und jenseits des Stillen Ozeans, 2007, 296.

27 Ebda.

28 Daniela Bartens, Logik des Wahns. Wolfgang Bauer und Gerhard Roth, 2017, 13.

29 Gerhard Roth, Das Labyrinth, 2005, 351.

30 Wolfgang Bauer, Das Herz, 1981, 36.

31 Vgl. Peter Handke, Langsame Heimkehr, 1979, 115.

32 Gerhard Roth, Winterreise, 1978, 191 f.

33 Gerhard Melzer, Dieselben Dinge täglich bringen langsam um, 1979, 379.

34 Ebda, 379 f.

35 Gunter Falk, Fremder in einem fremden Land oder Zur generationsspezifischen Dialektik von Flucht und Heimkehr, 1980, o.S.

36 Gespräch mit Gerhard Roth am 28. 7. 2016 in Pölfing-Brunn.

37 Elisabeth Scharang, Die Stadt, Streifzüge durch Wien mit Gerhard Roth, TV-Dokumentation, 3 Episoden, DVD, 2014.

38 Martin Lang, Ein Überblick über den Diabas-Steinbruch im Lieschengraben, o. J.

39 Gespräch mit Jürgen Hosemann, Berlin, 5. 11. 2016.

40 Anselm Kiefer im Gespräch mit Klaus Dermutz, Die Kunst geht knapp nicht unter, 2010, 208.

41 Gerhard Roth, Der Stille Ozean, 1980, 24 f.

42 Gerhard Roth, Dorfchronik zum ›Landläufigen Tod‹, 1985, 13.

43 Walter Benjamin, Über den Begriff der Geschichte, in: Gesammelte Schriften, Bd. 1, 1974, 701.

44 Gesualdino Bufalino, Musuem der Schatten, 1982, 16.

45 Ebda.

46 Ebda, 32 f. Eine »vara« ist ein Gefährt, auf dem die Heiligenbilder durch die Straßen geleitet werden.

47 Gerhard Roth, Über Bienen, 1996, 28.

48 Gerhard Roth, Das Töten des Bussards, 1982, 64 f.

49 Peter Weibel, Die Fremdheit des eigenen Ichs, in: Kleine Zeitung, 11. 2. 1983, 22.

50 Gespräch mit Gerhard Roth am 29. 7. 2016 in Kopreinigg 7 in Pölfing-Brunn.

51 Peter Ensberg, Helga Schreckenberger, Gerhard Roth, Kunst als Auflehnung gegen das Sein, 1994, 72.

52 Ebda.

53 Ebda.

54 Ebda, 71 f.

55 Vgl. W. G. Sebald, Der Mann mit dem Mantel, Gerhard Roths *Winterreise*, 1994, 149–164.

56 Ebda, 163.

57 Ebda, 163 f.

58 W. G. Sebald, In einer wildfremden Gegend – Zu Gerhard Roths Roman-werk *Landläufiger Tod*, 1995, 145.

59 Ebda, 146.

60 Ebda, 145.

61 Ebda, 160.

62 Ebda.

63 Ebda.

64 Ebda.

65 Helena Wallner, Greith-Haus St. Ulrich im Greith, Hg., Die Greith-Wege, Wanderführer, 2010, 27.

66 Ebda, 35.

67 Ebda.

68 Simon Ryan, Gespräche mit Gerhard Roth, 2009, 123.

69 Gerhard Roth, Im tiefen Österreich, 1990, 118.

70 Ebda.

71 W. G. Sebald, In einer wildfremden Gegend – Zu Gerhard Roths Roman-werk *Landläufiger Tod*, 1995, 152.

72 Ebda, 152 f.

73 Gerald Lind, Das Gedächtnis des »Mikrokosmos«, 2011, 417. Der »Topos der Stille« durchzieht, so Lind, den Zyklus »Die Archive des Schwei-gens« insgesamt und ist »nicht nur mit dem Raum, sondern auch mit Thematisierung von Erinnerung und Gedächtnis verbunden«.

74 Gerhard Roth, Landläufiger Tod, 1984, 189.

75 Vgl. Gerhard Roth, Grundriss eines Rätsels, 2014, 235 ff.

76 Michel Foucault, Andere Räume, in: Karlheinz Barck u. a., Hg., Aisthesis, 2/1991, 43.

Epilog

1 Jacob Burckhardt, Weltgeschichtliche Betrachtungen, 1985, 242 f.

2 Ebda, 242.

3 Ebda.

4 Ebda.

5 Zit. nach Jutta Georg-Lauer, Nietzsches Denken im Spiegel seiner Korre-spondenz, 2013, 263.

6 Friedrich Nietzsche, Menschliches, Allzumenschliches, Erster Band, 2013, 340.

7 Ebda.

8 Ebda.

9 Ebda.

Literaturverzeichnis

Acham, Karl, Hg., Kunst und Geisteswissenschaften aus Graz, Werk und Wirken überregional bedeutsamer Künstler und Gelehrter: vom 15. Jahrhundert bis zur Jahrtausendwende, Band 2 von Kunst und Wissenschaft aus Graz, Böhlau Verlag, Wien, Köln, Weimar, 2009.

Adorno, Theodor W., Wissenschaftliche Erfahrungen in Amerika, in: Gesammelte Schriften, Bd 10.2, Kulturkritik und Gesellschaft II, Eingriffe. Stichworte. Anhang, Suhrkamp Verlag, Frankfurt am Main, 1977, 702–738.

Aly, Götz, Die Belasteten, ›Euthanasie‹ 1939–1945, Eine Gesellschaftsgeschichte, S. Fischer Verlag, Frankfurt am Main, 2013.

Annus, Iren E., Seeing Pain: The Visual Representation of Pain in American Painting, in: Pascual, Nieves, Gonzáles, Antonio Ballestoros, Hg., 2008, 101–115.

Arenhoevel, Diego, Deissler, Alfons, Vögtle, Anton, Hg., Die Bibel, Die Heilige Schrift des Alten und Neuen Bundes, Deutsche Ausgabe mit den Erläuterungen der Jerusalemer Bibel, Herder Verlag, Freiburg, Basel, Wien, 7/1968.

Bader, Alfred, Navratil, Leo, Zwischen Wahn und Wirklichkeit, Kunst – Psychose – Kreativität, Verlag C. J. Bucher, Luzern und Frankfurt am Main, 1976.

Barck, Wolfgang, Gente, Peter, Paris, Heidi, Richter, Stefan, Hg., Aisthesis, Wahrnehmung heute oder Perspektiven einer anderen Ästhetik, Essais, Reclam-Verlag, Leipzig, 2/1991.

Bartens, Daniela, Behr, Martin, Hg. Gerhard Roth, Atlas der Stille, Fotografien aus der Südsteiermark von 1976–2006, in Zusammenarbeit mit dem Franz-Nabl-Institut Graz und dem Kulturhaus St. Ulrich im Greith, Mit Textbeiträgen von Daniela Bartens, Martin Behr, Frido Hütter, Gerhard Roth, Wendelin Schmidt-Dengler, Uwe Schütte, W. G. Sebald und Helena Wallner, Mit 740 Abbildungen, Christian Brandstätter Verlag, Wien, München, 2007.

Bartens, Daniela, Behr, Martin, in Zusammenarbeit mit dem Franz-Nabl-Institut Graz, Hg., Gerhard Roth, Im unsichtbaren Wien, Fotografien aus Wien 1986–2009, Mit Textbeiträgen von Thomas Ballhausen, Daniela Bartens, Gerald Lind, Kristina Pfoser und Gerhard Roth, Mit 826 Abbildungen, Christian Brandstätter Verlag, Wien, München, 2010.

Bartens, Daniela, Behr, Martin, in Zusammenarbeit mit dem Franz-Nabl-Institut Graz, Hg., Gerhard Roth, Über Land und Meer, Fotografien aus drei Kontinenten von 1995–2011, Mit Textbeiträgen von Daniela Bartens, Martin Behr und Gerhard Roth, Mit 1075 Abbildungen, Christian Brandstätter Verlag, Wien, München, 2011.

Bartens, Daniela, Melzer, Gerhard, Hg., Gerhard Roth, Orkus, Im Schattenreich der Zeichen, Springer-Verlag, Wien, 2003.

Bartens, Daniela, Logik des Wahns. Wolfgang Bauer und Gerhard Roth, Homepage des Franz-Nabl-Instituts, Veröffentlicht am 18. 1. 2017. Zugriff am 7. 2. 2017 unter: http://www.literaturhaus-graz.at/wp-content/uploads/2017/01/bartens-2017.pdf

Bashō, Matsuo, Auf schmalen Pfaden durchs Hinterland, Aus dem Japanischen übertragen sowie mit einer Einführung und Annotationen von G. S. Dombrady. Mit einem Nachwort von Ekkehard May, Dieterich'sche Verlagsbuchhandlung, Mainz, 5/2014.

Ders., Haibun, Herausgegeben und aus dem Japanischen übertragen von Ekkehard May, Mit einem Kommentar und Annotationen des Herausgebers, Dieterich'sche Verlagsbuchhandlung, Mainz, 2015.

Behr, Martin, Modelle der Wirklichkeit, Über die Bedeutung des Mediums der Fotografie im Werk des Autors Gerhard Roth, in: Hosemann, Jürgen, Hg., Die Zeit, das Schweigen und die Toten, Zum Werk von Gerhard Roth, Frankfurt am Main, 2007, 91–98.

Beil, Ralf, Wie stellt man eine Stadt aus?, Ein kuratorisches Experiment oder: Selbstversuch im Weltlabor, in: Beil, Ralf, Hg., Wolfsburg Unilimited, Eine Stadt als Weltlabor, Hatje Cantz Verlag, Berlin, 2016, 11–15.

Ders., Eine Stadt wie Deutschland, Wolfsburg als Brennpunkt deutscher Geschichte und Gegenwart, in: Beil, Ralf, Hg., Wolfsburg Unilimited, Eine Stadt als Weltlabor, Hatje Cantz Verlag, Berlin, 2016, 17–33.

Benjamin, Walter, Über den Begriff der Geschichte, in: Gesammelte Schriften I.2., Tiedemann, Rolf, Schweppenhäuser, Hermann, Hg., Suhrkamp Verlag, Frankfurt am Main, 1974, 691–704.

Benz, Ute und Wolfgang, Hg., Sozialisation und Traumatisierung. Kinder in der Zeit des Nationalsozialismus, S. Fischer Verlag, Frankfurt am Main, 1992.

Benz, Ute, Verführung und Verführbarkeit, NS-Ideologie und kindliche Disposition zur Radikalität, in: Benz, Ute und Wolfgang, Hg., 1992, 25–39.

Bohde, Daniela, Haut, Fleisch und Farbe, Körperlichkeit und Materialität in den Gemälden Tizians, Verlag Ed. Imorde, Emsdetten, 2002.

Dies., Beispiel einer Bildanalyse: Tizians »Schindung des Marsyas«, in: Nova, Alessandro, Schreurs-Morét, Anna, Hg., Benvenuto Cellini, Kunst und Kunsttheorie im 16. Jahrhundert, Böhlau Verlag, Köln, Weimar, Wien, 2003, 401–419.

Boeve, Lieven, Der schwierige Dialog von Glaube und Kunst, Jenseits des modernen und anti-modernen Dilemmas, in: Wessely, Christian, Hg., Kunst des Glaubens – Glaube der Kunst: Der Blick auf das »unverfügbare Andere«. Gerhard Larcher zum 60. Geburtstag, Verlag Friedrich Pustet, Regensburg, 2006, 11–26.

Bohrer, Karl Heinz, Die Ästhetik des Schreckens, Die pessimistische Romantik und Ernst Jüngers Frühwerk, Ullstein Verlag, Frankfurt am Main, Berlin, Wien, 1983.

Ders., Granatsplitter, Erzählung einer Jugend, Hanser Verlag, München 2012.

Botton, Alain de, The pleasures of sadness, Tate Modern, 1.5.2004, Zugriff am 5.9.2016: http://www.tate.org.uk/context-comment/articles/pleasures-sadness

Bourdieu, Pierre, Manet, Eine symbolische Revolution, Vorlesungen am Collège de France, Mit einem unvollendeten Manuskript von Pierre und Marie-Claire Bourdieu, Herausgegeben von Pascale Casanova, Patrick Champagne, Christophe Charle, Franck Poupeau und Marie-Christine Rivière, Aus dem Französischen von Achim Russer und Bernd Schwibs, Suhrkamp Verlag, Berlin, 2015.

Brilli, Attilio, Als Reisen eine Kunst war, Vom Beginn des modernen Tourismus: Die ›Grand Tour‹, Verlag Klaus Wagenbach, Berlin, 5/2012.

Brodsky, Joseph, Der sterbliche Dichter, Essays, S. Fischer Verlag, Frankfurt am Main, 2/2003.

Ders., Ufer der Verlorenen, S. Fischer Verlag, Frankfurt am Main, 6/2016.

Brunner, Walter, Bomben auf Graz, Die Dokumentation Weissmann, Leykam Verlag, Graz, 1989.

Bundesministerium für Bauten und Technik, Hg., Der Heldenberg, Führer durch die Gedenkstätte für Feldmarschall Radetzky in Klein-Wetzdorf, Niederösterreich, Verfasst von Gunther Martin, Wien, o. J.

Bufalino, Gesualdino, Museum der Schatten, Geschichten aus dem alten Sizilien, Wagenbach Verlag, Berlin, 1982.

Burckhardt, Jacob, Weltgeschichtliche Betrachtungen, Über geschichtliches Studium, Historische Fragmente, Wenzel, Johannes, Hg., Dieterich'sche Verlagsbuchhandlung, Leipzig, 1985.

Childs, Elizabeth, C., Joseph Cornell, Zugriff auf die Homepage der Peggy Guggenheim Collection Venezia, am 10.11.2016 unter: https://www.guggenheim.org/artwork/899

Dante Alighieri, Die Göttliche Komödie, Aus dem Italienischen übertragen von Wilhelm G. Hertz. Mit einem Nachwort von Hans Rheinfelder sowie Anmerkungen und Literaturhinweisen von Peter Amelung, dtv klassik, München, 1978.

Dermutz, Klaus, Die Kunst geht knapp nicht unter, Klaus Dermutz im Gespräch mit Anselm Kiefer, Suhrkamp Verlag, 2010.

Ders., Anselm Kiefer – Die Schöpfung und ihre Elemente, RBB-Feature, Ursendung am 4.3.2015.

Dickinson, Emily, Gedichte englisch und deutsch, Herausgegeben, übersetzt und mit einem Nachwort von Gunhild Kübler, Hanser Verlag, München 2006.

Duerr, Hans Peter, Die dunkle Nacht der Seele, Nahtod-Erfahrungen und Jenseitsreisen, Insel Verlag, Berlin, 2015.

Durkheim, Émile, Der Selbstmord, Mit einer Einleitung von Klaus Dör-

278

ner und einem Nachwort von René König, Aus dem Französischen von Dr. Sebastian und Hanne Herkommer, Luchterhand Verlag, Neuwied, Berlin, 1973.

Emo, Andrea, Metamorphose des Nichts, Philosophische Fragmente 1925–1981, Herausgegeben von Massimo Donà und Romano Gasparotti mit einem Vorwort von Massimo Cacciari, Redaktion und Vorwort zur deutschen Ausgabe von Christoph von Wolzogen, Spur Verlag, Zürich, 1997.

Elias, Norbert, Scotson, John L., Etablierte und Außenseiter, Aus dem Englischen von Michael Schröter, Gesammelte Schriften, Bd. 4, Herausgegeben im Auftrag der Norbert Elias Stichting Amsterdam von Reinhard Blomert, Heike Hammer, Johan Heilbron, Annette Treibel, Nico Wilterdink, Bearbeitet von Nico Wilterdink, Frankfurt am Main, 2002.

Engele, Robert, Wie der Gauleiter flüchten konnte, Austria Forum, 2012, Zugriff am 20.10.2016, http://austria-forum.org/af/Wissenssammlungen/Damals_in_der_Steiermark/Gauleiter_konnte_fl%C3%BCchten

Ensberg, Peter, Das Bild New Yorks in der deutschsprachigen Gegenwartsliteratur, Carl Winter Universitätsverlag, Heidelberg, 1988.

Ensberg, Peter, Schreckenberger, Helga, Gerhard Roth, Kunst als Auflehnung gegen das Sein, Stauffenberg Verlag, Tübingen, 1994.

Eribon, Didier, Michel Foucault, Eine Biographie, Aus dem Französischen von Hans-Horst Henschen, Suhrkamp Verlag, Berlin, 4/2016.

Falk, Gunter, Fremder in einem fremden Land oder zur generationsspezifischen Dialektik von Flucht und Heimkehr, in: Sterz, Zeitschrift für Literatur, Kunst und Politik, Nr. 12, o.S., 1980.

Ders., Die dunkle Seite des Würfels, Alles Texte 1977–1983 in zur Chronologie umgekehrter Reihenfolge, Klaus Ramm Verlag, Spenge, 1983.

Feilacher, Johann, Hg., johann hauser … der künstler bin ich!, Katalog zur Ausstellung des Museum Gugging, Residenz Verlag, Wien, Salzburg 2016.

Finzi, Daniela, Ferne Zeit-Räume: Sigmund Freud auf Reisen, in: Pessler, Monika, Hg., Freud's Travels, Cultural Experience – psychoanalytic thought, Freuds Reisen, Kulturelles Erfahren – psychoanalytisches Denken, Sigmund Freud GmbH, Wien, 2014, 20–31.

Fontane, Theodor, Unwiederbringlich, Sämtliche Werke, Band V; Nymphenburger Verlagshandlung, München, 1959.

Forte, Dieter, Barbarei des Biedersinns, in: Hosemann, Jürgen, Hg., »Es ist schon ein eigenartiges Schreiben …«, Zum Werk von Dieter Forte, S. Fischer Verlag, Frankfurt am Main, 2007, 26–30.

Foucault, Michel, Andere Räume, in: Barck, Karlheinz, Hg., Aisthesis: Wahrnehmung oder Perspektiven einer anderen Ästhetik; Essais, 5. durchgesehene Auflage, Reclam Verlag, Leipzig, 1992, 34–46.

Ders., Das giftige Herz der Dinge, Gespräch mit Claude Bonnefoy, Herausgegeben und mit einer Einleitung versehen von Phlippe Artières, Aus dem Französischen von Franziska Humphreys-Schottmann, diaphanes, Zürich, 2012.

Freud, Alexander, Eisenbahn-Stationsverzeichnis, Eisenbahn- und Post-Com-munications-Karte von Oesterreich-Ungarn, Verlag Artaria & Co, Wien, 1897.

Freud, Sigmund, Zur Einleitung zur Behandlung, Gesammelte Werke, Bd. 8, Chronologisch geordnete Werke aus den Jahren 1917–1920, Unter Mitwir-kung von Marie Bonaparte, Prinzessin Georg von Griechenland herausge-geben von Anna Freud u. a., Imago Publishing Co, LTD., S. Fischer Verlag, Frankfurt am Main, 6/1986, 453–478.

Ders., Das Unheimliche, in: Gesammelte Werke, Bd. 12, S. Fischer Verlag, Frankfurt am Main, 6/1986, 227–268.

Ders., Brief an Romain Rolland (Eine Erinnerungsstörung auf der Akropo-lis), in: Gesammelte Werke, 16. Bd., S. Fischer Verlag, Frankfurt am Main, 6/1981, 250–257.

Ders., Briefe an Wilhelm Fließ, 1887–1904, Ungekürzte Ausgabe, Masson, Jeffrey, Moussaieff, Hg., Bearbeitung der deutschen Fassung von Michael Schröter, Transkription von Gerhard Fichtner, S. Fischer Verlag, Frankfurt am Main, 1986.

Fromm, Erich, Anatomie der menschlichen Destruktivität, Deutsche Ver-lags-Anstalt, Stuttgart, 1974.

Fuchs, Gerhard, Profiteure, Verfolgte, Verbotene. Dichter und Dichtung von 1938–1945, in: Stefan Karner, Hg., Graz in der NS-Zeit 1938–1945, in: Ste-fan Karner, Hg., Graz in der NS-Zeit 1938–1945, Veröffentlichungen des Ludwig-Boltzmann-Instituts für Kriegsfolgen-Forschung, Sonderband 1, Graz, Wien, Klagenfurt, 1999, 71–89.

Ders., Literaturlandschaft Steiermark, in: Kaukoreit, Volker, Pfoser, Kristina Hg., Die österreichische Literatur seit 1945. Eine Annäherung in Bildern, Im Auftrag des Österreichischen Literaturarchivs, der Österreichischen Nationalbibliothek und der Dokumentationsstelle für neuere österreichi-sche Literatur, Reclam Verlag, Stuttgart, 2000, 133–135.

Ders., Planspiele der Auflösung, Zu Gerhard Roths Roman »Der Plan«, in: Bartens, Daniela, Melzer, Gerhard, Hg. Orkus, Im Schattenreich der Zei-chen, Springer-Verlag, Wien, New York, 2003, 116–126.

Gelhard, Susanne, Ab heute ist Krieg, Der blutige Konflikt im ehemaligen Jugoslawien, S. Fischer Verlag, Frankfurt am Main, 1992.

Georg-Lauer, Jutta, Nietzsches Denken im Spiegel seiner Korrespondenz, Ausgewählte Briefe von und an Friedrich Nietzsche aus den Jahren 1865–1889, mit Kommentaren und Exkursen, Verlag Königshausen & Neumann, Würzburg, 2013.

Glaser, Marcel, Die Stadt des KdF-Wagens bei Fallersleben, 1938, in: Beil, Ralf, Hg, Wolfsburg Unlimited, Eine Stadt als Weltlabor, Hatje Cantz-Ver-lag, Berlin, 2016, 59.

Goethe, Johann Wolfgang von, Italienische Reise, Goethes Werke, Ham-burger Ausgabe, Band XI, Autobiographische Schriften III, Textkritisch durchgesehen von Erich Trunz, Kommentiert von Herbert von Einem, Verlag C. H. Beck, München, 1981, 7–349.

Green, Julien, Meine Städte, Reisetagebuch, List Verlag, München, 1986.

Ulrich Greiner, Mozart auf der Reise nach Japan, Gerhard Roth, eigensinniger Protokollant unserer Welt, Die Zeit Nr. 11, 5. 3. 1998, 51.

Ders., Die heilige Messe des Lesens, Die Zeit, Nr. 24, 9. 6. 2011, 50.

Groot, Cegienas de, Arme Menschen, Zur Darstellung der existentiellen und gesellschaftlichen Position des Menschen bei den österreichischen Autoren Gerhard Roth, Michael Scharang und Gernot Wolfgruber, Germanistische Texte und Studien, Gerog Olms Verlag, 1988.

Gutiérrez, Gustavo, Theologie der Befreiung, Mit einem Vorwort von Johann Baptist Metz, Aus dem Spanischen von Horst Goldstein, Chr. Kaiser Verlag, München, 4/1979.

Ders., Die historische Macht der Armen, Aus dem Spanischen von Horst Goldstein, Kaiser Verlag, Grünewald Verlag, München, Mainz, 1984.

Hackermüller, Rotraut, Das Leben, das mich stört, Eine Dokumentation zu Kafkas letzten Jahren 1917–1924, Medusa-Verlag, Wien Berlin, 1984.

Handke, Peter, Franz Nabls Größe und Kleinlichkeit, in: Peter Handke, Hg., Franz Nabl, Charakter, Der Schwur des Martin Krist, Dokument, Frühe Erzählungen, Residenz Verlag, Salzburg, 1975, 5–24.

Ders., Langsame Heimkehr, Erzählung, Suhrkamp Verlag, 1979.

Hanuschek, Sven, Zeichenflimmer, Laudation zur Vergabe des Hoffmann-von-Fallersleben-Preises an Gerhard Roth, in: Hoffmann-von-Fallersleben-Gesellschaft e. V., Hg., Mitteilungen, Wolfsburg-Fallersleben, 2016, 10–19.

Harding, John, Poets and Pilgrims: From Saigyō to Shikoku, in: Moeller, Hans-Georg, Whitehead, Andrew K., Eds., Landscape and Travelling, East and West, A Philosophical Journey, Bloomsbury, London, New Delhi, New York, Sydney, 2014, 137–148.

Heinrich, Klaus, Dahlemer Vorlesungen, Zum Verhältnis von ästhetischem und transzendentalem Subjekt, Karl Friedrich Schinkel, Albert Speer, Eine architektonische Auseinandersetzung mit dem NS, ARCH+Verlag, Stroemfeld Verlag, Frankfurt am Main, Basel, 2015.

Heinrichs, Hans-Jürgen, Reise ins Unsagbare, Im Gespräch mit Gerhard Roth, Residenz Verlag, Wien, Salzburg, 2015.

Herbeck, Ernst, »Alexander« – Ausgewählte Texte 1961–1981, Mit einem Nachwort von Leo Navratil, Residenz Verlag, Salzburg, Wien, 1982.

Ders., Im Herbst da reiht der Feenwind, Gesammelte Texte 1960–1991, Navratil, Leo, Hg., Residenz Verlag, Salzburg, Wien, 3/1999.

Hesse, Eva, Die Achse Avantgarde – Faschismus, Reflexionen über Filippo Tommaso Marinetti und Ezra Pound, Arche Verlag, Zürich, 1991.

Hirschmann, Christoph, Mönche, Mörder, Massaker, Format, Nr. 15, 1999, 139–141.

Hoerschelmann, Antonia, Anselm Kiefer. Die Holzschnitte, Auf den Spuren einer Begegnung, in: Hoerschelmann, Antonia, Hg., Anselm Kiefer, Die Holzschnitte, Mit einem Vorwort von Klaus Albrecht Schröder und Beiträgen von Antonia Hoerschelmann, Peter Sloterdijk und Werner Spies, Albertina, Wien, Hatje Cantz-Verlag, Ostfildern, 2016, 53–63.

Homer, Odyssee, Übertragen von Johann Heinrich Voss, Goldmann Verlag, München, o. J.

Horkheimer, Max, Die Sehnsucht nach dem ganz Anderen, Furche-Verlag, Hamburg, 1970.

Hosemann, Jürgen, Hg., »Es ist schon ein eigenartiges Schreiben …«, Zum Werk von Dieter Forte, S. Fischer Verlag, Frankfurt am Main, 2007.

Ders., Hg., Die Zeit, das Schweigen und die Toten, Zum Werk von Gerhard Roth, S. Fischer Verlag, Frankfurt am Main, 2007.

Ders., Fernweh – Eine Erkundungsreise, in: Hosemann, Jürgen, Hg., Fernweh, Geschichten und Berichte vom Reisen, S. Fischer Verlag, Frankfurt am Main, 3/2010, 202–209.

Immoos, Thomas, Issa, der Teedichter, in: Sakanishi, Hachiro, Hg., Issa, Unter Mitarbeit von Shozo Miyawaki und Horst Hammitzsch, Übersetzung und Kommentar und Nachdichtung Deutscher Dichter und mit Japanischen Scherenschnitten von Kyoko Yanagisawa, Shinano Mainichi Shimbun, Nagano, 1981.

Issa, The Year of My Life, A Translation by Nobuyuki Yuasa, University of California Press, Berkeley and Los Angeles, 1960.

Kaindlstorfer, Günter, Gerhard Roth: »Der Plan«, ORF-Sendung »Ex Libris«, 15. 2. 1998.

Karner, Stefan, Die Steiermark im Dritten Reich 1938–1945, Aspekte ihrer politischen, wirtschaftlich-sozialen und kulturellen Entwicklung, 2. ergänzte Auflage, Leykam Verlag, Graz – Wien, 1986.

Kasper, Judith, Der traumatisierte Raum, Insistenz, Inschrift, Montage bei Freud, Levi, Kertész, Sebald und Dante, De Gruyter, Berlin, 2016.

Kernbauer, Alois, Der lange Marsch zur politischen Hochschule, Die Grazer Hohen Schulen in den ersten Jahren der nationalsozialistischen Herrschaft, in: Stefan Karner, Hg., Graz in der NS-Zeit 1938–1945, Veröffentlichungen des Ludwig-Boltzmann-Instituts für Kriegsfolgen-Forschung, Sonderband 1, Graz, Wien, Klagenfurt, 1999, 179–193.

Kershaw, Ian, Das Ende, Kampf bis in den Untergang, NS-Deutschland 1944/45, Deutsche Verlags-Anstalt, München, 2011.

Klee, Ernst, Deutsche Medizin im Dritten Reich, Karrieren vor und nach 1945, S. Fischer Verlag, Frankfurt am Main, 2/2001.

Kraus, Monika, Geschichtsphilosophische Ansätze in »Landläufiger Tod« von Gerhard Roth, in: Literatur in Graz seit 1969 – das Forum Stadtpark, Walter Buchebner Literaturprojekt 2, Böhlau Verlag, Wien, Köln, 1989, 83–93.

Krause, Tilman, Die Wahrheit gibt es nicht, Gerhard Roth schickt in seinem neuen Roman einen Helden auf die Wirklichkeitssuche, Die Welt, Nr. 42 (W), 19. 2. 2000, 5.

Landesarchiv Steiermark, Hg., Luftschutz und Luftkrieg in der Steiermark, 1. 11. 2016:http://www.landesarchiv.steiermark.at/cms/dokumente/ 11683563_77969250/0e650942/69 %20bis%20158 %20aus%20Mitteilungen %2038-Der%20Luftkrieg%20in%20der%20Steiermark%201941 %20-%20 1945.pdf Zugriff am 1. 11.2016.

Lang, Martin, Ein Überblick über den Diabassteinbruch im Lieschengraben, Faltblatt, Oberhaag, o. J.

Lavant, Christine, Spindel im Mond, Gedichte, Otto Müller Verlag, Salzburg, 2/1959.

Lea, Sarah, Joseph Cornell: Wanderlust, in: Joseph Cornell, Fernweh, Übersetzung zum englischen Katalog, Lea, Sarah, Haag, Sabine, Sharp, Jasper, Hg., KHM-Museumsverband, Wien, 2010, 8–24.

Levine, Peter A., Sprache ohne Worte, Wie unser Körper Trauma verarbeitet und uns in die innere Balance zurückführt, Aus dem Amerikanischen von Karin Petersen, Kösel-Verlag, München, 2011.

Ders., Trauma und Gedächtnis, Die Spuren unserer Erinnerung in Körper und Gehirn. Wie wir traumatische Erfahrungen verstehen und verarbeiten, Aus dem amerikanischen Englisch von Silvia Autenrieth, Kösel-Verlag, München, 2016.

Lifton, Robert Jay, Ärzte im Dritten Reich, Klett-Cotta, Stuttgart, 1988.

Liliencron, Detlev von, Der Blitzzug, in: Liliencron, Detlev von, Gedichte, Reclam Stuttgart, 1997.

Lind, Gerald, Das Gedächtnis des »Mikrokosmos«, Gerhard Roths Landläufiger Tod und Die Archive des Schweigens, Bd. 13 der Reihe Kultur – Herrschaft – Differenz, Herausgegeben von Moritz Csáky, Wolfgang Müller-Funk und Klaus R. Scherpe, Francke Verlag, Tübingen, 2011.

Lödl, Martin, hundetöten, Roman, Verlag Merzinger-Pleban, Pressbaum, 1999.

Ders., Fatales Design, Evolutionsphilosophie, Verlag Merzinger-Pleban, Pressbaum, 2009.

Lombardi, Sarah, johann hauser: eine unverbildete graphische kraft, in: Feilacher, Hg., johann hauser, ...der künstler bin ich!, Museum Gugging, Residenz Verlag, 2016, 74–77.

Mader, Hubert Michael, Die Helden vom Heldenberg, Pargfrieder und seine »Walhalla« der k. k. Armee, Vehling Medienservice und Verlag, Graz, 2008.

Matt, Beatrice von, Die Gewalt des Schweigens, Gerhard Roths Balkan-Roman »Der Berg«, Neue Zürcher Zeitung, 13. 4. 2000, 67.

Mayer, Hans, Außenseiter, Suhrkamp Verlag, Frankfurt am Main, 1975.

Ders., Richard Wagner, Herausgegeben von Wolfgang Hofer, Suhrkamp Verlag, Frankfurt am Main, 2/1998.

Melzer, Gerhard, *Dieselben Dinge täglich bringen langsam um*, Die Reisemodelle in Peter Handkes *Der kurze Brief zum langen Abschied* und Gerhard Roths *Winterreise*, in: Bartsch, Kurt, Goltschnigg, Dietmar, Melzer, Gerhard, Schober, Wolfgang Heinz, Hg., Die Andere Welt, Aspekte der österreichischen Literatur des 19. und 20. Jahrhunderts, *Festschrift für Hellmuth Himmel zum 60. Geburtstag*, Francke Verlag, Bern, München, 1979, 373–393.

Menke, Christoph, Die Gegenwart der Tragödie, Versuch über Urteil und Spiel, Suhrkamp Verlag, 2005.

Miesbacher, Harald, Im Reich der blinden Zeichen, Gerhard Roths Roman

»Der Berg«, in: Bartens, Daniela, Melzer, Gerhard, Hg., Orkus, Im Schattenreich der Zeichen, Springer-Verlag, Wien, 2003, 163–175.

Mitscherlich, Alexander, Von der Absicht dieser Chronik, in: Mitscherlich, Alexander, Mielke, Fred, Hg. Medizin ohne Menschlichkeit, Dokumente des Nürnberger Ärzteprozesses, Verlag Volk und Gesundheit, Berlin, 1990.

Navratil, Leo, Die Künstler aus Gugging, Medusa-Verlag, Wien, Berlin, 2/1983.

Ders., Folter ohne Gefühl, Zeit-Magazin, Nr. 4, 19.1.1989, 6.

Ders., Schizophrenie und Kunst, Fischer Verlag, Frankfurt am Main, 1996.

Nietzsche, Friedrich, Vom Nutzen und Nachteil der Historie für das Leben, Herausgegeben und mit einem Nachwort von Michael Landmann, Diogenes Verlag, Zürich, 1984.

Ders., Menschliches, Allzumenschliches, Erster Band, Philosophische Werke in sechs Bänden, Band 2, Herausgegeben von Claus-Artur Scheier, Felix Meiner Verlag, Hamburg, 2013.

Ders., Menschliches, Allzumenschliches, Zweiter Band, Philosophische Werke in sechs Bänden, Band 3, Herausgegeben von Claus-Artur Scheier, Felix Meiner Verlag, Hamburg, 2013.

Nimmerrichter, Richard, alias »Staberl«, »Taxifahrer – lauter Nazis!«, Neue Kronen Zeitung, 27.7.1987, 6.

Nooteboom, Cees, Die Kunst des Reisens, Fotografien von Eddy Posthuma de Boer, Zusammengestellt von Susanne Schaber und Lothar Schirmer, Schirmer / Mosel Verlag, München, 2004.

Offergeld, Cornelia, Was aber ist Gugging?, in: Brugger, Ingried, Gorsen, Peter, Schröder, Klaus Albrecht, Hg., Kunst & Wahn, DuMont, Köln, 1997, 393–403.

Pascual, Nieves, Gonzáles, Antonio Ballestoros, Hg., Feeling in Others, Essays on Empathy and Suffering in Modern American Culture, Transnational und Transatlantic American Studies, Bd. 6, 2008.

Pichler, Georg, Von der Sehnsucht, die Identität zu wechseln, Zum Beziehungsgeflecht zwischen der Biographie und dem Werk Gerhard Roths, Gespräch mit Gerhard Roth, in: Baltl, Marianne, Ehetreiber, Christian, Hg., Gerhard Roth, Droschl Verlag, 1995, 11–39.

Pound, Ezra, Pisaner Cantos LXXIV–LXXXIV, Herausgegeben und übertragen von Eva Hesse, Arche Verlag, Zürich, Hamburg, 2002.

Reichsverwaltung der NS-Volkswohlfahrt, Hg., Der Deutsche Schwesterndienst, Leipzig, 1938.

Roth, Gerhard, Der große Horizont, Suhrkamp Verlag, Frankfurt am Main, 1974.

Ders., Czernys Tod (Fragment), in: Laemmle, Peter, Drews, Jörg, Hg., Wie die Grazer auszogen, die Literatur zu erobern, Texte, Porträts, Analysen und Dokumente junger österreichischer Autoren, edition text + kritik, München, 1975, 51–63.

Ders., Ein neuer Morgen, S. Fischer Verlag, Frankfurt am Main, 1976.

Ders., Die Autobiografie des Albert Einstein, Fünf Kurzromane, S. Fischer Verlag, Frankfurt am Main, 1982.

Ders., Das Töten des Bussards, manuskripte Edition, Droschl Verlag, Graz, 1982.

Ders., Landläufiger Tod, S. Fischer Verlag, Frankfurt am Main, 1984.

Ders., Erinnerungen an die Menschheit, Droschl Verlag, Graz, 1985.

Ders., Dorfchronik zum ›Landläufigen Tod‹, S. Fischer Verlag, 1985.

Ders., Mir wird mein Leben lästig schon, Über den österreichischen Künstler August Walla, Die Zeit, Nr. 12, 18. 3. 1988, 61.

Ders., Die Geschichte der Dunkelheit, S. Fischer Verlag, Frankfurt am Main, 1991.

Ders., Eine Reise in das Innere von Wien, S. Fischer Verlag, Frankfurt am Main, 1991.

Ders., Berggasse 19, in: Wittstock, Uwe, Hg., Gerhard Roth, Materialien zu ›Die Archive des Schweigens‹, S. Fischer Verlag, Frankfurt am Main, 1992, 60–63.

Ders., Über Bienen, Fotos von Franz Killmeyer, Deutsch-Japanisch, Tokyo Edition, Hg. von Martin Kubaczek, Übersetzt von Tsuneo Sunaga und Sugi Shindo, FOLIO Verlag, Wien, Bozen, 1996.

Ders., Der Strom, S. Fischer Verlag, Frankfurt am Main, 2002.

Ders., Das Labyrinth, S. Fischer Verlag, Frankfurt am Main, 2005.

Ders., Wahn und Sinn, Die Zeit, Nr. 29, Österreich-Ausgabe, 2006, 13. 7. 2006, 10.

Ders., Das Alphabet der Zeit, S. Fischer Verlag, Frankfurt am Main, 2007.

Ders., Diesseits und jenseits des Stillen Ozeans, in: Bartens, Daniela, Behr, Martin, Hg., 2007, 296. Leicht veränderte Fassung aus: Melzer, Gerhard, Pechmann, Paul, Hg., Bauerplay, Ein Buch für Wolfgang Bauer, Droschl Verlag, Graz, Wien, 2001, 87–89.

Ders., Die Stadt, Entdeckungen im Inneren von Wien, S. Fischer Verlag, Frankfurt am Main, 2009.

Ders., »In Wien kann man sich selbst verlieren«, Gespräch mit Kristina Pfoser, in: Roth, Gerhard, Im unsichtbaren Wien, Brandstätter Verlag, 2010, 297–299.

Ders., Orkus, Reise zu den Toten, S. Fischer Verlag, Frankfurt am Main, 2011.

Ders., Grundriss eines Rätsels, S. Fischer Verlag, Frankfurt am Main, 2014.

Ryan, Simon Collis, Gerhard Roth and the Graz Literary Revival: the Emergence of an Austrian Author, Otago German Studies, Edited by August Obemayer, Vol. 18, Department of German, University of Otago, Dunedin, 2003.

Ders., Gespräche mit Gerhard Roth, Das Frühwerk bis zum Landläufigen Tod, A Dialogue with Gerhard Roth, From the Early Works to Landläufiger Tod, Herausgegeben und übersetzt von Simon Ryan, Otago German Studies, Edited by August Obermayer, Vol. 24, University for Otago, Department of Languages and Cultures, German Section, Dunedin, 2009.

Scheffler, Karl, Berlin, ein Stadtschicksal, Herausgegeben und mit einem Vorwort von Florian Illies, Suhrkamp Verlag, Berlin, 2016.

Schmidt, Arno, Über die Unsterblichkeit, Erzählungen und Essays, Suhrkamp Verlag, Frankfurt am Main, 2009.

Schutting, Julian, Zersplittertes Erinnern, Jung und Jung, Salzburg, 2016.

Schütte, Uwe, Auf der Spur der Vergessenen, Gerhard Roth und seine Archive des Schweigens, (Literatur und Leben, Bd. 50), Böhlau, Wien, Köln, Weimar, 1997.

Ders., Die Poetik des Extremen, Ausschreitungen einer Sprache des Radikalen, Vandenhoeck & Ruprecht, Göttingen, 2006.

Ders., Unterwelten, Zu Leben und Werk von Gerhard Roth, Residenz Verlag, Wien, Salzburg, 2013.

Scheppe, Wolfgang & the IUAV Class on Politics of Representation, Hg., Migropolis. Venice. Atlas of a Global Situation, Two Volumes, Hatje Cantz-Verlag, Ostfildern, 2009.

Sebald, W. G., Der Mann mit dem Mann, Gerhard Roths *Winterreise*, in: W. G. Sebald, Die Beschreibung des Unglücks, Zur österreichischen Literatur von Stifter bis Handke, S. Fischer Verlag, Frankfurt am Main, 1994, 149–164.

Ders., In einer wildfremden Gegend – Zu Gerhard Roths Romanwerk *Landläufiger Tod*, in: W. G. Sebald, Unheimliche Heimat, Essays zur österreichischen Literatur, S. Fischer Verlag, Frankfurt am Main, 1995, 145–161.

Ders., Ich fürchte das Melodramatische, Gespräch mit Martin Doerry und Volker Hage, in: Hoffmann, Torsten, »Auf ungeheuer dünnem Eis«, Gespräche, 1971 bis 2001, 2011, 196–207, Erstdruck: Der Spiegel, Nr. 11, 12. 3. 2001, 228–234.

Rudle, Ditta, Die Fürchterlichsten sind die Gebildeten, Gespräch mit Gerhard Roth, Wochenpresse, Nr. 29, 17. 7. 1987, 38–40.

Shirane, Haruo, Traces of Dreams. Landscape, Cultural Memory and the Poetry of Bashō, Standford University Press, Stanford, California, 1998.

Sievers, Gerd Wolfgang, Die Ponte del Diavolo, in: 111 Orte in Venedig, die man gesehen haben muss, Emons Verlag, Köln, 2015, 36.

Stargardt, Nicholas, »Maikäfer flieg!«, Hitlers Krieg und die Kinder, Aus dem Englischen von Gennaro Ghirardelli, Deutsche Verlagsanstalt, München, 2006.

Ders., Der deutsche Krieg 1939–1945, Aus dem Englischen von Ulrike Bischoff, S. Fischer Verlag, 2015.

Stelzl-Marx, Barbara, Stalins Soldaten in Österreich, Die Innensicht der sowjetischen Besatzung 1945–1955, Wissenschaftliche Veröffentlichungen des Ludwig-Boltzmann-Instituts für Kriegsfolgen-Forschung, Bd. 6, Herausgegeben von Stefan Karner, Böhlau Verlag, Wien, Oldenbourg Verlag München, 2012.

Suljagić, Emir, Srebrenica – Notizen aus der Hölle, Aus dem Bosnischen von Katharina Wolf-Grießhaber, Zsolnay Verlag, Wien, 2009.

Thomas, Dylan, Collected Poems 1934–1952, Everyman, London, 1984.

Tietze, Wolfgang, Das mikroskopische Gedankenglas, Mythen und Techniken der Autorenschaft – Ein Kommentar zum Werk Gerhard Roths, Mit einem Vorwort von Manfred Schneider, Wilhelm Fink Verlag, München, 1995.

Trauzettel, Rolf, Landscape as an Aesthetic Person: On the Conceptual World of German Romanticism, in: Moeller, Hans-Georg, Whitehead, Andrew K., Eds., Landscape and Travelling, East and West, A Philosophical Journey, Bloomsbury, London, New Delhi, New York, Sydney, 2014, 95–107.

Valéry, Paul, Ich grase meine Gehirnwiese ab, *Paul Valéry und seine verborgenen Cahiers*, Ausgewählt und mit einem Essay von Thomas Stölzel, Auf der Grundlage der von Hartmut Köhler und Jürgen Schmidt-Radefeldt besorgten deutschen Ausgabe der *Cahiers* / Hefte in sechs Bänden, S. Fischer Verlag, Frankfurt am Main, 2016.

Veblen, Thorstein, Theorie der feinen Leute, Eine ökonomische Untersuchung der Institutionen, S. Fischer Verlag, Frankfurt am Main, 1997.

Volker, Hage, Die Hölle des totalen Krieges: Gerhard Roth, in: Zeugen der Zerstörung, Die Literaten und die Literatur, S. Fischer Verlag, Frankfurt am Main, 2003, 247–258.

Wallner, Helena, Greith-Haus St. Ulrich im Greith, Hg., Die Greith-Wege, Wanderführer, St. Ulrich im Greith, 2010.

Weibel, Peter, Hg., unter Mitarbeit von Valie Export, wien: bildkompendium wiener aktionismus und film, kohlkunstverlag, Frankfurt am Main, 1970.

Ders., Die Fremdheit des eigenen Ichs, in: Kleine Zeitung, 11. 2. 1983, 22.

Zander, Wolfgang, Kinder und Jugendliche als Opfer, Die traumatischen Einflüsse der NS-Zeit und des Zweiten Weltkrieges, in: Benz, Ute und Wolfgang, Hg., 1992, 128–140.

Zappe, Florian, Das Zwischen schreiben – Transgressionen und das avantgardistische Erbe bei Kathy Acker, transcript Verlag, Bielefeld, 2013.

Fotonachweis

Lillian Birnbaum: 15
Klaus Dermutz: 32, 33, 34, 35, 36, 37, 38, 39, 40, 41, 51, 52, 53, 60, 62
Sigmund Freud-Museum Wien: 42, 43
Herlinde Koelbl: 29
Hildegard Kolleritsch: 5
Gerhard Roth: 3, 4, 6, 7, 8, 9, 10, 11, 12, 13, 14, 17, 18, 19, 20, 25, 30, 45, 47, 49, 54, 56, 57
Senta Roth: 1, 2, 16, 21, 22, 23, 24, 27, 28, 31, 44, 46, 48, 50, 55, 58, 59, 61
Unbekannt: 26

Der Verlag hat sich bemüht, alle Rechteinhaber zu ermitteln.